As formas da traição
Machado de Assis, o *Memorial de Aires* e a Abolição

As formas da traição
Machado de Assis, o *Memorial de Aires* e a Abolição

PEDRO FRAGELLI

Copyright © 2014 Pedro Fragelli

Grafia atualizada segundo o Acordo Ortográfico da Língua Portuguesa de 1990, que entrou em vigor no Brasil em 2009.

Edição: Joana Monteleone/Haroldo Ceravolo Sereza
Editor assistente: João Paulo Putini
Assistente acadêmica: Danuza Vallim
Projeto gráfico, capa e diagramação: Juliana Pellegrini/Vitor Donofrio
Revisão: Juliana Pellegrini
Imagem da capa: *Casario, Rio de Janeiro*. Aquarela sobre papel, de Jean-Baptiste Debret

---

CIP-BRASIL. CATALOGAÇÃO-NA-FONTE
SINDICATO NACIONAL DOS EDITORES DE LIVROS, RJ

F872f

Fragelli, Pedro
AS FORMAS DA TRAIÇÃO: MACHADO DE ASSIS,
O MEMORIAL DE AIRES E A ABOLIÇÃO
Pedro Fragelli.
São Paulo: Alameda, 2014.
266p.

Inclui bibliografia
ISBN 978-85-7939-162-0

1. Assis, Machado de, 1839-1908. Memorial de Aires.
2. Assis, Machado de, 1855-1908 – Crítica e interpretação.
3. Literatura brasileira – História e crítica. I. Título.

12-6120.   CDD: 869.93
           CDU: 821.134.3(81)-3

ALAMEDA CASA EDITORIAL
Rua Conselheiro Ramalho, 694 – Bela Vista
CEP 01325-000 – São Paulo, SP
Tel. (11) 3012-2400
www.alamedaeditorial.com.br

Sumário

Introdução 7
O problema crítico

Primeira parte 37
Capítulo I 39
A nova geração

Capítulo II 83
Das negativas

Segunda parte 117
Capítulo I 119
Uma traição de classe

Capítulo II 145
A prosa da não história

Terceira parte 175
Capítulo I 177
As formas e os dias

Capítulo II 213
O coração velado

Bibliografia 253

Agradecimentos 265

Introdução
O problema crítico

Em cada época é preciso tentar arrancar a tradição ao conformismo que dela quer se apropriar.

Walter Benjamin,
Teses sobre o conceito de História

NO QUE DIZ RESPEITO À CLASSE SOCIAL DAS PERSONAGENS, O *Memorial de Aires* é o mais restrito dos romances machadianos. Bem ou mal, todas as personagens do livro pertencem à elite fluminense do final do Segundo Reinado. As nuances de posição social decerto existem, mas sempre no campo dos proprietários. Os bairros de Botafogo, Flamengo e Catete, onde vivem e por onde circulam Fidélia, Tristão, Dona Carmo, Aguiar & Cia. constituíam o centro social elegante da Corte nos tempos da Abolição.[1] Mais significativa ainda, a lista de atividades dessas personagens perfaz o círculo dos principais tipos sociais da classe dominante do Império: o fazendeiro de café (e sua filha), o comissário de café (e seu filho), o diplomata, o político, o financista, o desembargador. Ao leitor dos outros romances de Machado de Assis, surpreende, em especial, a ausência de homens livres não proprietários, cuja situação complexa dentro da sociedade escravista brasileira o escritor vinha estudando atentamente já desde as suas primeiras obras.[2] No *Memorial*,

---

1   Ver Heitor Lyra, *História de Dom Pedro II*, vol. 2. Belo Horizonte: Itataia, 1977, p. 33-37.

2   Muitas das figuras centrais dos romances machadianos pertencem a essa população, cujo destino dependia do favor dos proprietários, uma vez que se encontrava excluída das relações essenciais de produção. Nos romances da primeira fase: Guiomar (*A mão e a luva*); Helena e seu pai (*Helena*); Estela, Luís e Iaiá Garcia (*Iaiá Garcia*). Nos romances da maturidade: Eugênia, Dona Plácida e Nhã-Loló (*Memórias póstumas de Brás Cubas*); Rubião (*Quincas Borba*); Capitu e José Dias (*Dom*

nenhum agregado enredado nas malhas imprecisas do poder paternalista, nenhuma jovem bela e talentosa às voltas com as ambiguidades degradantes da cooptação, nenhum dependente subitamente alçado à classe dominante por uma contingência qualquer (herança, doação). Apenas José, o criado do conselheiro Aires, não participa do grupo dos abastados. Sua importância no romance, entretanto, é mínima (incomparavelmente menor, por exemplo, que a de Dona Plácida nas *Memórias póstumas de Brás Cubas*), de modo que sua menção apenas confirma a regra: no *Memorial de Aires*, reina à primeira vista a suave harmonia da convivência entre pares.

Machado de Assis dá a impressão de restringir, portanto, em sua última obra, o horizonte histórico-social de suas análises, confinando-se à esfera íntima e doméstica de um grupo de ricos. Isso, em um romance que atravessa a Abolição e termina às vésperas da República, parece corroborar um dos equívocos mais renitentes da história da crítica machadiana: o mito do Machado de Assis alheio à realidade que o cercava, do escritor pouco brasileiro. Mais particularmente, o *Memorial de Aires* parece confirmar o suposto desinteresse de Machado pelo movimento abolicionista e pelo fim da escravidão, desinteresse de que ele foi violentamente acusado por uma parcela importante da intelectualidade engajada do tempo. Dos muitos ataques dessa ordem, decerto se destaca, pela estatura histórica do autor como pela impressionante agressividade, a catilinária de José do Patrocínio, jornalista polêmico e orador inflamado, um dos líderes mais ilustres do abolicionismo brasileiro. Conta-se que Patrocínio chegava ao jornal onde trabalhava às vésperas da

---

Casmurro); por fim o Nóbrega, o "irmão das almas" de *Esaú e Jacó*, que enriquece, mas apenas depois que se apropria indevidamente da vultosa doação de uma senhora rica, doação destinada à Igreja, por quem ele pedia esmolas nas ruas.

Abolição quando, ouvindo falar em Machado de Assis, rompeu em violento discurso, registrado por uma testemunha nos seguintes termos:

> Pago o ódio que esse homem vota à humanidade com o meu desprezo. [...] Nunca olhou para fora de si; nunca deparou, no círculo das suas idealidades e reverências, outro homem que não fosse ele, outra causa que não fosse a sua, outro amor que não fosse o de si mesmo. [...] Vejam: atravessamos o mais doloroso, soberbo e trágico momento de nossa vida política. Tudo sente, palpita e freme de entusiasmo; as próprias pedras parece erguerem-se de sua inércia e morte para gritar e protestar, para gemer e sorrir. [...] O país inteiro estremece; um fluido novo e forte, capaz de arrebatar a alma nacional, atravessa os sertões, entra pelas cidades, abala as consciências, relampeja nas almas, destrói os baluartes. [...] Só um homem, em todo o Brasil e fora dele, passa indiferentemente por todos esses hosanas e vitupérios, por todo esse clamor e essa tempestade. [...] Esse homem é o senhor Machado de Assis. Odeiem-no, porque é mau; odeiem-no, porque odeia a sua raça, a sua pátria, o seu povo.[3]

José do Patrocínio morreu cedo, em 1905. Ficamos a imaginar o que não teria dito, se tivesse vivido mais, ao ler o *Memorial de Aires*, publicado em 1908, onde a Abolição não passa de um incidente, ligeiramente mencionado.

---

3   Apud Josué Montello, *Os inimigos de Machado de Assis*. Rio de Janeiro: Nova Fronteira, 1998. A invectiva de José do Patrocínio foi registrada por Luís Murat no primeiro de seus cinco artigos antimachadianos, publicados entre junho e outubro de 1926, na *Revista da Academia Brasileira de Letras* (n°s 54 a 58).

A longa e exaltada apóstrofe de Patrocínio contém os dois temas fundamentais das críticas dirigidas contra o suposto absenteísmo machadiano: o tema da traição egoísta da própria raça e o da frieza do temperamento do escritor. O primeiro seria principalmente usado por intelectuais de origem negra, como o poeta Hemetério dos Santos, abolicionista do Maranhão, que atribuía a Machado de Assis "idéias preconcebidas contra a sua cor e procedência", referindo-se ao romancista, por fim, como a "um Calabar literato", que não abordava a questão do negro em sua obra.[4] O segundo serviria de base às críticas desordenadas de Sílvio Romero, que creditava a estagnação e o acanhamento que a literatura machadiana a seu ver exprimia à morbidez glacial de espírito que inibia a produção do romancista. Para o crítico sergipano, a "falta de entusiasmo" da prosa machadiana era indício de que as "fontes nativas" da arte eram secas na alma criadora do escritor, o que explicava a incapacidade de Machado de Assis para pensamentos vastos e grandiosos. Já no início do livro em que tenta substituir o mito de Machado de Assis pelo de Tobias Barreto, Sílvio Romero introduz essa ideia ao fazer a crítica da poesia machadiana:

> Não é um temperamento robusto, de órgãos abertos para o mundo exterior, a receberem e a entornarem-lhe na alma as sensações fortes, variadas, intensas e multíplices da natureza e da vida universal. [...] Nas cordas do seu alaúde ou de sua lira não soam fortes e profundas as alegrias ou as mágoas da humanidade. Tampouco ferem elas as notas favoritas do lirismo brasileiro. [...] E assim fica respondida a pergunta, feita

---

4   Ver Josué Montello, *Os inimigos de Machado de Assis*, p. 82 e 85.

linhas acima, sobre a correlação a notar entre o poeta e as tendências atuais da sociedade pátria. É quase nula.⁵

Mais adiante, referindo-se especificamente à prosa, lamenta que o escritor se dedique tão pouco à observação e à análise da sociedade brasileira:

> Trechos como este [dedicados à descrição dos costumes locais], repito, são infelizmente raros nos livros do célebre escritor e tenho pena que o sejam. Era um filão que ele devia aprofundar o do caráter brasileiro com suas virtudes e defeitos.⁶

Por fim, conclui:

> Machado de Assis, em quase toda a sua obra, para com o povo brasileiro tem sido um desdenhoso.⁷

Anos mais tarde, Graça Aranha, cuja trajetória intelectual também foi fortemente influenciada pelo contato com Tobias Barreto, reatualizaria o mesmo juízo. Em sua longa introdução à edição da correspondência entre Machado de Assis e Joaquim Nabuco, publicada em 1923, ele afirma:

> Entre o que se convencionou chamar alma brasileira e Machado de Assis não há afinidade evidente ou sutil. Faltou ao grande analista a imaginação mítica e o

---

5 Sílvio Romero, *Machado de Assis: estudo comparativo de literatura brasileira*. Campinas: Editora da Unicamp, 1992, p. 81-84.
6 *Idem*, p. 315.
7 *Idem*, p. 119.

entusiasmo, que são as forças motrizes da nossa sensibilidade racial.[8]

Um pouco além, diz que Machado não dá testemunho das "forças profundas e irreprimíveis do temperamento brasileiro", constituindo "o maior acidente da nossa espiritualidade".[9] Faltava portanto à obra machadiana, segundo Graça Aranha, uma espécie de aderência à vida nacional, dada a ausência de vínculos simpáticos entre o temperamento do escritor e seu meio. Daí, conclui o crítico, a indiferença de Machado de Assis pelos grandes problemas e acontecimentos da história do Brasil, em especial pela abolição da escravatura:

> Só para o seu gênio reclamava a liberdade. [...] A política nos seus livros é um acidente secundário. A Abolição no *Memorial de Aires* aparece para lhe dar ocasião de duas reminiscências literárias, sobre a escravidão: o que os jornais americanos disseram do Brasil por ocasião da libertação dos escravos nos Estados Unidos, e a evocação humorística da poesia de Heine, "O navio negreiro". Oh! A alegria do povo naquele momento! Mas ela é secundária para Machado de Assis, que pela pena do conselheiro Aires assevera que 'não há alegria pública que valha uma alegria particular'. E continua o *Memorial* traçando o desenrolar da vida privada dos seus fantoches.[10]

O próprio Mário de Andrade, em um artigo cheio de equívocos, escrito por ocasião do centenário de nascimento de

---

8   Graça Aranha, *Correspondência entre Machado de Assis e Joaquim Nabuco*. Rio de Janeiro: F. Briguiet & Cia., 1942, p. 81-82.
9   *Idem*, p. 81-82.
10 *Idem*, p. 36, 44.

Machado de Assis, celebraria no escritor o grande técnico, o mestre da língua, afastado da vida social de sua terra:

> Ele foi o maior artesão que já tivemos. Esta é a sua formidável vitória e maior lição. [...] Mas assim vitorioso, o Mestre não pode se tornar o ser representativo do Homo brasileiro. [...] Me parece indiscutível que Machado de Assis, nos seus livros, não sentiu o Rio de Janeiro, não nos deu o sentimento da cidade, o seu caráter, a sua psicologia, o seu drama irreconciliável e pessoal. [...] Não havia aquele sublime gosto da vida de relação, nem aquela disponibilidade imaginativa que, desleixando os dados da miniatura, penetra mais fundo nas causas intestinas, nas verdades peculiares, no eu irreconciliável de uma civilização, de uma cidade, de uma classe. [...] Venceu as próprias origens, venceu na língua, venceu as tendências gerais da nacionalidade, venceu o mestiço. Mas é certo que pra tantas vitórias, ele traiu bastante a sua e a nossa realidade.[11]

Entre os admiradores incondicionais da arte de Machado de Assis, a capacidade de desprender-se do acanhamento local e de elevar-se ao reino dos universais muda de sinal, passa a ser vista como um valor, mas continua a ser considerada, por muito tempo, a característica distintiva da literatura machadiana no contexto brasileiro. O crítico José Veríssimo, por exemplo, apontava como a principal qualidade de Machado de Assis o poder extraordinário de desvelar a essência dos homens:

> Poeta ou prosador, ele não se preocupa senão da alma humana. Entre os nossos escritores, todos mais ou menos

---

11 Mário de Andrade, "Machado de Assis (1939)". In: *Aspectos da literatura brasileira*. Belo Horizonte: Itatiaia, 2002, p. 112-125.

atentos ao pitoresco, aos aspectos exteriores das cousas, todos principalmente descritivos ou emotivos, e muitos resumindo na descrição toda a sua arte, só por isso secundária, apenas ele vai além e mais fundo, procurando, sob as aparências de fácil contemplação e igualmente fácil relato, descobrir a mesma essência das cousas. É outra das suas distinções e talvez a mais relevante.[12]

Por sua vez, Lafayette Rodrigues Pereira, jurista e admirador dos clássicos, autor de artigos violentos em resposta aos ataques de Sílvio Romero a Machado de Assis, enaltece no autor de

---

12 José Veríssimo, *História da literatura brasileira: de Bento Teixeira (1601) a Machado de Assis (1908)*. São Paulo: Letras & Letras, 1998, (Edição comemorativa da primeira edição, de 1916), p. 414. Mais adiante, José Veríssimo muda um pouco sua posição, reconhecendo na obra de Machado de Assis, além da análise da alma humana em geral, "uma clara intuição das nossas íntimas peculiaridades nacionais", que faria do escritor "o mais intimamente nacional dos nossos romancistas, se não procurarmos o nacionalismo somente nas exterioridades pitorescas da vida ou nos traços mais notórios do indivíduo ou do meio" (*Idem*, p. 417). Nessa passagem, Veríssimo se inspira nas ideias de um ensaio do próprio Machado de Assis,"Notícia da atual literatura brasileira – Instinto de nacionalidade", onde se lê: "Não há dúvida que uma literatura, sobretudo uma literatura nascente, deve principalmente alimentar-se dos assuntos que lhe oferece a sua região; mas não estabeleçamos doutrinas tão absolutas que a empobreçam. O que se deve exigir do escritor antes de tudo, é certo sentimento íntimo, que o torne homem do seu tempo e do seu país, ainda quando trate de assuntos remotos no tempo e no espaço". Machado de Assis, "Notícia da atual literatura brasileira – Instinto de nacionalidade" (1873). In: *Obra completa*, vol. III. Rio de Janeiro: Aguilar, 1992, p. 804. Conforme assinala Roberto Schwarz, José Veríssimo acabaria fixando, a respeito de Machado de Assis, "o lugar-comum, verdadeiro mas inespecífico, do romancista ao mesmo tempo nacional e universal". Roberto Schwarz, "Duas notas sobre Machado de Assis". In: *Que horas são?* São Paulo: Companhia das Letras, 1997, p. 169. Na primeira de suas "duas notas", Schwarz faz um ótimo resumo da história da crítica – e dos louvores – ao absenteísmo de Machado de Assis.

As formas da traição 17

Dom Casmurro o estilista perfeito, o prosador elegante, capaz de irmanar-se, pelo primor da linguagem, a Tácito, La Bruyère ou Demóstenes:

> Pela bela organização do período, pela nobreza das palavras, pela propriedade e precisão da expressão e por um certo tipo de polimento, o Sr Machado de Assis toca a essa graça, a essa flor de elegância, que os atenienses chamavam aticismo e os romanos urbanidade.[13]

Assim, criticado ou aplaudido, "o absenteísmo machadiano foi proclamado com ênfase, ganhou foros de verdade indiscutível, foi como tal repetido uma e mil vezes, e acabou por prevalecer, no consenso geral, durante muitos e muitos anos".[14]

Somente nas décadas de 1940-50 essa posição começaria a ser revista, configurando-se uma espécie de renascimento da crítica machadiana, com a publicação de artigos e livros de Brito Broca, Raymundo Magalhães Júnior e Astrojildo Pereira, nos quais a presença da matéria histórica na obra de Machado de Assis começa a ser mostrada.[15] Em *Prosa de ficção*, de 1950, Lúcia Miguel Pereira desenvolveria a ideia de que Machado

---

13 Ver Lafayette Rodrigues Pereira, "Sr. Sílvio Romero". In: *Vindiciae*, III. Rio de Janeiro: Jacintho Ribeiro dos Santos, 1898.

14 Astrojildo Pereira, *Machado de Assis: ensaios e apontamentos avulsos*. Rio de Janeiro: São José, 1959, p. 89.

15 Raymundo Magalhães Júnior, *Machado de Assis e sua pretendida indiferença política*. Planalto: São Paulo, 1941. Brito Broca, "A política no *Esaú e Jacó*" e "A política no *Memorial de Aires*". *A Manhã*, 2/10/1949 e 28/1/1951, Rio de Janeiro. Raymundo Magalhães Júnior, *Machado de Assis desconhecido*. Rio de Janeiro: Civilização Brasileira, 1955. Brito Broca, *Machado de Assis e a política e Outros estudos*, Rio de Janeiro: Simões, 1957. Astrojildo Pereira, *Machado de Assis: ensaios e apontamentos avulsos*. Rio de Janeiro: São José, 1959. Nesse espírito de revalorização de Machado de Assis como escritor brasileiro, vale citar ainda o ensaio de Roger Bastide – "Machado de Assis, paisagista" –, publicado na

é um escritor ao mesmo tempo local e universal, retomando a tese, esboçada por José Veríssimo, de que a obra machadiana contém o sentimento íntimo do próprio país. Todavia, a articulação entre o caráter geral e a natureza propriamente brasileira da prosa de Machado ainda é sugerida de modo impreciso, mais afirmativo que demonstrativo, não obstante inúmeras formulações notáveis.[16]

Finalmente, o livro de Raymundo Faoro, A *pirâmide e o trapézio*, publicado em 1974,[17] documenta de forma exaustiva as referências históricas presentes na obra machadiana. O resultado é um volume de mais de quinhentas páginas que reúne a enorme quantidade de notações da vida brasileira feitas por Machado de Assis ao longo de sua carreira de escritor. Amparado pela força incontestável da prova documental, o livro de Faoro tem um caráter conclusivo: diante da profusão e da exatidão das observações machadianas coligidas, torna-se verdadeiramente imperativo o reconhecimento de que Machado de Assis não era um escritor alheio à realidade nacional, muito pelo contrário.[18] Nesse ponto, portanto, A *pirâmide e o trapézio* encerra a questão. Todavia, concebendo a literatura essencialmente como depoimento histórico, Faoro deixa em segundo plano a mediação formal, elemento decisivo. Por isso, a ironia machadiana passa quase despercebida pelo autor, que em geral

---

Revista do Brasil, em novembro de 1940, onde se refuta a crítica, muito comum, à suposta ausência da paisagem brasileira na obra machadiana.

16   Lúcia Miguel Pereira, "O brasileiro Machado de Assis". *Correio da Manhã*, 2/11/1947, Rio de Janeiro. Ver também, da Autora, *Prosa de ficção: de 1870 a 1920*. São Paulo: José Olympio, 1950.

17   Raymundo Faoro, *Machado de Assis: a pirâmide e o trapézio*. São Paulo: Companhia Editora Nacional, 1974.

18   "A evidência que se impõe é que Machado não só não era desatento, como era o mais atento de nossos escritores". Roberto Schwarz, *Que horas são?*, p. 168.

confunde o ponto de vista do narrador com o ponto de vista do próprio escritor – o que, tratando-se da obra de Machado, costuma ser fatal para a interpretação. É o que ocorre com a análise de Raymundo Faoro, que no curto último capítulo de seu livro, onde aborda o problema da mediação formal, acaba negando a Machado de Assis uma visão compreensiva da sociedade brasileira, não obstante o farto material documentário colhido nas obras do escritor:

> O que lhe faltava, e isto o enquadra na linha dos moralistas, era a compreensão da realidade social, como totalidade, nascida das relações exteriores e impregnada na vida interior.[19]

Para Faoro, a história do Brasil está presente na obra de Machado de Assis como informação, mas não como forma, isto é, como princípio de organização da obra literária, uma vez que Machado não teria compreendido os princípios de organização da sociedade brasileira, da qual teria a visão subjetivista e universalista própria da perspectiva moralista.

Caberia a Roberto Schwarz identificar a presença da matéria histórica nacional na estrutura da prosa machadiana. Primeiro, em *Ao vencedor as batatas*, publicado em 1977, demonstrou que o que está em jogo nos quatro primeiros romances de Machado de Assis é uma tentativa de racionalização do paternalismo brasileiro – de modo que, a despeito do espírito conformista que os anima, esses livros representam um ganho de verossimilhança histórica em relação aos romances, desajustados ou pitorescos, de José de Alencar. Revelava-se, no primeiro Machado, uma profundidade de análise das peculiaridades do

---

19 Raymundo Faoro, *Machado de Assis: a pirâmide e o trapézio*, p. 545. Ver os comentários de Roberto Schwarz sobre o livro de Faoro em *Um mestre na periferia do capitalismo*. São Paulo: Duas Cidades/Editora 34, 2000, p. 128.

nosso meio social até então inédita na literatura nacional. Sob o conformismo ideológico desses romances, o crítico descobria um agudo senso de realidade – e um escritor que se preparava para produzir as primeiras obras-primas da prosa brasileira. Praticamente ignorados pela crítica anterior, *Ressurreição, A mão e a luva, Helena* e *Iaiá Garcia* entravam, surpreendentemente, na pauta do complexo processo de formação da literatura brasileira, como um momento de transição entre o nacionalismo "ingênuo" de José de Alencar e a obra madura de Machado de Assis – esta o ponto culminante da escala.

Em *Um mestre na periferia do capitalismo*, de 1990, Schwarz analisa as *Memórias póstumas de Brás Cubas*, romance que inaugura a maturidade da literatura machadiana. Nelas, demonstra o crítico, o escritor dá a palavra a um tipo ideal da classe dominante brasileira. Desiludido da possibilidade de um arranjo racional e civilizado das relações entre proprietários e despossuídos no contexto do paternalismo brasileiro – possibilidade que animava seus primeiros romances –, Machado passa a explorar, nas *Memórias*, as virtualidades regressivas da incorporação do progresso à sociedade escravista do Segundo Reinado. Alçado à posição de narrador, um figurão da elite imperial estende à esfera literária a possibilidade de arbítrio social de que goza no meio social em que vive. Maltrata, então, as próprias convenções culturais que a normalidade do romance pressupõe. Brás Cubas faz o que quer com sua narrativa: interrompe-lhe subitamente o curso, desmantela a cronologia dos acontecimentos, abafa verdades comprometedoras etc., transgressões à norma que são também agressões ao leitor. A forma digressiva e humorística, inspirada no *Tristram Shandy*, de Laurence Sterne, é incorporada a uma ordem social específica, que potencializa os seus conteúdos arbitrários. A relação narrativa torna-se a formalização artística de relações sociais de poder. Mediante essa técnica, cuja extrema sofisticação se revela à medida que avança o trabalho de Schwarz, Machado incorpora dinamismos sociais especificamente brasileiros à própria textura da prosa.[20]

Ao encontrar e demonstrar, no romance de Machado de Assis, a presença de um pensamento social inigualável, por sua lucidez e radicalidade, em nossas letras, Roberto Schwarz realizou um feito crítico notável. Sua obra é a culminação do processo, que se vinha desenvolvendo desde os anos 1940, de reviravolta do suposto absenteísmo do romancista. Sem risco de exagero, pode-se mesmo dizer que o trabalho de Schwarz opera uma síntese, no sentido dialético do termo, de toda a crítica machadiana, considerando-se que mesmo a tradição universalista é recolhida e incorporada por ele – ainda que no contexto, completamente novo, de uma dialética materialista do local e do universal.[21]

Em meados da década de 1980, paralelamente ao trabalho de Roberto Schwarz, o crítico britânico John Gledson identificou, subjacente à escolha dos períodos em que se situam as obras maduras de Machado de Assis, a existência de um projeto realista ambicioso: retratar, em sua totalidade, o desenvolvimento da sociedade brasileira pós-colonial, da chegada de Dom João VI à proclamação da República.[22] Além disso, Gledson percebeu uma dimensão alegórica nas personagens

---

20 "O dispositivo literário capta e dramatiza a estrutura do país, transformada em regra de escrita". Roberto Schwarz, *Um mestre na periferia do capitalismo*, p. 11.

21 Para uma exposição das ideias de Roberto Schwarz, ver Paulo Eduardo Arantes, *Sentimento da dialética na experiência intelectual brasileira: dialética e dualidade segundo Antonio Candido e Roberto Schwarz*. São Paulo: Paz e Terra, 1992, p. 46-107.

22 Ver John Gledson, *Machado de Assis: ficção e história*. São Paulo: Paz e Terra, 1986, p. 16 a 22.

e situações ficcionais criadas por Machado de Assis, as quais correspondem, frequentemente, a acontecimentos da história política nacional.[23] O caso mais flagrante dessa equivalência simbólica seria o de Lalau, personagem principal de *Casa Velha*, novela de 1885: a menina, agregada em uma chácara fluminense, nasce em 1822 (ano da Independência), torna-se órfã em 1831 (ano da Abdicação de Dom Pedro I) e fica a ponto de unir-se, em 1839 (ano decisivo da Guerra dos Farrapos), com o filho da proprietária que a abriga na chácara, o qual acaba casando com uma mulher de sua classe, restabelecendo a ordem na esfera familiar, justamente na época da Maioridade.

A descoberta das relações surpreendentemente profundas da obra de Machado de Assis com a matéria histórica brasileira fez com que o romancista seja atualmente celebrado pela crítica mais avançada como o mais nacional dos nossos escritores – em sentido inverso, portanto, ao de sua consagração anterior, quando figurava como um grande clássico anódino.[24] Essa reavaliação da literatura machadiana, entretanto, não tem modificado a interpretação do *Memorial de Aires* com a mesma força com que revolucionou a leitura das *Memórias póstumas de Brás Cubas* e de *Dom Casmurro*, por exemplo. Até hoje, salvo no

---

23 Para uma apreciação do trabalho do crítico inglês, ver Roberto Schwarz, "A contribuição de John Gledson". In: *Seqüências brasileiras*. São Paulo: Companhia das Letras, 1999, p. 106-112.

24 Recentemente, Sidney Chalhoub veio inclusive revelar, nas atividades profissionais de Machado de Assis como funcionário do Ministério da Agricultura, uma atuação discreta, porém constante e inequívoca, no sentido de favorecer os escravos em processos envolvendo a aplicação da Lei do Ventre Livre. Sidney Chalhoub, *Machado de Assis, historiador*. São Paulo: Companhia das Letras, 2003, especialmente as p. 182-290. Raymundo Magalhães Júnior assinala algo nesse sentido em *Vida e obra de Machado de Assis*, vol. 3: "Maturidade". Rio de Janeiro: Civilização Brasileira, 1981, p. 129.

importante ensaio que John Gledson dedicou ao romance,[25] as relações entre o *Memorial* e a matéria histórica brasileira não receberam muita atenção da crítica.[26] Ao contrário, o livro costuma ser abordado como o momento em que o escritor retira-se do mundo e de seus conflitos para abrigar-se no conforto da esfera doméstica e das "verdades universais da vida". Considerando-se que remonta às primeiras leituras do romance[27] e é sustentada até hoje, a convicção de que o *Memorial de Aires* representa o recolhimento de Machado à doçura das relações íntimas e familiares pode ser considerada uma tradição de nossa crítica literária, tendo sido desenvolvida inclusive

25 John Gledson, "Memorial de Aires". In: *Machado de Assis: ficção e história*, p. 215-255. O texto de Gledson é verdadeiramente inaugurador. Na história da incipiente tradição crítica do *Memorial*, pode-se situá-lo em uma posição semelhante à ocupada por *O Otelo brasileiro de Machado de Assis*, de Helen Caldwell, na história da reflexão crítica sobre *Dom Casmurro*. Helen Caldwell, *O Otelo brasileiro de Machado de Assis*. São Paulo: Ateliê Editorial, 2002. Sobre a posição do livro de Helen Caldwell na história da tradição crítica de *Dom Casmurro*, ver Roberto Schwarz, *Duas meninas*. São Paulo: Companhia das Letras, 1997, p. 9-13.

26 Ieda Lebensztayn, no artigo "Ao vencido, ódio ou compaixão. Entre a desfaçatez e a diplomacia: a fidelidade à arte de Machado de Assis", discute as relações entre Aires e a Abolição, mas em sentido radicalmente oposto ao de meu trabalho, na medida em que a autora crê identificar sentimentos de compaixão e culpa social no narrador do romance, tese a meu ver indefensável, conforme procuro demonstrar ao longo deste livro. Ver *Teresa: revista de literatura brasileira*, n°s 6/7. São Paulo: Editora 34/Imprensa Oficial do Estado de São Paulo, 2006, p. 329-363.

27 Mário de Alencar, "Memorial de Aires", *Jornal do Commercio*, 24/07/1908. In: Ubiratan Machado, *Machado de Assis: roteiro da consagração*. Rio de Janeiro: Editora da UERJ, 2003; Araripe Júnior, *Obra crítica*. Rio de Janeiro: MEC/Casa de Rui Barbosa, 1958-1970; Alfredo Pujol, *Machado de Assis: curso literário em sete conferências* (1917). Rio de Janeiro/São Paulo: Academia Brasileira de Letras/Imprensa Oficial do Estado de São Paulo, 2007, p. 298-304.

por Lúcia Miguel Pereira,[28] cuja contribuição para a revisão do suposto absenteísmo de Machado de Assis não foi pequena. Um estudo recente sobre o *Memorial* procura convencer o leitor de que o romance constitui uma meditação calorosa e crepuscular sobre a condição da velhice, representando dessa forma, por meio do regresso da subjetividade autoral a si mesma, a reconciliação do escritor com a vida.[29] Esse movimento de pacificação se refletiria no plano da linguagem: segundo essa leitura, Machado abandona, em sua última obra, o estilo irônico e cortante, que marca a prosa de seus romances maduros anteriores, e retorna ao seio da convenção protetora.[30]

---

28 Lúcia Miguel Pereira, *Machado de Assis (estudo crítico e biográfico)*. Belo Horizonte: Itatiaia, 1988, p. 271-279. Ver também, da mesma Autora, *Prosa de ficção*, p. 71-73.

29 Márcia Lígia Guidin, *Armário de vidro: velhice em Machado de Assis*. São Paulo: Nova Alexandria, 2000.

30 A ideia de que o *Memorial de Aires* assinala um desejo de retorno à convenção literária é defendida pela autora com base em uma interpretação a meu ver equivocada do ensaio "Spätstil Beethovens" ["O estilo tardio de Beethoven"], de Theodor W. Adorno. Nesse texto, Adorno não me parece dizer que Beethoven, nas suas últimas obras, retorna – no sentido de uma reconciliação – às convenções da linguagem musical de sua época, conforme entende a autora. Ao contrário, Adorno verifica nessas obras uma ruptura definitiva entre o artista e a convenção: "A força da subjetividade nas obras tardias está no gesto irascível através do qual ele as abandona". Desse abandono, que tem o sentido de uma negação, por parte do sujeito, da mentira da representação, resulta, dado o papel unificador da subjetividade nas obras de arte em geral, uma fragmentação formal de extraordinário potencial crítico: "A subjetividade explode a obra em pedaços, não para expressar a si mesma, mas para, inexpressivamente, negar a ilusão artística". A subjetividade se retira da obra, deixando que as formas convencionais – trinados, cadências, florituras – falem sozinhas: "a convenção é geralmente tornada visível em manifesta, inalterada nudez. [...] Como estilhaços, derrelitas e abandonadas, as convenções finalmente se tornam elas mesmas expressão, [...] mas apenas no momento em que a subjetividade, escapando, passa através delas e asperamente as ilumina com suas intenções". Ou seja, a

recuperação do potencial expressivo das convenções não se dá por meio de uma volta pacificadora do sujeito ao seio delas, mas, dialeticamente, por meio do gesto radical com que a subjetividade renuncia a qualquer reconciliação com as formas convencionais. A linguagem passa, então, a falar por si mesma, deixa de ser uma com a subjetividade – a qual, por sua vez, somente se expressa ao invadir violentamente as formas e sublinhar o abismo que a separa da aparência artística. Por isso, as obras tardias de Beethoven, segundo Adorno, são internamente fraturadas – "a música tem, por assim dizer, brechas, fissuras artisticamente obtidas" – na medida em que formalizam uma dissociação entre a subjetividade e a convenção: "O último Beethoven rejeita o ideal de harmonia. [...] Digo harmonia no sentido de harmonia estética, ou equilíbrio, arredondamento, identidade do compositor com a sua linguagem. A linguagem ou o material da música fala por si mesmo nessas obras tardias, e apenas através das fendas nessa linguagem é que o sujeito fala". Desse modo, o aspecto das obras tardias é muito diferente do das obras em que o artista abraça amorosamente a convenção: "A maturidade das obras tardias dos grandes artistas não é como a maturidade do fruto. Em geral, essas obras não são bem acabadas, mas crispadas, fraturadas mesmo. [...] Falta-lhes aquela harmonia que a estética classicista está acostumada a demandar de uma obra de arte, de tal forma que elas apresentam mais traços de história que de crescimento. [...] Na história da arte, as obras tardias são as catástrofes". Para Adorno, pois, o estilo tardio de Beethoven representa o contrário da reconciliação: ele reflete a total intransigência do artista em relação ao caráter de aparência da arte, portanto em relação às convenções artísticas, que querem passar por naturais quando são, na verdade, artificiais. Na *Teoria estética*, Adorno aborda rapidamente o assunto, generalizando suas ideias a respeito: "Se existe algo como uma característica comum das grandes obras tardias, esta deve ser buscada no rompimento da forma pelo espírito". Salvo engano, Márcia Lígia Guidin aproxima-se dessa leitura do ensaio de Adorno apenas no último parágrafo de seu livro, e não sem contradizer, a meu ver, todo o argumento de sua tese, de acordo com o qual Machado de Assis, em seu último romance, retorna "ao lugar do ajuste, do pacto social relativamente seguro, em que recai, mais sereno, o olhar de Machado velho". Toda a interpretação da autora tende a ver, no *Memorial de Aires*, uma "classicização", a representação artística de um equilíbrio que supera, ou está além, do regime das contradições. Márcia Lígia Guidin, *Armário de vidro*, p. 20. As citações de Adorno encontram-se em Beethoven, *The Philosophy of Music*. Stanford: *Stanford University Press*, 1998, p. 122-127 e 186-193;

À linguagem serena e cordial do livro corresponderiam aqueles que seriam, de acordo com a autora, os temas principais da obra: a memória, a velhice, a sabedoria. Para formular-se o argumento, entretanto, foram significativamente "esquecidas" as referências explícitas que o romance faz à Abolição. Não por acaso, *Armário de vidro* praticamente não faz menção ao ensaio fundamental, citado acima, de John Gledson sobre o *Memorial de Aires*, onde a presença da história no romance foi estudada em profundidade pela primeira vez.[31] Aliás, deve-se ressaltar o silêncio quase total com que o trabalho de Gledson – que "renovou de modo completo e convincente" a leitura do *Memorial*, nas palavras de Roberto Schwarz – foi recebido pelos estudos mais recentes do romance. Dada a generalidade do fenômeno, não me parece descabido supor que a razão para que o importante ensaio do crítico inglês seja sistematicamente ignorado por esses trabalhos esteja no fato de que ele revela a presença, no *Memorial de Aires*, de uma reflexão crítica sobre a história do Brasil, em especial da abolição da escravatura. "Talvez seja preferível não o interpretar por demais", escreveu Mário de Andrade a respeito de Machado de Assis.[32] Teria o escritor paulista, sensível às coisas brasileiras como era, intuído a verdade profunda e horrenda sobre o Brasil que a obra machadiana, inclusive o *Memorial de Aires*, revela? Seja como for, a impressionante escassez de referências à dimensão histórico-social do romance nos novos trabalhos sobre o *Memorial* parece

---

Aesthetic theory. Minneapolis: *University of Minnesota Press*, 2002, p. 90. Para um desenvolvimento das ideias de Adorno, ver Edward W. Said, *Estilo tardio*. São Paulo: Companhia das Letras, 2009.

31 No capítulo "O *Memorial* na crítica contemporânea", por exemplo, a autora ignora por completo o texto de Gledson, que é mencionado, salvo engano, apenas uma única vez em todo o livro, em nota de rodapé. Ver Márcia Lígia Guidin, *Armário de vidro*, p. 131.

32 Mário de Andrade, "Machado de Assis", p. 109.

assinalar uma reação contra a reflexão social no campo dos estudos machadianos, reação que tende naturalmente a reanimar o velho mito do absenteísmo do escritor. Ao manter a crítica da sociedade afastada das interpretações da obra de Machado de Assis, a reatualização desse mito funciona como perigoso instrumento de ideologia conservadora, considerando-se a posição central que Machado ocupa em nossas letras. A ofensiva, muitas vezes silenciosa, contra a crítica dialética, que pergunta pelo teor social das obras, contribui para bloquear a crítica ao Brasil velho, colaborando a seu modo com a persistência atual de formas de dominação existentes desde a constituição do país. Em sentido contrário, este trabalho procura ajudar a liberar o grande potencial crítico do *Memorial de Aires*.

A primeira parte é um estudo das personagens do romance e do modo como o narrador, o conselheiro Aires, as representa. No capítulo "A nova geração", procuro demonstrar que os traços fundamentais de Tristão e Fidélia, ou seja, a volubilidade e a hipocrisia, vinculam-se à experiência social da elite brasileira do Segundo Reinado. Naturalmente, o trabalho de Roberto Schwarz sobre as *Memórias póstumas de Brás Cubas* será, nesse ponto, como em tantos outros, uma referência constante para minha análise. Veremos que Tristão e Fidélia pertencem, respectivamente, às linhagens de Brás Cubas e Virgília, parentesco cheio de significado: para Machado de Assis, a nova geração da classe dominante ligada à monarquia não era nova senão no tempo,[33] o que permite entrever, no *Memorial*, a presença de uma reflexão pessimista sobre a história do Brasil. O capítulo seguinte é dedicado à análise das principais personagens que formam o grupo dos idosos no romance: Dona Carmo, seu

---

33 Brás Cubas e Virgília pertencem à geração do início do século XIX, ao passo que Tristão e Fidélia são do terceiro quartel do Oitocentos.

marido Aguiar e o próprio Aires, que narra o livro.[34] Seguindo a interpretação do romance iniciada no capítulo anterior, a melancolia, a morte, a solidão, a falta do eu, entre outras experiências negativas, aparecerão como parte e expressão, no *Memorial*, da experiência histórica da classe dominante brasileira da segunda metade do século XIX – e como a outra face, pode-se dizer, da volubilidade de Tristão e Fidélia.

Identificada a feição de classe das personagens e do narrador do livro, o foco da análise concentra-se, na segunda parte do trabalho, nas relações existentes entre o romance e a abolição da escravatura. No capítulo "Uma traição de classe", a Abolição aparecerá como tema do *Memorial*. Ao analisar as passagens do romance que fazem referência direta ao 13 de Maio, veremos que o livro, na contramão da retórica abolicionista, narra a verdadeira história do fim da escravidão no Brasil: no *Memorial de Aires*, a Abolição é apresentada como o abandono dos negros, por parte dos brancos, à própria sorte – ou seja, como um crime histórico e uma farsa ideológica. Conforme o leitor poderá observar, a farsa da Abolição inclui, no livro, a própria narração – as notas e comentários que o conselheiro Aires, tipo ideal de nossas elites, registra em seu diário. Em outras palavras, o *Memorial*, no primeiro plano, apresenta a Abolição por meio do ponto de vista da classe dominante. Entretanto, veremos que Machado dispõe as situações narrativas de tal maneira que esse ponto de vista, dependendo do leitor, pode ser criticado. Note-se a força do artifício: ao incorporar as ideias dos proprietários de seu tempo ao próprio discurso literário, Machado de Assis faz da leitura do romance uma experiência histórica

---

34 A oposição entre jovens e velhos é constantemente marcada no livro, e constitui um dos princípios de estruturação do romance. Ver José Paulo Paes, "Um aprendiz de morto". In: *Gregos & baianos*. São Paulo: Brasiliense, 1985.

concreta. Para compreender o livro, o leitor deve aprender a questionar o discurso narrativo, "a considerar com distância os narradores e as autoridades",[35] portanto a contestar a ideologia da classe dominante brasileira do final do Segundo Reinado, o que implica não concordar, no caso do *Memorial*, com a versão oficial da Abolição. Vale notar, desde já, a impressionante lucidez, rara na época, com que Machado de Assis via o processo de extinção do escravismo no Brasil, além da modernidade de sua técnica de representação crítica da história. No capítulo seguinte, "A prosa da não história", procuro estudar, na própria linguagem do narrador, justamente, a presença da matéria histórica que o romance tematiza – a Abolição e seu sentido conservador no Brasil –, de modo a identificar, na prosa do conselheiro Aires, a transposição formal de um ritmo histórico – a modernização conservadora – e da ideologia a ele relacionada. Se, no capítulo anterior, a história aparece como *assunto* do romance, aqui ela se revelará como *forma*, como princípio de poética do *Memorial*. Nessa linha, a conclusão da segunda parte deste trabalho será a de que a matéria social é imanente ao romance, com o que provavelmente não concordarão os que costumam ver o livro como um recolhimento do escritor à esfera doméstica da vida, ao abrigo dos acontecimentos históricos.

Na terceira e última parte, finalmente, as questões abordadas nos capítulos anteriores serão estudadas do ponto de vista da teoria dos gêneros. Em "As formas e os dias", tento inicialmente demonstrar a presença, no *Memorial*, de uma oscilação constante entre os registros de diário íntimo e de romance. Em seguida, procuro identificar o sentido desse movimento de alternância formal no livro. Veremos que as passagens sucessivas de um registro a outro funcionam como instrumento de poder na

---

35 Roberto Schwarz, "A viravolta machadiana". In: *Novos Estudos Cebrap*, n° 69, São Paulo, julho de 2004, p. 32.

esfera literária, na medida em que o narrador as utiliza para alternadamente prever e expulsar o leitor da narrativa. Dada sua segmentação constitutiva, assim como o poder quase absoluto que confere ao redator no âmbito da escrita, o diário íntimo se revelará uma forma conveniente para o narrador machadiano, pois legitima, por assim dizer, as interrupções da narrativa, a escolha arbitrária dos assuntos, a descrição imprecisa das personagens e a distorção dos fatos, entre outras tantas infrações ao contrato de leitura, praticadas a torto e a direito pelos narradores da fase madura da obra de Machado de Assis. Essas infrações, que escandalizam o leitor exigente das *Memórias póstumas de Brás Cubas*, de *Dom Casmurro*, de *Quincas Borba* e de *Esaú e Jacó*, deixam de significar no *Memorial de Aires*, à primeira vista, desrespeito às convenções literárias, na medida em que a forma, o diário íntimo, isenta o narrador de qualquer obrigação em relação ao leitor – em princípio, quando menos na versão original, oitocentista, do gênero, o diarista não deve satisfação a ninguém.

Não obstante, o autor de um diário íntimo deve respeitar uma única regra, além do compromisso de escrever todos os dias: realizar uma análise imparcial de si mesmo. No último capítulo deste trabalho, "O coração velado", veremos que Aires não cumpre essa regra, ao contrário. Faltam, em seu diário, as características tradicionais do gênero, tal como este se desenvolveu na cultura europeia das primeiras décadas do século XIX: a reflexão, o exame de consciência e a confissão. No *Memorial*, em sentido oposto, o diário tende a velar ou desculpar comportamentos e sentimentos inconfessáveis do diarista e das personagens do livro. A análise de algumas passagens do romance, especialmente aquelas nas quais a Abolição está explicitamente envolvida, revelará que essa cumplicidade ativa do diarista consigo mesmo e com as personagens do romance tem a natureza de uma conivência de classe.

Vale notar, por fim, que a tarefa de realizar uma interpretação materialista do *Memorial* prevê um caminho em que é fácil perder-se. O romance constitui-se como armadilha sofisticadíssima, pois o narrador nele emprega uma "arte de despistar" com máximo refinamento. Cada frase do livro está impregnada de duplicidade, de tal maneira que tudo, no *Memorial*, parece ser e não ser ao mesmo tempo. Ambiguidades, ambivalências e reversibilidades estão por toda parte, atravessando, em maior ou menor grau, todos os planos compositivos do romance – das personagens ao narrador, das situações do enredo ao ponto de vista narrativo, da construção das frases à organização formal do todo –, criando uma atmosfera geral de indeterminação que confere à obra, pelo menos à primeira vista, um aspecto altamente enigmático. Sem risco de exagero, pode-se dizer que o *Memorial* se forma, por meio de um virtuosismo narrativo que possui algo de sofístico, no limite de sua própria inteligibilidade.

Não raro, o *Memorial de Aires* gera no crítico o sentimento do insolúvel, da tarefa cega, e não é pequeno o risco de paralisar-se o movimento interpretativo diante da aparente impossibilidade, sutilmente elaborada pela obra, de aceder ao sentido. Um pouco, vale dizer, neste romance cheio de referências musicais, como a relação do ouvinte com a música, a mais impalpável e fugidia das artes,[36] que desaparece no instante mesmo de sua aparição, e cujos signos, autorreferentes, contêm potencialidades múltiplas de sentido.[37] Sob esse ângulo, a prosa do conse-

---

36 Para Hegel, por exemplo, a música lida com "o interior inteiramente sem objeto, [...] pois o que lhe falta é justamente o configurar-se a si objetivamente". G. W. F. Hegel, *Cursos de Estética*, vol. III. São Paulo: Edusp, 2002, p. 280.

37 "A música tende a furtar-se à apreciação do conceito, a escapar do olhar teórico"; "essencialmente equívoca em sua significação", ela é "por

lheiro Aires – grandiosidades de menos – guarda certa afinidade com a música de Wagner, na qual, segundo Adorno, a "preocupação em não admitir nada de estruturado, de tudo liquefazer, de esfumar toda e qualquer fronteira, se traduz tecnicamente por um desejo de mediação constante".[38] Não por acaso, uma das personagens centrais do romance chama-se Tristão, toca piano e interpreta, na casa do desembargador Campos, diante do retrato do marido morto de Fidélia, a abertura de *Tannhäuser*, célebre ópera romântica wagneriana cujo tema é, justamente, a quebra da fidelidade ao amor "puro", espiritual.[39]

No que diz respeito ao método pelo qual se obtém, no livro, essa atmosfera de incertezas, o leitor perceberá, ao longo deste trabalho, sua natureza paradoxal: por meio de sua prosa, o narrador do *Memorial* procura afastar-se da verdade no e pelo movimento mesmo em que parece querer aproximar-se dela – por meio questões suplementares, ênfases desviantes, relativizações desnecessárias etc., em uma espécie de perquirição infinita que oscila entre a elucidação de um objeto obscuro e o obscurecimento de um objeto evidente, com ganho final do obscurantismo. As dúvidas sucessivas que o conselheiro Aires propõe acerca

---

excelência o objeto rebelde à apreensão filosófica". Pode-se mesmo dizer que o "equívoco infinito é o seu regime natural". Por ordem de aparição, as citações encontram-se em Marie-Louise Mallet, *La musique en respect*. Paris: Éditions Galilée, 2002, p. 11. Michel Guiomar, *Principes d'une Esthétique de la Mort*. Paris: José Corti, 1988, p. 147. Philippe Lacoue-Labarthe, *Musica ficta (figures de Wagner)*. Paris: Christian Bourgois, 1991, p. 166. Vladimir Jankélévitch, *La musique et l'ineffable*. Paris: Seuil, 1983, p. 83. Ver também Theodor W. Adorno, "Fragments sur les rapports entre musique et langage". In: *Quasi una fantasia*. Paris: Gallimard, 1982, p. 3-8.

38 Theodor W. Adorno, *Essai sur Wagner*. Paris: Gallimard, 1993, p. 86.
39 Para um levantamento das referências musicais na obra de Machado de Assis, ver Carlos Wehrs, *Machado de Assis e a magia da música*. Rio de Janeiro: Sette Letras, 1997.

dos fatos e personagens que observa não decorrem do desejo de encontrar a verdade a seu respeito. Ao contrário, elas são o meio pelo qual o narrador obscurece verdades inconfessáveis – sem todavia deixar de sugeri-las, num jogo aparentemente insolúvel de transparência e opacidade. Disso resulta uma proliferação interminável de mediações que não encontra – tampouco almeja – uma síntese: "De uma parte a outra estende-se à nossa frente o infinito, o possível, o indeterminado, e o espírito perde-se em um entrecruzamento inextricável de bifurcações bifurcadas, em uma rede labiríntica de ramificações e ramificações de ramificações", como se disse da música.[40]

Parece restar ao leitor, diante disso, a abdicação do conhecimento e a adesão ao vaivém das hipóteses. Como se verá, a prosa do *Memorial de Aires* possui, em grande medida, um andamento hipnótico. Sua relação com o leitor aproxima-se da ordem do encantamento, do charme.[41] Saturando sua prosa

40 Vladimir Jankélévitch, *La musique et l'ineffable*, p. 83. Se levarmos a sério uma afirmação do conselheiro Aires, pode-se dizer que o *Memorial* é mesmo um sucedâneo da música: "A música foi sempre uma das minhas inclinações, e, se não fosse temer o poético e acaso o patético, diria que é hoje uma das saudades. Se a tivesse aprendido, tocaria agora ou comporia, quem sabe? Não me quis dar a ela, por causa do ofício diplomático, e foi um erro. [...] Agora vivo do que ouço aos outros". Machado de Assis, *Memorial de Aires*, Edições críticas de obras de Machado de Assis. Rio de Janeiro: Civilização Brasileira/MEC, 1977, §484. Todas as citações do *Memorial de Aires* feitas neste trabalho foram extraídas desta edição, que é resultado do mais cuidadoso processo de estabelecimento do texto do *Memorial* já feito entre nós. Tendo em vista que os parágrafos do texto são numerados na edição crítica, a referência ao livro passará a ser feita, simplesmente, por meio do nome do romance, seguido do número dos parágrafos correspondentes à citação.

41 Mais uma relação com Wagner, a quem Nietzsche, rompendo com o compositor, chamou "o mestre do passo hipnótico": "A adesão a Wagner custa caro. [...] É um sedutor em grande estilo, [...] o mais negro obscurantismo. [...] Jamais houve um tal ódio mortal ao conhecimento! [...] Wagner atua como a ingestão continuada de álcool". Friedrich

de duplicidades, o narrador procura retirar do leitor sua capacidade de juízo autônomo, no momento mesmo em que parece querer instituí-la.[42] A seu modo, o *Memorial* impõe ao leitor o movimento contraditório que José Antonio Pasta identificou nos principais romances brasileiros: "num só e mesmo gesto de palavra, o romance produz ou institui seu leitor e, ao mesmo tempo, o suprime ou devora".[43]

Atrás do diário íntimo do conselheiro Aires, todavia, está Machado de Assis, o autor do romance, que fornece pistas para o leitor encontrar a saída do labirinto da prosa: tais pistas se encontram, principalmente, nas passagens que se referem à Abolição. Elas assinalam a violência social que está na base dos fatos que o narrador encobre, ao mesmo tempo em que revelam, na prosa que tudo esfuma, um compromisso de classe. No contexto do romance, a traição social que foi a abolição da escravatura no Brasil – o abandono dos libertos à própria sorte pela classe dominante – é de ordem objetiva; escapa, apesar de todos os esforços do narrador em sentido contrário, do emaranhado de meios-tons da linguagem e das relações intersubjetivas, denunciando, caso seja percebida pelo leitor, tanto as personagens como o narrador do livro. Digamos que a referência histórica ajusta o foco do romance e perspectiva o impulso do texto para a indeterminação,

---

Nietzsche, *O caso Wagner*. São Paulo: Companhia das Letras, 2002, p. 19, 36-37.

42 Um movimento que Schopenhauer identificou na música: "É bastante peculiar como a música, por um lado, nos desperta tão íntima confiança e, por outro, é de novo destituída de compreensibilidade; ao mesmo tempo, aproxima-se bastante de nós e, de novo, permanece eternamente distante". Arthur Schopenhauer, *Metafísica do Belo*. São Paulo: Editora Unesp, p. 237.

43 José Antonio Pasta Júnior, "Changement et idée fixe (L'autre dans le roman brésilien)". In: *Au fil de la plume. Cahiers du Crepal* n°10. Paris: Presses Sorbonne Nouvelle, p. 170.

assinalando a matriz prática deste: um comportamento social que se estende à esfera da relação com o leitor. As próprias afinidades eletivas do *Memorial* com a música adquirem, então, um novo sentido, nada metafísico: a mais abstrata entre as artes, a música aparece como objeto de eleição da "sociedade elegante" imperial, a qual, às vésperas do final do Segundo Reinado, volta-se sobre si e se estetiza, vivendo e narrando sua própria existência de forma extra-histórica. Em outras palavras, a música é vinculada por Machado de Assis a uma experiência de classe – mais especificamente, de uma classe para a qual as tensões da história são absolutamente indiferentes.

Primeira Parte

Capítulo I
A nova geração

Talvez naturalista, literato, arqueólogo, banqueiro, político ou até bispo, – bispo que fosse, – uma vez que fosse um cargo, uma preeminência, uma grande reputação, uma posição superior.

Machado de Assis,
Memórias póstumas de Brás Cubas

Parece feita ao torno, sem que este vocábulo dê nenhuma idéia de rigidez; ao contrário, é flexível.

Machado de Assis,
Memorial de Aires

"Tudo é assim contraditório e vago também".[1] A constatação, dúplice em si mesma, feita pelo conselheiro Aires a respeito da "sombra da sombra de uma lágrima",[2] que ele crê ter visto em uma das pálpebras de Fidélia, registra um sentimento que muitas vezes se apodera do leitor do *Memorial de Aires*: a impressão de que a realidade concreta é inapreensível. Conforme veremos ao longo deste trabalho, o principal responsável pela atmosfera geral de indeterminação que caracteriza o romance é o próprio narrador do livro. Todavia, não é o único. Afinal, como fixar a personalidade de um rapaz que é liberal convicto em certos países, conservador resoluto em outros? Que parece emocionar-se profundamente, à maneira de um patriota, ao ouvir o hino do Brasil, mas que não hesita em trocar de nacionalidade para seguir carreira política no exterior? Que enfrenta a vontade paterna para poder cursar Direito, mas decide, pouco depois, estudar Medicina em Lisboa para aproveitar a oportunidade de passear na Europa? Como precisar os contornos da alma de uma mulher que combina o luto com o noivado? De uma sinhá-moça bondosa que abandona, à maneia de um patrão burguês, seus antigos escravos à própria sorte? Como retratar dois idosos que se definem pela paternidade de filhos que não têm? Como explicar, enfim, que a liberdade pode não ser bem-vinda

---

1   *Memorial de Aires*, §477.
2   *Memorial de Aires*, §475.

para quem se torna livre? No *Memorial de Aires*, nada parece ser apenas ou exatamente o que pretende ser. A representação, sob o aspecto da mentira, está por toda parte. Cada palavra, cada gesto, parece esconder um segredo, deixando atrás de si uma dúvida:

> Uma observação. Como é que Tristão foi tão franco ontem nas Paineiras, e tão cauteloso naquele dia do largo de São Francisco, onde dei com ele embebido a ver entrar a moça no carro?[3]

> Entendam lá mulheres! Tanta necessidade de ir à fazenda e já. Campos alcança uma licença de alguns dias, Tristão apronta a mala, e, tudo feito, cessa a necessidade de partir.[4]

O fenômeno não se restringe aos traços de espírito. A própria fisionomia das personagens se mostra, com frequência, indeterminável. Os sorrisos, especialmente, costumam ser enigmáticos:

> O que naquela dama Fidélia me atrai é principalmente certa feição de espírito, algo parecida com o sorriso fugitivo, que já lhe vi algumas vezes.[5]

> Faria, apesar do dia e da festa, ria mal, ria sério, ria aborrecido, não acho forma de dizer que exprima com exação a verdade.[6]

> Não ponho aqui o sorriso porque foi uma mistura de desejo, de esperança e de saudade, e eu não sei descrever nem pintar. Mas foi, foi isso mesmo que aí digo,

---

3   *Memorial de Aires*, §850.
4   *Memorial de Aires*, §681.
5   *Memorial de Aires*, §220.
6   *Memorial de Aires*, §753.

se as três palavras podem dar idéia da mistura, ou se a mistura não era ainda maior.[7]

Ao transpor a porta para a rua, vi-lhes no rosto e na atitude uma expressão a que não acho nome certo ou claro. Digo o que me pareceu. Queriam ser risonhos e mal se podiam consolar. Consolava-os a saudade de si mesmos.[8]

Mesmo os menores detalhes são de difícil definição. Sobre o modo de arranjar os cabelos de Dona Carmo, o conselheiro observa:

> Os seus cabelos, colhidos com arte e gosto dão à velhice um relevo particular, e fazem casar nela todas as idades. Não sei se me explico bem.[9]

A generalização do equívoco no romance levou parte da crítica do *Memorial* a considerar o inefável como o próprio tema do livro. De minha parte, procurarei demonstrar que a indeterminação do romance liga-se a uma experiência histórico-social, de modo que ela se torna passível de ser determinada a partir do momento no qual se compreende a posição de classe das personagens e do diarista narrador.

Isso posto, é preciso observar mais de perto essas personagens, assim como sua caracterização por parte do conselheiro Aires.

Em linhas gerais, a biografia de Tristão se assemelha à de boa parte dos filhos da elite imperial brasileira: infância de rédeas soltas, estudos em Portugal, viagens de férias pela Europa, aspirações políticas, veleidades intelectuais e, atravessando todos esses momentos, ausência de trabalho. Embora relativamente

---

7   *Memorial de Aires*, §743.
8   *Memorial de Aires*, §1166.
9   *Memorial de Aires*, §102.

mais bem-sucedida, sua trajetória não deixa de lembrar a de Brás Cubas, na ausência de projeto e no correspondente primado do capricho e da contingência:

> Pelo que ouvi e escrevi o ano passado da primeira parte da vida dele, não se fixou logo, logo, em uma só coisa, mudou de afeições, mudou de preferências, a própria carreira ia ser outra, e acabou médico e político; agora mesmo, vindo a negócios e recreios, acaba casando.[10]

Tristão é um caleidoscópio de personagens. Combinando cálculo, ausência de renúncia e constante "desidentificação" de si, ele troca de carreira, ideologia, nacionalidade etc., sempre em função dos desejos ou conveniências do momento. O paralelo com Brás Cubas novamente se impõe: verdadeiro "desfile de encarnações",[11] sua história se move, assim como a de seu antecessor, pelo anseio de uma "supremacia qualquer". Por isso rejeitou o comércio, a que o pai, comissário de café, o destinava, em favor da jurisprudência:

> Tristão confessou-lhe que a sua vocação era outra. Queria ser bacharel em direito. A madrinha defendeu a intenção do pai, mas com ela Tristão era ainda mais voluntarioso que com ele e a mãe, e teimou em estudar direito e ser doutor. Se não havia propriamente vocação, era este título que o atraía.
> — Quero ser doutor! Quero ser doutor![12]

---

10 *Memorial de Aires*, §1022. Sobre a vida de Brás Cubas, ver Roberto Schwarz, *Um mestre na periferia do capitalismo*, p. 129-134.

11 A expressão é de Roberto Schwarz. In: *Um menstre na periferia do capitalismo*, p. 24.

12 *Memorial de Aires*, §151-152.

A cena se passa em plena sociedade brasileira imperial, no auge do Segundo Reinado, sociedade na qual bacharéis e doutores gozavam de grande prestígio. Nas palavras de Gilberto Freyre, "foi com Pedro II que a nova mística – a do bacharel moço – como que se sistematizou, destruindo quase de todo a antiga: a do capitão-mor velho. [...] Seu reinado foi o reinado dos bacharéis".[13] Nada mais comum, nesse contexto, do que o capricho de Tristão. Entretanto, e nisso reside o grande achado de Machado de Assis nesse trecho, o desejo meramente formal de possuir o título de doutor se exprime no tom da afirmação resoluta, burguesa e moderna, de uma vocação profissional. Forma e conteúdo contradizem-se na mesma frase: a forma é a da defesa ferrenha de uma vocação individual, enquanto o conteúdo afirma, justamente, a ausência de qualquer vocação. Uma dissonância cheia de significado, na medida em que expõe a possibilidade de que usufruía o brasileiro bem-nascido de combinar, passando por cima do contrassenso, a dignidade prestigiosa do indivíduo autônomo burguês com a desnecessidade de trabalhar que caracterizava a condição do "filho de papai" na sociedade escravista. Assim, o teor da exigência desqualifica a pose por meio da qual ela se expressa, mas o faz somente aos olhos do leitor, que deve perceber por si mesmo

13 Gilberto Freye, *Sobrados e Mucambos*. São Paulo: Record, 1990, p. 573-574. Em *Casa-Grande & Senzala*, o autor alude ainda à "mania de sermos [os brasileiros] todos doutores", a começar por Dom Pedro II, "que teria preferido o título de doutor ao de imperador; a toga ao manto com papo de tucano". Gilberto Freyre, *Casa-Grande & Senzala*. São Paulo: Record, 1989, p. 229 e 195. Sobre o mesmo assunto, ver, ainda, Sério Buarque de Holanda, *Raízes do Brasil*. São Paulo: Companhia das Letras, 2006, p. 35-39 e 155-158. Sobre a função de unificação ideológica das elites exercida pelo ensino superior durante o Império, ver José Murilo de Carvalho, *A construção da ordem: a elite política imperial/Teatro de sombras: a política imperial*. Rio de Janeiro: Civilização Brasileira, 2003, p. 65-92.

o caráter absurdo da formulação, pois no mundo do romance a contradição não faz escândalo. Amparado pelos padrinhos, Tristão acaba vencendo a resistência dos pais, os quais, diante da obstinação do filho, não veem outra saída senão aceitar que o rapaz se dedique à carreira jurídica:

> O importante era ter gosto, e se o rapaz não tinha gosto, melhor era ceder ao que lhe aprazia.[14]

Sobre a obediência à autoridade paterna, própria da velha ordem patriarcal, prevalece o respeito, próprio do mundo moderno e burguês, à vocação profissional do indivíduo. Os sinais dessa equação, contudo, estão curiosamente invertidos no "caso Tristão". Como se sabe, modernamente, a ideia de vocação profissional se desenvolveu no meio burguês e teve papel decisivo no processo de consolidação do que Weber chamou de "espírito do capitalismo": a disposição que, no âmbito de uma profissão, ambiciona o ganho de forma sistemática. Ao definir a atividade profissional como fim absoluto em si mesmo, o conceito de vocação aplicado ao trabalho livrou o lucro da reprovação ou do desprezo com que era visto pela ética tradicional, pré-capitalista, segundo a qual o homem deve trabalhar apenas para suprir suas necessidades.[15] Dessa forma, a ideia de vocação profissional proporcionou a valorização da atividade voltada exclusivamente para o ganho, tradicionalmente considerada ignóbil. Ora, é justamente a indignidade do comércio que Tristão, como se defendesse uma vocação, *recusa* em favor da posse de um título distintivo, posse que a lógica burguesa despreza. O pai, por sua vez, exprime o desejo de que o filho obedeça às suas determinações – desejo próprio

---

14 *Memorial de Aires*, §153.
15 Ver Max Weber, *A ética protestante e o "espírito" do capitalismo*. São Paulo: Companhia das Letras, 2004, p 41-69.

do velho mundo patriarcal – por meio de uma reflexão eminentemente burguesa:

> Que havia no comércio que não fosse honrado, além de lucrativo?[16]

O leitor terá notado a confusão: a afirmação da vontade patriarcal se faz em nome de uma convicção burguesa, ao passo que a defesa da autonomia do indivíduo tem por finalidade a aquisição de uma marca de fidalguia.[17] No segundo caso, a ideia moderna de vocação profissional, de acordo com a qual o trabalho deve ser um fim em si mesmo, é chamada a funcionar na órbita de um pensamento segundo o qual a profissão possui uma função exclusivamente ornamental. Nesse contexto, portanto, a própria ideia de vocação torna-se ornamento, seu valor residindo apenas no prestígio de que desfrutava, na sociedade brasileira do Segundo Reinado, tudo o que pertencia ao ideário liberal vindo da Europa.[18] A sequência da história de Tristão parece confirmar essas considerações. Afinal, pouco após superar a oposição paterna, Tristão abandona a preparação para os estudos jurídicos e parte para fazer turismo na Europa:

> Cinco ou seis meses depois, o pai de Tristão resolveu ir com a mulher cumprir uma viagem marcada para o ano seguinte, – visitar a família dele; a mãe de Guimarães estava doente. Tristão, que se preparava para os estudos,

---

16 *Memorial de Aires*, §153.

17 "A dignidade e importância que confere o título de doutor permitem ao indivíduo atravessar a existência com discreta compostura e, em alguns casos, podem libertá-lo da necessidade de uma caça incessante aos bens materiais, que subjuga e humilha a personalidade". Sérgio Buarque de Holanda, *Raízes do Brasil*, p. 157.

18 Ver Roberto Schwarz, "As idéias fora do lugar". In: *Ao vencedor as batatas*. São Paulo: Duas Cidades/Editora 34, 2000, p. 11-31.

tão depressa viu apressar a viagem dos pais, quis ir com eles. Era o gosto da novidade, a curiosidade da Europa, algo diverso das ruas do Rio de Janeiro, tão vistas e tão cansadas. Pai e mãe recusaram levá-lo; ele insistiu. [...] Não houve luta que valesse. Tristão queria à fina força embarcar para Lisboa.

— Papai volta daqui a seis meses; eu volto com ele. Que são seis meses?

— Mas os estudos? dizia-lhe Aguiar. Você vai perder um ano...

— Pois que se perca um ano. Que é um ano que não valha a pena sacrificá-lo ao gosto de ir ver a Europa?[19]

Vimos que a ideia burguesa de vocação profissional fora adotada por Tristão para defender o contrário do que ela normalmente valoriza. Ora, se as ideias não valem por si mesmas, mas pelo brilho que imprimem naquele que as ostenta, ou seja, se elas são desqualificadas no e pelo movimento mesmo por meio do qual seu prestígio é reconhecido, então elas podem ser adotadas ou abandonadas a qualquer momento, conforme deem maior ou menor prazer, tragam mais ou menos vantagens, confiram maior ou menor distinção. Para Tristão, como para Brás Cubas, a busca de uma supremacia qualquer e a volubilidade são complementares e implicam-se mutuamente.[20] Assim, com a mesma tenacidade com que reivindicara o direito de estudar jurisprudência, Tristão larga a preparação para os estudos e exige, pelo "gosto da novidade", que os pais o levem consigo para conhecer a Europa – nada mais delicioso e prestigioso do que estar no Velho Mundo.[21] A

---

19 *Memorial de Aires*, §154-157.
20 Ver Roberto Schwarz, *Um mestre na periferia do capitalismo*, p. 29-47.
21 O "gosto da novidade", conforme demonstrou Roberto Schwarz, é uma das três satisfações fundamentais que comporta a volubilidade de Brás

obstinação, nesse contexto, visa à satisfação do capricho, não à realização de projetos de longo prazo. Como se sabe, Tristão não volta ao Brasil depois de seis meses: seus pais decidem viver em Lisboa; ele, naturalmente, opta por ficar em Portugal também. Na capital lusitana, inicia os estudos de Medicina:

> Os pais foram ficando muito mais tempo que o marcado, e Tristão começou o curso da Escola Médica de Lisboa. Nem comércio nem jurisprudência.[22]

Tristão será doutor e, como podemos prever, não exercerá sua profissão, assim como grande parte dos nossos "profissionais liberais" do período imperial.[23] Uma vez formado, sai de Portugal para passear pela Europa, como fizera Brás Cubas, em férias temperadas com diletantismo cultural:

> Ultimamente, já formado em Medicina, foi em viagem a várias terras, onde viu e estudou muito.[24]

De volta a Lisboa, recebe de um partido político um convite de filiação, com a garantia de ser eleito deputado nas eleições seguintes. Aceita a proposta e entra na política. Escreve artigos, faz comícios e se candidata. Ao leitor não deve escapar a

---

Cubas nas *Memórias póstumas*. Ver, do autor, *Um mestre na periferia do capitalismo*, p. 49.
22 *Memorial de Aires*, §159.
23 Ainda na década de 1930, Sérgio Buarque de Holanda observaria a permanência do mesmo fenômeno: "As nossas academias diplomam todos os anos centenas de novos bacharéis, que só excepcionalmente farão uso, na vida prática, dos ensinamentos recebidos durante o curso". Sérgio Buarque de Holanda, *Raízes do Brasil*, p. 156.
24 *Memorial de Aires*, §268.

ausência de necessidade interna, a predominância da contingência na sucessão de todos esses passos:

> Nas vésperas de partir aceitei a proposta de entrar na política, e vou ser eleito deputado às cortes no ano que vem. [...] Meu padrinho não gosta de política, menos ainda de política militante, mas eu estou obrigado pelo gosto que lhe tenho e pelo acordo a que cheguei com os chefes do partido.[25]

O "acordo" a que se refere Tristão deixa entrever que sua entrada na política foi negociada: aceitou filiar-se ao partido em troca de uma deputação certa. Como na escolha dos estudos, também ao fazer opções políticas Tristão não parece apegar-se a princípios ou ideias, mas às vantagens (poder, prestígio etc.) que estes lhe oferecem. Alinha-se, dessa forma, com outros políticos da obra de Machado de Assis, na qual a atividade política aparece como um campo de defesa dos interesses particulares, um meio de dar lustre à personalidade e até, para os abastados ociosos, um modo de fazer alguma coisa.[26] Nada mais próximo, como se sabe, do que foi a vida política durante o Império;[27] um campo em que princípios e ideias oscilam conforme as conveniências, e no qual Tristão – que embora se candidate à Assembleia portuguesa, exerce a política "à brasileira" – parece finalmente sentir-se em casa:

> Tristão assistiu à Comuna, em França, e parece ter temperamento conservador fora da Inglaterra; em Inglaterra é liberal; na Itália continua latino. Tudo se

---

25 *Memorial de Aires*, §438.
26 Ver Raymundo Faoro, *A pirâmide e o trapézio*, capítulo II.
27 Ver, por exemplo, de José Murilo de Carvalho, "A construção da ordem", p. 11-245.

pega e se ajusta naquele espírito diverso. O que lhe notei bem é que em qualquer parte gosta da política. Vê-se que nasceu em terra dela e vive em terra dela.[28]

Por si mesmo, o revezamento ideológico deixa claro que a "vocação" política de Tristão não se deve a qualquer tipo de convicção séria. Tristão é um bom exemplo do "familiar camaleão político" de Machado de Assis,[29] aquele que troca de ideologia conforme o meio, e no qual encontramos o modelo literário da maior parte dos nossos políticos do período imperial, em especial do Segundo Reinado.[30] Tristão encontra na política o seu *habitat*, uma vez que nela se combinam distinção social, talhe moderno e ausência de trabalho, no contexto de uma atividade que prescinde da constância e da coerência. A política é a terra prometida da busca de uma supremacia qualquer. Para habitá-la, Tristão muda sua nacionalidade, tornando-se português. Não obstante, desde o momento em que desembarca no

---

28 *Memorial de Aires*, §1027.

29 A expressão é de John Gledson, *Machado de Assis: ficção e história*, p. 231. Na obra de Machado, os representantes mais puros dessa categoria são Batista, de *Esaú e Jacó*, e Camacho, de *Quincas Borba*. Pode-se perceber, já, que o *Memorial de Aires* lida, em boa medida, com problemas análogos aos dos romances machadianos anteriores, ou seja, que ele não constitui um "romance de exceção", como costuma ser considerado pela crítica.

30 Sobre estes, Joaquim Manuel de Macedo, escritor contemporâneo de Machado de Assis, observou: "A inconstância e volubilidade de muitos políticos excedem tanto às proporções de possíveis modificações conscienciosas de princípios, que a todos antes se afiguram contradanças executadas ao som da orquestra mágica da ambição e do egoísmo. São mudanças determinadas por conveniências que não se confessam, mas que excitam os contradançadores a voltar a cara ora para um, ora para outro ponto, conforme o vento político que sopra". Joaquim Manuel de Macedo, *Um passeio pela cidade do Rio de Janeiro*. São Paulo: Planeta, 2004, p. 52-53.

Brasil, não perde ocasiões para declarar seu amor pelo país. Logo em seu primeiro e breve encontro com o conselheiro Aires, trata de abordar o assunto:

> Cinco minutos de conversação apenas, – o bastante para me dizer que está encantado com o que tem visto. Creio que seja assim, porque eu amo a minha terra, apesar das ruas estreitas e velhas; mas também eu desembarquei em terras alheias, e usei igual estilo. Entretanto, esta cidade é a dele, e, como eu lhe dissesse que não devera ter esquecido o Rio de Janeiro, donde saíra adolescente, respondeu que era assim mesmo, não esquecera nada.[31]

Até aqui, acompanhamos os zigue-zagues de Tristão sem considerar o modo como são apresentados pelo narrador; em boa medida, as conclusões foram tiradas à revelia ou mesmo a despeito do conselheiro Aires. A leitura, de fato, seria outra se aderisse ao ponto de vista narrativo. Ao registrar as peripécias envolvendo a vocação profissional de Tristão, Aires não critica o predomínio do capricho e da vaidade nas escolhas, a ausência de constância dos projetos, a falta de coerência ideológica etc. Muito pelo contrário, a atração pelo título de doutor, não pela carreira em si, parece-lhe normal; a interrupção da preparação para os estudos por uma viagem a passeio explica-se pelo gosto da novidade; e a volubilidade ideológica permite-lhe identificar uma autêntica vocação política. Conforme veremos ao longo deste trabalho, a narração do *Memorial* se caracteriza, entre outras coisas, pelo empenho do narrador em salvaguardar a reputação das personagens. Na medida em que permeia todo o livro, essa disposição protetora constitui um dado fundamental da composição do romance, que desloca e reorganiza todos

---

31 *Memorial de Aires*, §397.

os demais. No decorrer da análise do *Memorial*, essa cumplicidade do narrador em relação às personagens se revelará, pelo menos assim espero, uma forma de conivência de classe, mesmo quando ela comporta uma hábil duplicidade expositiva.

O leitor já terá notado, na passagem do romance transcrita acima, o vaivém da argumentação de Aires, prevalecendo afinal a defesa da sinceridade de Tristão. De início, a crença nos elogios do rapaz ao Rio de Janeiro é caucionada pelo amor que o próprio narrador diz sentir por sua terra natal – uma garantia de peso num romance, onde o narrador costuma ser confiável: "Creio que seja assim, porque eu amo a minha terra, apesar das ruas estreitas e velhas". Desnecessária se não houvesse margem para dúvida, a afirmação da confiança nas palavras de Tristão levanta, por si mesma, a suspeita da mentira, suspeita que ganha força com a menção às "ruas estreitas e velhas", que constituem uma razão objetiva para que não se encante com o Rio de Janeiro um espírito como o de Tristão, orientado pelo gosto da novidade. Em seguida, Aires lança mais um motivo para que desconfiemos de sua própria confiabilidade: "mas também eu desembarquei em terras alheias, e usei igual estilo". A ponderação desqualifica a declaração de amor ao Brasil feita por Aires imediatamente antes, desqualificando por tabela as palavras de Tristão. O leitor é levado a suspeitar da franqueza da personagem, mas apenas por um instante; na frase seguinte, as razões para qualquer desconfiança são dirimidas por uma ressalva, que torna sem cabimento a consideração anterior ("entretanto, esta cidade é a dele"), encerrando a questão, na medida em que se legitima por meio do nacionalismo romântico: "como eu lhe dissesse que não devera ter esquecido o Rio de Janeiro, donde saíra adolescente, respondeu que era assim mesmo, não esquecera nada".

O movimento da prosa é menos dialético do que sofístico. Embora pareçam válidos à primeira leitura, os argumentos de Aires não têm, no fundo, grande valor persuasivo; as justificativas não justificam e as contradições não constradizem. O amor que Aires diz sentir por sua terra natal em nada garante que Tristão ame sinceramente o Brasil, pelo simples fato de que Aires não é Tristão. Por outro lado, que o conselheiro tivesse o hábito de tecer falsos elogios às terras estrangeiras que visitava não quer dizer que o jovem político faça o mesmo em relação à terra natal. Que Tristão se refira à terra natal não significa, entretanto, que não possa ser hipócrita, uma vez que ela pode não ser mais a "sua" terra (Tristão elegera Lisboa). Não obstante todas essas incongruências do edifício argumentativo do conselheiro, a "negação" final da "antítese" (a negação da negação...), ainda que uma e outra não sejam propriamente negação nem antítese, ou talvez por isso mesmo, reforça a afirmação da tese inicial, ou seja, de que Tristão fora sincero ao se dizer encantado pelo Rio de Janeiro. Ao final, a verdade da conclusão recebe a garantia das palavras de... Tristão, que afirma a força de sua memória afetiva em relação à cidade em que passou a infância. Ora, a sinceridade de Tristão é justamente o que estava em questão... Submetida a uma leitura atenta, a enganosa dialética de Aires não se sustenta, mas à primeira vista não deixa de dar, à defesa de Tristão, o aspecto de uma arguição objetiva:

> Não duvido que o Tristão visse com prazer o Rio de Janeiro. Quaisquer que sejam os costumes novos e ligações de família e por maior que tenha sido a ausência, o lugar onde alguém passou os primeiros anos há de dizer à memória e ao coração uma linguagem particular. Creio que ele esteja realmente encantado, como me disse ontem. Demais, lá fora ouvia a mesma

língua daqui; a mãe é a mesma paulista que o gerou e levou consigo, e está agora em Lisboa, com o pai, ambos velhos.[32]

Por outro lado, uma vez percebida a natureza falaciosa dos argumentos usados pelo narrador para defender a personagem, eles passam naturalmente a fortalecer a acusação, ou seja, a suspeita de que Tristão tenha mentido ao enaltecer o Rio de Janeiro. As duplicidades da prosa de Aires são de fato sutis. Nas duas passagens citadas acima, por exemplo, o conselheiro não teria razão para declarar sua confiança na sinceridade das palavras de Tristão se não as considerasse, em alguma medida, potencialmente duvidosas. Ao afirmar sua crença na franqueza de Tristão, Aires traz à baila, justamente, a questão da honestidade da personagem, honestidade que o leitor, por si mesmo, sem a contraditória "ajuda" do narrador, provavelmente não colocaria em dúvida nesse momento inicial da trama. A própria afirmação da confiança municia, portanto, sua posição contrária.

Em outras palavras, Aires propicia a dúvida no e pelo movimento mesmo de asseverar que não duvida. Como se verá, esse procedimento, que acusa ao defender e defende ao acusar, é adotado por Aires como um princípio de estilo, que portanto opera em praticamente todos os comentários dedicados às personagens do romance. Daí a duplicidade aparentemente insondável da prosa de Aires, duplicidade que potencializa, em sentido conservador, a indeterminação da formação social que o conselheiro registra, por si mesma aparentemente dúplice.[33]

---

32 *Memorial de Aires*, §400.
33 O paradigma dessa técnica narrativa encontra-se nas *Memórias póstumas de Brás Cubas*, no capítulo em que Brás traça o perfil de seu cunhado, o Cotrim. A lógica interna e o teor social desse movimento expositivo são identificados e explicados por Roberto Schwarz em *Um mestre na periferia do capitalismo*, p. 115-129.

A identificação de tais duplicidades, todavia, assim como a ativação de seu potencial devastador, depende sobretudo do leitor, pois elas pertencem à ordem do não dito; no primeiro plano da prosa, prevalece a defesa da personagem. Isso não significa que o leitor do *Memorial* esteja completamente desamparado. Ao longo do livro, Machado de Assis deixa indícios suficientes para permitir que a leitura crítica seja feita:

> Indo a entrar na barca de Niterói, quem é que encontrei encostado à amurada? Tristão, ninguém menos, Tristão que olhava para o lado da barra, como se estivesse com desejo de abrir por ela fora e sair para a Europa. Foi o que eu lhe disse, gracejando, mas ele acudiu que não.
> — Estou a admirar estas nossas belezas, explicou.
> — Deste outro lado são maiores.
> — São iguais, emendou. Já as mirei todas, e do pouco que vi lá fora é ainda o que acho mais magnífico no mundo.[34]

Tristão olha "para o lado da barra", isto é, para a entrada da baía, em direção ao mar. As "nossas belezas", que ele diz admirar, estavam justamente do lado oposto para o qual mirava. Ao leitor, basta notar a contradição – sugerida pelo próprio Aires – para inferir a hipocrisia do rapaz e suspeitar que o gracejo do

---

34 *Memorial de Aires*, §426-29. Fidélia trava com Aires um diálogo semelhante. Contemplando a Baía, ambos louvam sua beleza; o veredicto da viúva não poderia ser mais parecido com o elogio superlativo feito por Tristão na barca de Niterói: "Ambos éramos de acordo que não há baía no mundo que vença a do nosso Rio de Janeiro./– Não vi muitas, disse ela, mas nenhuma achei que se aproxime desta". *Memorial de Aires*, §292-293.

conselheiro talvez tenha um fundo de verdade.[35] A informação decisiva, nesse contexto, é dada em seguida:

> Na viagem de regresso tive uma notícia que não sabia; Tristão, alcunhado brasileiro em Lisboa, como outros da própria terra, que voltam daqui, é português naturalizado.[36]

A troca de nacionalidade (gesto que faz parte do carreirismo de Tristão, na medida em que é necessário para a realização de suas ambições políticas), informada na viagem de volta,

---

35 Comentando a passagem, Gledson observou: "Com que direito ele diz 'nossas'? [...] Tristão é um estrangeiro cujas tentativas de parecer brasileiro simplesmente enfatizam sua hipocrisia". John Gledson, *Machado de Assis: ficção e história*, p. 231 e 250. No final do romance, Tristão comunica ao conselheiro Aires que partirá em breve para a Europa, e pergunta: "Por que não vem daí, conselheiro?". Aires responde: "Depois de tanta viagem? Sou agora pouco para reconciliar-me com a *nossa* terra", e em seguida comenta para si mesmo: "Sublinho este *nossa* porque disse a palavra meio sublinhada; mas ele creio que não a ouviu de nenhuma espécie". Ver *Memorial de Aires*, §1099-1101. Vale lembrar que Machado de Assis, segundo um crítico, manifestava certa irritação em relação aos que se mostravam fascinados pelas belezas naturais da baía de Guanabara, especialmente os estrangeiros. Jean-Michel Massa, *A juventude de Machado de Assis*. Rio de Janeiro: Civilização brasileira, 1971, p. 54. Analogamente, para Machado, a exaltação da natureza brasileira não conferia necessariamente um caráter nacional à obra literária: "Um poeta não é nacional só porque insere nos seus versos muitos nomes de flores ou aves do país, o que pode dar uma nacionalidade de vocabulário e nada mais". Em uma passagem célebre, o escritor defende um nacionalismo interior, em oposição ao culto da cor local, ao nacionalismo exterior: "O que se deve exigir do escritor antes de tudo, é certo sentimento íntimo, que o torne homem de seu tempo e de seu país, ainda quando trate de assuntos remotos no tempo e no espaço". "Notícia da atual literatura brasileira – Instinto de nacionalidade". In: *Obra completa*, vol. III, Rio de Janeiro: Aguilar, 1992, p. 807 e 804.
36 *Memorial de Aires*, §436.

desmente a nostalgia romântica que Tristão, na viagem de ida, dissera sentir por sua terra. Não obstante, ao invés de salientar a contradição, Aires tratará de atenuá-la, sugerindo que se pode trocar de nacionalidade sem prejuízo do amor dedicado ao país natal. Tristão quer ser europeu sem deixar de produzir nos outros a impressão de que ama profundamente o Brasil, de que não traiu, do ponto de vista do nacionalismo romântico, sua nação. Em outras palavras, ele pretende ostentar o principal valor de legitimação política do mundo moderno – a condição nacional – sem prejuízo da trangressão desse mesmo valor, isto é, sem renunciar ao capricho pessoal de ser deputado na Europa.[37] O quadro expõe uma contradição ideológica típica das elites brasileiras do Segundo Reinado: exibir a constância própria da subjetividde moderna ("a gente nunca esquece a terra em que nasceu") sem deixar de exercer a volubilidade – pré-moderna – animada pelo privilégio social.[38] Aires corresponde ao desejo de Tristão, aliviando-lhe o temor de que a naturalização lhe arranhasse a imagem:

> Antes de sair, tornou a dizer do Rio de Janeiro, e também falou do Recife e da Bahia: mas o Rio foi o principal assunto.
> — A gente não esquece nunca a terra em que nasceu, concluiu ele com um suspiro.
> Talvez o intuito fosse compensar a naturalização que adotou, – um modo de se dizer ainda brasileiro. Eu fui ao diante dele, afirmando que a adoção de uma

---

37 Sobre a nação como valor político moderno, ver Benedict Anderson, *Comunidades imaginadas*. São Paulo: Companhia das Letras, 2008; e Eric J. Hobsbawm, *Nações e nacionalismo desde 1780*. São Paulo: Paz e Terra, 2011.

38 Ver Roberto Schwarz, *Um mestre na periferia do capitalismo*, p. 63-83; 115-150.

nacionalidade é ato político, e muita vez pode ser dever humano, que não faz perder o sentimento de origem nem a memória do berço. Usei tais palavras que o encantaram, se não foi talvez o tom que lhes dei, e um sorriso meu particular. Ou foi tudo. A verdade é que o vi aprovar de cabeça repetidas vezes, e o aperto de mão, à despedida, foi longo e fortíssimo.[39]

O superlativo dá uma ideia do entusiasmo do rapaz ao ouvir as sutilezas do conselheiro, que constituem uma racionalização capciosa da ambivalência da classe dominante imperial. Por meio delas, a contradição entre subjetividade e volubilidade se desfaz, legitimando-se a combinação de nacionalismo romântico (Tristão chega a dar um suspiro ao recordar a terra natal) e naturalização oportunista.

Na sequência da narrativa, Aires se despede de Tristão e escreve: "Agora um pouco de justiça". O diarista narrador volta-se para si mesmo, dispondo-se aparentemente a julgar o comportamento da personagem com a franqueza que a polidez, no trato social, nem sempre autoriza, portanto como se fosse fazer considerações que não poderiam ser feitas pessoalmente a Tristão. O leitor naturalmente imagina que lerá, por fim, uma crítica à hipocrisia nativista de Tristão. Engana-se, contudo. Aires oferece, ao contrário, justificativas suplementares para a troca de nacionalidade. Nenhuma delas, a rigor, justifica a naturalização; algumas, inclusive, como a sedução da fama ou do poder, incriminam mesmo, apesar do tom de desculpa:

> A idade, a companhia dos pais, que lá vivem, a prática dos rapazes do curso médico, a mesma língua, os mesmos costumes, tudo explica bem a adoção da nova pátria. Acrescento-lhe a carreira política, a visão do poder,

---
39 *Memorial de Aires*, §459-461.

o clamor da fama, as primeiras provas de uma página da história, lidas de longe por ele, e acho natural e fácil que Tristão trocasse uma terra por outra.[40]

Aires transfere para seu diário íntimo, portanto, a conivência de classe que marca a maneira como se relaciona com seus pares em sociedade. Instala, dessa forma, no ponto de vista narrativo do *Memorial*, um compromisso social que fará da narração uma verdadeira "operação de abafa", empenhada em desfazer as contradições entre a conduta das personagens do romance e os valores modernos, burgueses, que elas não obstante exibem – a nação, a política, o amor, a família e o trabalho. Constitutiva do foco narrativo, a conivência social de Aires opera a todo momento no *Memorial*, exercendo sua ação atenuadora e dissolvente nos comentários do narrador não apenas sobre Tristão, mas sobre todas as personagens do livro. Assim, com a mesma intenção de defender a personagem, Aires comenta a "natureza estrangeira" de Fidélia:

> A viúva Noronha, pelo que me disse na última noite do Flamengo, achou deliciosa essa impressão lá fora, apesar de nascida aqui e criada na roça. Há pessoas que parecem nascer errado, em clima diverso ou contrário ao de que precisam; se lhes acontece sair de um para outro é como se fossem restituídas ao próprio.[41]

Ao tratar em termos de "afinidades eletivas" o gosto de Fidélia pela Europa, ou seja, ao caracterizá-lo como *natural*, e o nascimento da viúva no Brasil como um "erro da natureza", Aires naturaliza, retirando-lhe portanto o caráter social, o que em verdade é uma experiência de classe: o apreço da camada

---

40 *Memorial de Aires*, §463.
41 *Memorial de Aires*, §303.

dominante brasileira do Oitocentos por tudo que dizia respeito à Europa (lembre-se do desejo inquebrantável de Tristão de viajar com os pais para o Velho Mundo). Não por acaso – vale notar, como exemplo das pistas deixadas por Machado ao leitor, para que este compreenda o romance, apesar do narrador –, Tristão e Fidélia, na véspera de sua partida definitiva para Lisboa, hospedam-se no Hotel dos Estangeiros.

Em Fidélia, contudo, diferentemente da profusão e da variedade com que se manifesta em Tristão, a volubilidade – assim como o correspondente processo de desidentificação de si – concentra-se ao máximo, reduz-se a seu fenômeno mais simples, sua unidade estrutural básica: a mudança. Isso não quer dizer que suas implicações sejam menores, porquanto a mudança ocorre justamente na questão da fidelidade, na qual está envolvida, já desde o nome, a própria definição da personagem. Fidélia muda fundamentalmente uma vez, mas a mudança é tão decisiva, que seu efeito não é menos desconcertante que o efeito das múltiplas "encarnações" de Tristão.[42]

O vínculo de Fidélia com o princípio da fidelidade amorosa não se esgota, de fato, na alegoria do nome. Toda a construção da personagem se assenta sobre esse princípio. Desde o início do romance, a viúva orienta sua conduta, até os mínimos detalhes, no sentido de identificar seu próprio ser à fidelidade dedicada ao esposo morto. Da medalha do finado sobre o peito ao retrato do morto na parede da sala, do arranjo sempre minucioso das flores no túmulo do marido ao abandono da música, arte que para ela se vincula ao amor, Fidélia *é* a fidelidade ao Noronha. Tudo, em seu comportamento profundamente teatral, provoca no leitor e nas personagens do romance a impressão de que a devoção ao cônjuge perdido constitui a razão

---

42 Não por acaso, John Gledson considerou quase impossível uma interpretação definitiva de Fidélia. Ver *Machado de Assis: ficção e história*, p. 236.

principal de sua vida. Quando o assunto é a viúva Noronha, não há quem não comente – com admiração ou inveja – o zelo com que cultiva o amor pelo falecido esposo: "Aquela não casa", dizem na rua e nos salões.[43] Da parte do leitor, a associação entre Fidélia e o luto é mesmo inevitável, uma vez que logo na primeira aparição da viúva no romance, na cena de abertura do livro, encontra-a rezando junto à sepultura do marido, no cemitério São João Batista:

> Entramos e enfiamos por um caminho entre campas, naturalmente. A alguma distância, Rita deteve-se.
> — Você conhece, sim. Já a viu lá em casa, há dias.
> — Quem é?
> — É a viúva Noronha. Vamos embora, antes que nos veja.
> Já agora me lembrava, ainda que vagamente, de uma senhora que lá apareceu em Andaraí, a quem Rita me apresentou e com quem falei alguns minutos.
> — Viúva de um médico, não é?
> — Isso; filha de um fazendeiro da Paraíba do Sul, o Barão de Santa-Pia.
> Nesse momento, a viúva descruzava as mãos, e fazia gesto de ir embora. Primeiramente espraiou os olhos, como a ver se estava só. Talvez quisesse beijar a sepultura, o próprio nome do marido, mas havia gente perto.[44]

Como se não bastasse, na aparição seguinte, Fidélia chega à festa das bodas de prata do casal Aguiar num vestido negro, portando ao peito um medalhão de ouro com o retrato do marido. Pouco depois, seu nome é associado por Aires a um dos grandes exemplos de fidelidade da história da arte, especialmente

---

43 *Memorial de Aires*, §39.
44 *Memorial de Aires*, §29-36.

da música: Leonora-Fidelio, personagem central da ópera de Beethoven, que arrisca a própria vida para salvar o cônjuge da morte. Páginas adiante, conta-se que, desde o falecimento do marido, não vai mais ao teatro e não toca mais piano. Em seguida, somos informados de que foi capaz de romper definitivamente com o pai, um fazendeiro de café, para poder casar. Em suma, todas as referências iniciais feitas a Fidélia no romance estão ligadas, de uma forma ou de outra, à fidelidade ao Noronha, funcionando como sinais de que o propósito de se manter fiel à memória do marido morto viverá para sempre.[45] Quando o enredo do romance de fato começa, por volta da entrada de 14 de junho de 1888, a fidelidade ao defunto já se confundiu plenamente com a identidade da personagem.

A viúva sabe disso. Depois que seu romance com Tristão se torna público, Fidélia procura atenuar o descompasso entre o luto antigo e o vínculo novo, de modo a evitar que apareça como afetação superficial aquilo que exibia como sua qualidade mais autêntica. Consciente da contradição entre os dois estados, tentará, por meio de uma encenação refinada, em que se encena a própria discrição, preservar a impressão de coerência moral que costumava causar na sociedade antes de seu envolvimento com Tristão: comporá um círculo de perpétuas em volta do nome gravado no túmulo do marido (mas em torno do nome apenas, não do sobrenome, que ela perderá[46]); não

---

45 Assim, por exemplo, logo depois de relatar a história do amor juvenil de Fidélia e Noronha, Rita pergunta ao conselheiro Aires, como se tivesse apresentado uma prova irrefutável da fidelidade eterna da viúva: "Agora diga se ela é viúva que se case". *Memorial de Aires*, §187.

46 "O nome do marido, o nome próprio só, não todo, estava cercado de perpétuas". *Memorial de Aires*, §769. Note-se: "o nome próprio só, não todo". Quer dizer, o sobrenome do Noronha, que ela estava prestes a deixar, fica fora do círculo de perpétuas composto pela viúva, detalhe que desde já revela como os gestos de Fidélia são minuciosamente calculados.

tocará piano – o veículo de sua paixão por Tristão – diante do retrato do Noronha;[47] e se portará com gravidade na cerimônia de seu segundo casamento, de modo a sugerir ao "público" que a viúva e a noiva poderiam conviver sem conflito[48] – que a fidelidade ao primeiro marido, em suma, se preservaria incorruptível, apesar do novo amor. O teatro discreto de Fidélia se exerce mesmo em família:

> Os namorados estão declarados. A mão da viúva foi pedida naquele mesmo dia, justamente por ser o 26°

---

47 "2 de Setembro: Aniversário da batalha de Sedan. Talvez vá à casa do desembargador pedir a Fidélia que, em comemoração da vitória prussiana, nos dê um pedaço de Wagner./3 de Setembro: Nem Wagner, nem outro. Tristão estava lá e deu-nos um trecho de *Tannhäuser*, mas a viúva Noronha recusou o pedido. Supondo que fosse *luto* pela lembrança da derrota francesa, pedi-lhe um autor francês qualquer, antigo ou moderno, posto que a arte, – disse-lhe com alguma afetação, – naturaliza a todos na mesma pátria superior. Sorriu e não tocou; tinha um pouco de dor de cabeça. [...] A razão verdadeira da recusa pode não ser dor de cabeça nem de outra qualquer parte. [...] Sinal de que não tinha dor de cabeça é que ouviu a Tristão com evidente prazer, e aplaudiu sorrindo. Não digo que a música não tenha o dom de fazer esquecer um mal físico, mas desconfio que não foi assim neste caso". *Memorial de Aires*, §508. [o grifo na palavra luto é meu]. Sobre a função mediadora da música no amor de Fidélia e Tristão, ver o ensaio de Antonio Candido "Música e música". In: *O observador literário*. Rio de Janeiro: Ouro sobre Azul, 2004, p. 27-32.

48 "O casamento foi ao meio-dia em ponto na matriz da Glória, poucas pessoas, muita comoção. Fidélia vestia escuro e afogado, as mangas presas nos pulsos por botões de granada, e o gesto grave". *Memorial de Aires*, §1074. Nesse ponto essencial, Fidélia se assemelha a Virgília, das *Memórias póstumas de Brás Cubas*, que trai tão sinceramente o marido quanto sinceramente chora por ele em seu velório. "Virgília traíra o marido, com sinceridade, e agora chorava-o com sinceridade". *Memórias póstumas de Brás Cubas*. Rio de Janeiro: Civilização Brasileira/MEC, 1977, §1017. Ver Roberto Schwarz, *Um mestre na periferia do capitalismo*, p. 140.

> aniversário do casamento dos padrinhos de Tristão; foi pedida em Botafogo, na casa do tio, e em presença deste, concedida pela dona, com assentimento do desembargador, que aliás nada tinha que opor a dous corações que se amam. Mas tudo neste negócio devia sair assim, de acordo uns com outros, e todos consigo. [...] A viúva punha certa moderação na ventura, necessária à contigüidade dos dois estados, mas esquecia-se algumas vezes.[49]

Diante da contradição entre a viúva e a noiva, o comportamento narrativo do conselheiro Aires, assim como diante da volubilidade de Tristão, caracteriza-se pela duplicidade e pelo obscurantismo: procura dirimir toda suspeita no e pelo movimento mesmo com que a levanta. Nessa linha, logo após registrar que Fidélia corresponde explicitamente ao amor de Tristão, Aires evoca a cena do cemitério, de um ano atrás, em que a viúva reza diante do túmulo do marido:

> Quem sabe se não iríamos dar com a viúva Noronha ao pé da sepultura do marido, as mãos cruzadas, rezando, como há um ano?[50]

A contiguidade das menções do novo e do velho amor, ao tornar mais nítido o contraste entre os dois estados, gera no leitor o sentimento de que as demonstrações de fidelidade eterna pelo finado eram menos autênticas do que pareciam. Assim, por meio da mera referência, sem emitir qualquer juízo a respeito, Aires cria no leitor, em relação a Fidélia, a suspeita de uma encenação – suspeita grave, na medida em que põe em questão os traços fundamentais que definem a personagem.

---

49 *Memorial de Aires*, §921.
50 *Memorial de Aires*, §903.

Como no caso de Tristão, todavia, Aires não tira as consequências lógicas da contradição que ele mesmo sugere. Ao contrário, o esboço da dúvida serve afinal para neutralizá-la, de modo a fortalecer a certeza das aparências. Ao invés de formular a pergunta necessária – "Fidélia é volúvel, portanto hipócrita?" –, trata de dissipar qualquer desconfiança nesse sentido:

> Se eu a visse no mesmo lugar e postura, não duvidaria ainda assim do amor que Tristão lhe inspira. Tudo poderia existir na mesma pessoa, sem hipocrisia da viúva nem infidelidade da próxima esposa. Era o acordo ou o contraste do indivíduo e da espécie.[51]

A desconstrução da suspeita inicia-se com uma finta bastante sutil: Aires diz que não duvida da sinceridade dos sentimentos de Fidélia por Tristão, quando o que está posto em xeque é a sinceridade dos sentimentos de Fidélia pelo Noronha – sinceridade, por sua vez, que parece fora de questão. Deslocado o foco de análise, Aires desmancha a contradição recorrendo à duplicidade ideológica. Segundo o conselheiro, estados em princípio incompatíveis – viúva e noiva – podem conviver sem escândalo: à viuvez se aplica a medida romântica (o "indivíduo", a subjetividade que ama infinitamente), de acordo com a qual o noivado seria inaceitável, mas ao noivado se aplica a medida naturalista (a "espécie", que determina o sujeito), à luz da qual a viuvez eterna seria inconcebível. A dualidade de critérios legitima a ambivalência da personagem, e a contradição se desfaz em fumaça. Em outra passagem sobre o mesmo assunto, Aires utiliza procedimento semelhante – lançar a dúvida para em seguida dissolvê-la num raciocínio obscurantista:

---

51 *Memorial de Aires*, §904.

Em caminho pensei que a viúva Noronha, se efetivamente ainda leva flores ao túmulo do marido, é que lhe ficou este costume, se lhe não ficou essa afeição. Escolha quem quiser; eu estudei a questão por ambos os lados, e quando ia a achar terceira solução chegara à porta da casa. Desci, dei ao cocheiro a molhadura de uso, e enfiei pelo corredor. Vinha cansado, despi--me, escrevi esta nota e vou jantar. Ao fim da noite, se puder, direi a terceira solução: se não, amanhã. A terceira solução é a que lá fica atrás, não me lembra o dia... ah! foi no segundo aniversário do meu regresso ao Rio de Janeiro, quando eu imaginei poder encontrá-la deante da pessoa extinta, como se fosse a pessoa futura, fazendo de ambas uma só criatura presente. Não me explico melhor, porque me entendo assim mesmo, ainda que pouco.[52]

O argumento é ainda mais obscuro do que no trecho anterior, quando fora evocado o gênio da espécie para justificar a súbita passagem da viuvez sagrada para o novo amor mundano. Aqui, Aires sugere uma estranha passagem do mesmo no seu oposto (da "pessoa extinta" na "pessoa futura" e vice-versa), misteriosa operação a que entretanto estavam habituadas as elites do Brasil Império, acostumadas ao trânsito contínuo entre liberalismo e escravidão.[53] A natureza obscurantista dessa falsa dialética eleva a prosa a uma dicção quase metafísica, a uma espécie irônica de *Credo*, portanto ao avesso do conhecimento:

---

52 *Memorial de Aires*, §990.
53 A exposição da lógica e das formas dessa passagem no romance brasileiro encontra-se nos trabalhos de José Antonio Pasta Júnior. Ver, do Autor, *Formação supressiva: constantes estruturais do romance brasileiro*. Tese de Livre-docência apresentada à Faculdade de Filosofia, Letras e Ciências Humanas da USP, 2011.

> A questão é que virtualmente não se quebre este laço, e que a lei da vida não destrua o que foi da vida e da morte. Creio nas afeições de Fidélia; chego a crer que as duas formam uma só, continuada.

O conselheiro sabe que a hipótese não convence, conforme chega a sugerir, o que todavia não o leva a questioná-la, ao contrário:

> Quando eu era do corpo diplomático efetivo não acreditava em tanta coisa junta, era inquieto e desconfiado; mas, se me aposentei foi justamente para crer na sinceridade dos outros. Que os efetivos desconfiem![54]

Aires se desincumbe da responsabilidade, própria do realismo literário, de descobrir os interesses reais que movem o comportamento social dos indivíduos, de modo a desvendar-lhes as contradições profundas, escondidas sob as aparências – em suma, a responsabilidade de realizar um exame crítico da sociedade representada no romance. Varrida por esse gesto narrativo demissionário, a sugestão de que as aparências enganam é reduzida a uma provocação por meio da qual o narrador insinua a verdade, mas apenas para descartar, em seguida, a possibilidade de que ela seja dita. A sem-cerimônia – legitimada pelas leis da forma do diário íntimo, como ser verá – com que o narrador realiza esse gesto revela a desfaçatez que permeia, oculta sob a aparente polidez diplomática da linguagem, a prosa do *Memorial*. Nessa linha de provocação, Aires é particularmente hábil, conforme dito, na escolha das ocasiões para relembrar a cena do cemitério, na qual a bela viúva aparece em plena devoção ao marido morto, e que funciona como uma espécie de símbolo da "primeira Fidélia" – aquela que dedicaria

---
54 *Memorial de Aires*, §1051-1052.

toda a vida a cultivar o amor pelo Noronha. Lembre-se que ele já evocara a imagem da viúva diante do túmulo do marido logo após registrar que ela correspondia à afeição de Tristão. No trecho a seguir, Aires relembra a cena por ocasião do casamento dos dois jovens – deixando novamente, como que face a face, a velha fidelidade e o novo matrimônio, ou seja, colocando em evidência a contradição da viúva:

> Ao subir a escadaria, troquei um olhar com a mana Rita, e creio que sorrimos; não sei se nela, mas em mim era a lembrança daquele dia do cemitério, e do que lhe ouvi sobre a viúva Noronha. Aí vínhamos nós com ela a outras núpcias.[55]

Todavia, como de costume, logo depois de insinuar a inconsistência moral da personagem, Aires trata – ou finge tratar – de apagar qualquer suposição nesse sentido. Apela, então, para a ideia de destino, portanto para o mito, embora não sem deixar de sugerir que o argumento pode ter a função de evitar a reflexão:

> Tal era a vontade do Destino. Chamo-lhe assim, para dar um nome a que a leitura antiga me acostumou, e francamente gosto dele. Tem um ar fixo e definitivo. Ao cabo, rima com divino, e poupa-me a cogitações filosóficas.[56]

O abismo entre a autoridade pressuposta no argumento mágico-religioso e a gratuidade em que ele se fundamenta – o hábito de leitura, o gosto pessoal e a coincidência de uma rima – expõe a inconsistência do juízo emitido pelo narrador, juízo que afinal se baseia na falta de interesse para questionar a vida social que Aires, não obstante, se põe a representar no *Memorial* ("poupa-me a

---

55 *Memorial de Aires*, §1074.
56 *Memorial de Aires*, §1074.

cogitações filosóficas"). Trata-se, como temos visto, da elaboração de um tecido narrativo que preserve a autoimagem das elites fluminenses, embora municie, por meio da ironia, ao leitor dotado de espírito crítico, uma leitura a contrapelo, oposta ao conservadorismo que a prosa de Aires promove. A conivência social que pauta o comportamento do conselheiro torna-se mais explícita quando ele conta a Rita, depois da festa do casamento de Tristão e Fidélia na casa dos Aguiares, uma frase que reteve, para preservar as aparências, para não expor as contradições subjacentes à harmonia da superfície, durante o brinde que fez aos noivos:

> Daí a brindar pelos noivos não me custou nada; fi--lo discretamente, e estendi o brinde à gente Aguiar, que me ficou reconhecida. Rita disse-me, ao voltar da Prainha, que as minhas palavras foram deliciosas. Confessei-lhe que seriam mais adequadas se eu as resumisse em emendar Bernardim Ribeiro: 'Viúva e noiva me levaram da casa de meus pais para longes terras...' Mas, além de lembrar o primeiro marido, podia estender as longas terras além de Petrópolis, e viria afligir a festa tão bonita.[57]

Apenas na terceira – e última – vez em que recorda a cena do cemitério, Aires não justapõe desculpas ou atenuantes à lembrança. A bordo, ele observa Fidélia, que parte em definitivo para a Europa com Tristão, o novo marido. A contradição entre o presente e o passado é patente:

> Eu, no tombadilho do paquete, imaginei o cemitério, o túmulo, a figura, as mãos postas e o resto.[58]

---

57 *Memorial de Aires*, §1078-1079.
58 *Memorial de Aires*, §1144.

As formas da traição   71

Sobrepostas, as duas cenas desqualificam-se reciprocamente: Fidélia partindo com Tristão para Lisboa desmente Fidélia diante da sepultura do Noronha, prometendo-lhe amor eterno; em contrapartida, revelada a fugacidade da disposição enfática para cultivar a eternidade do primeiro amor, torna-se o segundo amor suspeito da mesma natureza efêmera. A revelação do "vazio" do passado pelo presente é também a revelação do "vazio" do presente pelo passado. Em outras palavras, a contraposição das "duas Fidélias" alinha os atos de ambas no campo da mera aparência, o que permite ao leitor identificar um denominador comum à viúva e à noiva, denominador que Aires conhece, mas não quer expor: "alguma coisa que de certo modo explica e ata os dous estados".[59] A precária unidade de Fidélia – sua volubilidade e seu jogo de cena – aparece ao diarista narrador, ou parece aparecer, como algo da ordem do indeterminado.[60] Cabe ao leitor perceber que, quando Fidélia abandona sem embaraço maior que uma tímida e curta resistência de poucas semanas – resistência possivelmente fingida –, a determinação de permanecer fiel ao Noronha pelo resto da vida, determinação com a qual se confundia sua própria pessoa desde o início do livro, sua personalidade se evapora, esvaziada do elemento que parecia ser sua substância mesma. Ao ser duas, Fidélia é nenhuma. Viúva e noiva,[61] predicada simultaneamente por termos que, *no contexto do livro*, não podem combinar, ela é paradoxalmente vazia por saturação.[62]

---

59 *Memorial de Aires*, §929.
60 Vale lembrar que, em *Esaú e Jacó*, Flora, que demanda, assim como Fidélia, a realização da união do mesmo e do outro, recebe de Aires o qualificativo de "inexplicável". Ver *Esaú e Jacó*, capítulos XXI e XXXIII.
61 *Memorial de Aires*, §1078.
62 *Memorial de Aires*, §1078. Analogamente, Tristão é liberal e conservador, português e brasileiro. Assim como a defesa de ideais contraditórios assinala a ausência de convicção política, a adoção das duas nações sugere a falta

A constatação surpreende, especialmente quando se recorda que a passagem para a vida adulta esteve ligada, na história pessoal de Fidélia, à afirmação enfática da individualidade contra o mais renitente tabu que a cercava: a oposição paterna ao casamento da filha com o filho de seu inimigo político. Contudo, à luz do abandono mais ou menos súbito do luto em função do segundo casamento, o caso todo – a paixão, o jejum, a doença e o rompimento com o pai – sai por assim dizer barateado, perde sua grandiosidade dramática. Assim diminuído, o drama amoroso juvenil de Fidélia adquire um novo significado, ligado ao funcionamento especial do ideário romântico, liberal e burguês, no Brasil. Desmentidos os valores antes defendidos com fervor, eles perdem a condição de fundamento da conduta individual e assumem a função de ornamento para uma pose. Sob esse aspecto, Fidélia é uma espécie de caricatura das personagens literárias de modelo napoleônico, de que a ordem burguesa moderna é o pressuposto histórico-social, e que se encontram no centro do romance realista europeu. Enfáticas, reflexivas, essas figuras agarram-se decididamente a uma questão – arte, política, amor, ciência etc. – nela depositando todo o sentido da vida – sentido que, no mundo antigo, era dado pelo mito. O surgimento dessa subjetividade de contorno hiperdefinido está essencialmente vinculado, portanto, às condições histórico-sociais do período heroico da era burguesa – da Revolução Francesa à queda de Napoleão.[63] O heroísmo polêmico e problemático, que nasce a partir da perda de sentido

---

de nacionalidade: "A idade em que foi daqui e o tempo que tem vivido lá fora dão a este moço uma pronúncia mesclada do Rio e de Lisboa que lhe não fica mal, ao contrário". *Memorial de Aires*, §436 e §1063.

63 Ver Georg Lukács, "Dostoievski". In: *Ensaios sobre literatura*. Rio de Janeiro: Civilização Brasileira, 1968, p. 145-162, especialmente p. 145-153. Ver ainda, do Autor, "*Illusions perdues*" e "Balzac, critique de Stendhal". In: *Balzac et le réalisme français*. Paris: La Découverte, 1999, p. 48-91.

imanente da vida, ou seja, da oposição entre indivíduo e sociedade, constitui o elemento principal do romance oitocentista europeu, mesmo quando sua configuração se torna esvaziada, como na *Educação sentimental*, de Flaubert, onde as ilusões do mundo burguês já estão perdidas desde o início do livro. O aparecimento desse modelo de personagem literária, pois, é um fenômeno eminentemente moderno, ligado ao sentimento de desabrigo transcendental e sociopolítico que o desencantamento do mundo e a emergência do capitalismo suscitam no sujeito: nas palavras de Lukács, "mundo contingente e indivíduo problemático são realidades mutuamente condicionantes".[64]

Mundo contingente, nos termos do crítico, é o mundo burguês. Nele, o sentido da vida não é mais imanente, como na Antiguidade: cabe ao indivíduo isolado estabelecer por si mesmo seus próprios objetivos, que já não são determinados com evidência imediata: o sentido, anteriormente dado de antemão, transforma-se em ideal a ser realizado em contexto social hostil. Absolutizam-se dessa forma, na sociedade burguesa, valores que normalmente possuíam, no mundo pré-moderno, estatuto apenas relativo, na medida em que se inseriam em estruturas metafísicas gerais, capazes de conferir sentido à multiplicidade do mundo exterior. Arte, vocação profissional e amor, por exemplo, tornaram-se ideias capazes de sustentar o valor da existência individual.

Ao desembarcar no Brasil, contudo, a ideologia burguesa, baseada no princípio da liberdade individual, encontrava uma sociedade escravista, ou seja, uma realidade que a desmentia abertamente. Conforme escreveu Roberto Schwarz, "na Europa era preciso ser Marx para lhe descobrir a parcialidade

---

64 Georg Lukács, *A teoria do romance*. São Paulo: Duas Cidades, 2000, p. 38.

social. No Brasil bastava ver o escravo na rua".[65] Entretanto, não apenas a relação entre senhores e escravos distanciava a sociedade brasileira do modelo europeu contemporâneo. Nas relações entre homens livres, a validade dos princípios burgueses era igualmente afetada pela presença da escravidão, que excluía dos processos de produção e das relações de mercado uma parcela significativa da sociedade imperial, formada por homens livres não proprietários. Na sociedade escravocrata, estes ficavam em situação bastante peculiar: "nem proprietários nem proletários, seu acesso à vida social e a seus bens depende materialmente do favor, indireto ou direto, de um grande".[66] A ausência do regime de trabalho livre impedia, portanto, que as relações sociais entre os homens livres do Brasil assumissem a forma contratual impessoal que a ordem burguesa pressupõe. Ao contrário, a articulação entre proprietários e despossuídos obedecia na sociedade brasileira a padrões pré-burgueses, realizando-se por meio das relações de cunho pactual e pessoal. Ao entrarem no Brasil, em suma, os princípios universais do Iluminismo, consagrados pela burguesia europeia, inseriram-se em um contexto de que representavam, por princípio, a crítica.[67]

Todavia, as ideias burguesas não eram recusadas no Brasil, pelo contrário. O prestígio de que gozavam no imaginário da classe dominante – onde figuravam, enquanto ideias europeias, como as mais ilustres do tempo –, tornava-as mesmo indescartáveis. Por meio das ideias "avançadas", aplicava-se um verniz

---

65 Roberto Schwarz. In: Alfredo Bosi *et alii, Machado de Assis*. São Paulo: Ática, 1982, p. 317.

66 Roberto Schwarz, "As idéias fora do lugar". In: *Ao vencedor as batatas*, p. 16.

67 "No processo de sua afirmação histórica, a civilização burguesa postulara a autonomia da pessoa, a universalidade da lei, a cultura desinteressada, a remuneração objetiva, a ética do trabalho etc. – contra as prerrogativas do *Ancien Régime*. O favor pratica a dependência da pessoa, a exceção à regra, a cultura interessada, remuneração e serviços pessoais". *Idem*, p. 17.

de respeitabilidade moderna às relações atrasadas de favor e dependência, típicas do meio brasileiro, sem a qual estas se afiguravam humilhantes para a autoestima das elites locais.[68] Assim, sem corresponder sequer às aparências da realidade social – o que de certo modo ocorria na Europa, pelo menos até junho de 1848 –, o universalismo liberal-burguês assumia na sociedade escravista brasileira uma função ornamental indisfarçável, mal encobrindo relações essencialmente irracionais com uma capa de racionalidade iluminista. Engendrava-se, portanto, uma situação no mínimo curiosa: em terra inóspita, os ideais burgueses, que nas sociedades modernas serviam à dominação social, não passavam de nobres enfeites, uma vez que a exploração de classe era mantida abertamente por meio da força; sua razão de ser ligava-se ao prestígio social, à elegância, não à pretensão de verdade objetiva. Em uma realidade que prescindia da ideologia liberal para a manutenção do estado de coisas, o Esclarecimento servia, àqueles que o adotavam, como sinal de distinção, pela participação no que havia de mais avançado no campo do pensamento – de modo que não tinha a função, como ocorria nos países centrais, de esconder ou camuflar a exploração dos trabalhadores, indisfarçável no Brasil.

Isso posto, diante da dissonância entre o ideário europeu burguês e o contexto brasileiro, toda tentativa de afirmação séria dos valores e virtudes burgueses, da parte de membros das nossas elites do século XIX, tendia a desembocar no ridículo. Daí certa impropriedade dos lances dramáticos na representação literária da vida brasileira no século XIX – impropriedade que Machado de Assis percebeu desde os tempos de *Iaiá Garcia*.[69] No *Memorial de Aires*, onde a sociedade se articula justamente

---

68 "Ao legitimar o arbítrio por meio de alguma razão 'racional', o favorecido conscientemente engrandece a si e ao seu benfeitor". *Idem*, p. 18.
69 Ver Roberto Schwarz, *Ao vencedor as batatas*, p. 205-215.

pela relativização de princípios – políticos, morais e econômicos –, o caráter improvável ou diminuído da defesa dos valores burgueses é sugerido pelo próprio narrador, ao comentar com ironia o drama amoroso vivido por Fidélia na província, antes de seu primeiro casamento. Por algum motivo, que não menciona, o amor trágico parece-lhe inverossímil no Brasil:

> Romeu e Julieta aqui no Rio, entre a lavoura e a advocacia, [...] é um desses encontros que importaria conhecer para explicar.[70]

Aires sugere a impropriedade da vibração romântica no contexto brasileiro, entre burguês (a advocacia) e pré-burguês (a lavoura). Pode-se dizer que Machado de Assis vinha abordando o problema desde *Helena*, mas que apenas nas *Memórias póstumas de Brás Cubas* chegou a uma visão madura – e implacável – a respeito.[71] No *Memorial de Aires*, denunciaria pela última vez a frivolidade da paixão amorosa entre os membros da elite imperial brasileira, classe que o privilégio social liberava da ética da renúncia, elemento essencial do romantismo amoroso.

Na dramática história de amor de Fidélia, seus sentimentos pelo Noronha parecem ter o sentido infinito – ou seja, de uma religião profana do sentimento – que as coisas adquirem, segundo Hegel, na alma romântica: "Por um lado, está a mundanidade enquanto tal, a vida familiar, o vínculo do Estado, a burguesia, a lei, o direito, os costumes, etc, e em oposição a esta existência para si mesma firme brota o amor nos ânimos mais nobres, mais inflamados, esta religião mundana dos

---

70 *Memorial de Aires*, §69.
71 Ver Roberto Schwarz, *Ao vencedor as batatas*, p. 117-231, e *Um mestre na periferia do capitalismo*, p. 134-150.

corações".⁷² Nessa linha, a paixão de Fidélia revela força suficiente para enfrentar um dos obstáculos mais irredutíveis que as famílias ricas das províncias brasileiras costumavam impor à liberdade de escolha de seus filhos: a inimizade tradicional entre famílias rivais. Diante da proibição do pai, que era inimigo político dos Noronha, "Fidélia jurou uma e muitas vezes que tinha um noivo no coração e casaria com ele, custasse o que custasse".⁷³ Persistindo a oposição paterna, diz-se que Fidélia adoeceu gravemente e parou de comer. Os moradores da fazenda chegaram a temer por sua vida. Ouvindo isso, um leve sorriso desponta nos lábios de Aires:

> O barão recusou a pés juntos e o desembargador dispunha-se a voltar para a Corte, sem continuar a comissão que se dera a si mesmo, quando Fidélia adoeceu deveras. A doença foi grave, a cura difícil pela recusa dos remédios e alimentos... Que sorriso é esse? Não acredita?
> — Acredito, acredito; acho romanesco. Em todo caso, essa moça interessa-me. A cura, dizia você, foi difícil?⁷⁴

Como se sabe, o barão cede, permitindo o casamento, mas sob a condição de que a filha nunca mais lhe apareça diante dos olhos. Fidélia aceita a proposta, abandona a fazenda onde fora criada e vai para o Rio de Janeiro para viver com o tio, o desembargador Campos, que entrega as mãos da sobrinha

---

72 G. W. F. Hegel, *Cursos de Estética*, vol. II. São Paulo: Edusp, 2000, p. 300. Para Novalis, a infinitização, por meio da reflexão, é a própria essência do Romantismo: "na medida em que eu [...] dou ao finito uma aparência infinita, eu o romantizo". *Apud* Walter Benjamin, *O conceito de crítica de arte no romantismo alemão*. São Paulo: Iluminuras, 2002, p. 74.

73 *Memorial de Aires*, §181.

74 *Memorial de Aires*, §183.

ao Noronha um ano mais tarde. Em suma, Fidélia prefere ser renegada pelo próprio pai a ficar sem seu amado. Quando, durante a viagem de lua de mel, morre-lhe o marido por quem tanto lutara, Fidélia naturalmente persevera no culto de seu amor: visita com frequência o túmulo do Noronha, decora-o com excessivo esmero, com as mais belas e variegadas flores, e carrega sempre ao peito um medalhão de ouro com seu retrato. Não toca mais piano nem vai ao teatro, define-se a si mesma como defunta.[75] O conjunto de seu comportamento exibe a infinitude do amor que subsiste além da morte, e reúne os elementos fundamentais do luto, de acordo com Freud: falta de interesse pelo mundo exterior, inibição da produtividade, perda da capacidade de amar.[76] Sabemos, no entanto, que a determinação exibida a todo momento pela viúva não se mantém.[77]

---

75 Na passagem em que Fidélia, após mais de dois anos, volta a tocar piano. O desembargador, tio da viúva, ouvindo os primeiros acordes, vai à sala e pergunta à sobrinha, espantado: "Mas que ressurreição é esta?", ao que ela responde: "Cousas de defunta". *Memorial de Aires*, §498-99. A contradição que caracteriza o comportamento de Fidélia está toda presente aqui: sua volta ao piano está diretamente vinculada ao amor nascente por Tristão e é justamente no momento em que ela retorna ao piano que ela faz a afirmação mais enfática de seu luto, dizendo-se morta desde a morte do marido.

76 Sigmund Freud, "Duelo y melancolía". In: *Obras completas*, vol. XIV, Buenos Aires: Amorrortu Editores, 1993, p. 242.

77 Nessa interpretação de Fidélia, não defendo, é claro, a ideia ultraconservadora de que viúvas não podem casar-se novamente. Observo, sim, que o conjunto do comportamento de Fidélia configura-se como contraditório, na medida em que ela própria afirma a cada passo, nele depositando sua identidade, o luto eterno pelo marido morto. Noutros termos, a leitura que proponho, aqui, fundamenta-se em *elementos do próprio romance*, tais como: o nome da personagem; o luto teatral; a rapidez da mudança de estado, de viúva para noiva; as tentativas de preservar a imagem do luto depois de declarado o novo namoro; e as ironias do narrador, sempre a recordar, desde que toma conhecimento do romance com Tristão, a figura de Fidélia rezando junto ao túmulo do marido.

Ao contrário da Julieta de Shakespeare, Fidélia não apenas não morre de amor, como se casa com outro homem e vai morar longe do primeiro esposo: "O mar não tardaria em espancar as sombras, e depois a outra terra, que a receberia com a outra gente."[78]

Diante dessa mudança, o sentido do drama de amor de Fidélia necessariamente se modifica: à luz do segundo casamento, a história da paixão que lutou contra as forças seculares da tradição – história que inclui momentos espetaculares, como a doença quase mortal e o luto decidido – revela certo caráter de opereta. O confronto entre o indivíduo e a sociedade, matriz prática da estética realista europeia, parece perder verossimilhança quando deslocado para o interior da nossa formação social singular, entre burguesa e pré-burguesa, "entre a lavoura e a advocacia", mediada pelas relações de favor e pelo privilégio de classe, que diluem os conflitos, as tomadas de posição e as renúncias implicadas na moderna dialética do particular e do universal. Nesse quadro, o amor romântico aparece como arremedo, representação que, no contexto histórico local, não convence, seu aspecto titânico reduzido a uma encenação. Fidélia encarna o papel da heroína romântica na medida em que ele a eleva da realidade mesquinha dos cafezais do Vale do Paraíba à esfera da reconhecida superioridade do complexo ideológico europeu. Em sua aparência grandiosa, o papel de Julieta funciona como "o complemento de uma vida que, sem ele, tornar-se-ia ociosa e aborrecida".[79] Por isso, no contexto do romance, marcado pela ambivalência ideológica das elites brasileiras do Segundo Reinado, ele pode conviver, sem perder a validade, com outros papéis que em princípio o contradizem.

---

78 *Memorial de Aires*, §1144.
79 Georg Lukács, "Dostoievski". In: *Ensaios sobre literatura*, p. 158.

A existência da possibilidade de, sem escândalo, valorizar a norma sem renunciar à infração, ou de infringir a norma sem deixar de valorizá-la, deve-se no romance à conivência de classe. Na sociedade do *Memorial*, apenas os maledicentes de plantão denunciam a contradição entre o luto e o segundo casamento de Fidélia. Mesmo nesses casos, a cobrança de coerência individual não está ligada à defesa racional de princípios, por mais reacionários que fossem (como a ideia de que uma viúva não pode casar-se de novo), mas a melindres pessoais: ao despeito, à inveja, ao desejo do homem alheio. O descompasso entre a exigência ética e seu fundamento mesquinho não deixa de assinalar o atraso do meio brasileiro, no qual se é incapaz de agir conforme critérios impessoais:

> Não falta quem pergunte pelo Noronha. Onde está o Noronha? Mas que fim levou o Noronha?
> Não são muitos que perguntam, mas as mulheres são mais numerosas, – ou porque as afligiam as lágrimas de Fidélia, – ou porque achem Tristão interessante, – ou porque não neguem beleza à viúva.[80]

Exceção feita às fofoqueiras e às melindrosas, a sociedade do *Memorial* não reivindica coerência no comportamento de Fidélia. A pretensão da viúva de combinar os dois estados, luto e noivado, em nenhum momento esbarra na exigência de renúncia, ao contrário. Amparada pela prosa protetora – ainda que não isenta de duplicidades – do narrador, Fidélia logra preservar a imagem da viúva enlutada, sem prejuízo das segundas núpcias. Comportamento da personagem, conivência da sociedade e parcialidade narrativa combinam-se de modo que "o antagonismo

---

80 *Memorial de Aires*, §1049-1050.

se desfaz em fumaça, e os incompatíveis saem de mãos dadas".[81] No *Memorial*, exige-se e não se exige que Fidélia permaneça fiel para sempre ao Noronha.

No conjunto das anedotas acerca de Fidélia e Tristão, o leitor do *Memorial de Aires* encontra a representação de uma experiência social: a possibilidade, da qual gozava a elite imperial, de adotar os princípios liberais, burgueses e românticos de forma enfática, ao mesmo tempo que descompromissada.

---

81 Roberto Schwarz, *Ao vencedor as batatas*, p. 18.

Capítulo II
Das negativas

— Desembargador, se os mortos vão depressa,
os velhos ainda vão mais depressa
que os mortos...

Machado de Assis,
Memorial de Aires

Se só me faltassem os outros, vá; um homem
consola-se mais ou menos das pessoas que perde;
mas falto eu mesmo, e esta lacuna é tudo.

Machado de Assis,
Dom Casmurro

P ARTIMOS DA IMPRESSÃO, QUE O *MEMORIAL DE AIRES* PODE provocar no leitor, de que os gestos, as expressões e os atos das personagens do romance são inapreensíveis. Vimos que o próprio narrador deve ser considerado o principal responsável por essa impressão, na medida em que se revela um narrador parcial, que procura preservar a imagem das personagens – das quais não faz a crítica, quando o faz, senão por meio de velaturas. Aires, conforme visto – e conforme se verá ao longo de todo este trabalho –, transforma fraquezas em virtudes, justifica o injustificável, torna obscuro o que é claro, sempre no sentido de tornar as personagens do livro incriticáveis. Para complicar as coisas, porém, na defesa de seus pares de classe, o narrador insinua uma crítica indireta, sutil e irônica ao comportamento que está a defender. Para cúmulo da complicação, a crítica se realiza no e pelo movimento mesmo da confecção da defesa, ao passo que a defesa, por sua vez, se fortalece por meio da acusação. Não obstante a importância decisiva dessa intrincada parcialidade narrativa, notamos que a dificuldade de "fixar" as personagens também se deve, pelo menos no caso de Tristão e Fidélia, ao comportamento das próprias personagens. Tristão muda o tempo todo: de jurista passa a turista, de turista a médico, de médico a político; de acordo com o país em que se encontra, ora é conservador, ora liberal; declara amor à própria terra, em seguida informa que é português naturalizado, mas em Lisboa recebe a alcunha de brasileiro. De sua parte,

Fidélia muda uma única vez, mas naquilo que lhe define o caráter: a fidelidade ao marido morto. Nos dois casos, na medida em que significa a transgressão de princípios aos quais a personagem está essencialmente vinculada – de acordo com o modelo, adotado enfaticamente, do indivíduo moderno europeu –, a mudança é sempre desconcertante: ao mudar, a personagem "desidentifica-se" de si mesma. Está claro que mudanças, mesmo as mais radicais, não são necessariamente sinal de perda ou falta de subjetividade, inclusive na acepção burguesa, reflexiva e exigente, do termo. Ao contrário, podem mesmo constituir o meio pelo qual a autonomia do sujeito se realiza e o indivíduo se forma. Nesses casos, entretanto, procedem do esgotamento de um projeto, respondem à necessidade de superação das contradições decorrentes do desenvolvimento de uma experiência, incorporando o que é negado e constituindo o processo dialético de acumulação de experiência que caracteriza o movimento de formação do indivíduo. No caso de Tristão, ao contrário, animadas por veleidades passageiras, as mudanças se precipitam ao sabor das contingências. Súbitas e aleatórias, "pautadas" pelo desejo imediatista de uma supremacia qualquer, provocam no leitor o sentimento de que falta uma identidade à personagem – sobretudo porque Tristão nunca abandona, no plano das aparências, os parâmetros de coerência e solidez próprios da concepção moderna de sujeito. Em outras palavras, o leitor é levado a perceber que nenhuma das feições espetacularmente adotadas pela personagem constitui sua feição verdadeira, e que esta não pode ser encontrada senão na própria mudança incessante – o que, ao mesmo tempo, significa ser impossível fixar essa identidade. Se Tristão *é* na volubilidade e apenas nela, pode-se dizer, com base na análise feita por José Antonio Pasta Júnior de algumas das personagens capitais da literatura brasileira, que Tristão é não sendo, ou é apenas no momento ou no processo em que deixa de ser.[1] Além disso, Tristão não costuma assumir as mudanças por completo, isto é, na renúncia que elas supõem. Ao contrário, pretende ser, simultaneamente, liberal e conservador, brasileiro e português, paternalista e burguês[2] – de maneira que, sob perspectiva exigente, em cada um desses casos, não é uma coisa nem outra. O mesmo, conforme visto, pode ser dito de Fidélia, cuja personalidade se torna difícil de definir porque, além de mudar naquilo que lhe define o ser, Fidélia procura engenhosamente combinar o estado anterior à mudança (o luto perpétuo) com o estado posterior (o segundo casamento). O preço a pagar por essas combinações, por parte das personagens, é uma espécie de indefinição de contornos, uma falta peculiar de si mesmo – peculiar, porque fonte de prazer, não de sofrimento.

Isso posto, a falta de identidade – de acordo com o parâmetro da subjetividade burguesa, assumido enfaticamente como um modelo por Tristão e Fidélia – constitui a contrapartida negativa da disposição mudadiça das personagens – mais precisamente, do exercício da faculdade, de que dispunham nossas elites no Oitocentos, de adotar princípios do ideário moderno (amor romântico, vocação profissional, sentimento do país natal etc.) sem renunciar à licença, garantida pelo estatuto de meia vigência das ideias liberais na sociedade escravista, para infringi-los. No campo dos estudos machadianos, a relação entre a vitória da volubilidade e a derrota da subjetividade em sua acepção moderna foi assinalada por Roberto Schwarz, em seu livro sobre as *Memórias póstumas de Brás Cubas*. Segundo o

---

[1] Ver José Antonio Pasta Jr., "Changement et idée fixe (L'autre dans le roman brésilien)". In: *Au fil de la plume, Cahiers du crepal* n°10. Paris: Presses Sorbonne Nouvelle, p. 159-171.

[2] Tristão é simultaneamente paternalista e burguês na proposta de doação da fazenda de Santa-Pia, conforme se verá na segunda parte deste trabalho. Ver *infra*, p. 76-77.

crítico, governada em todos os seus momentos pelo capricho, a trajetória de Brás Cubas apresenta "uma estranha conjunção, em que a vida é cheia de satisfações, e vazia de sentido".[3] Na medida em que se repetem na vida de Brás, de acordo com a lógica da volubilidade caprichosa, os ciclos sucessivos de animação e fastio, este passa aos poucos a preponderar sobre aquela, de tal modo que "o conjunto desliza da vivacidade para a saciedade e a morte".[4] Tédio e melancolia predominam nas páginas finais do livro, nas quais são narrados os últimos anos da vida de Brás, e o romance termina em nada, no célebre capítulo "Das negativas".[5]

No *Memorial*, por um lado, verifica-se um movimento da mesma ordem, ainda que tudo, neste livro, seja mais "abafado" que nos romances anteriores de Machado de Assis. Resumindo o andamento do enredo, tem-se: um período inicial marcado pelas reuniões na casa dos Aguiar, pelo interesse de Aires por Fidélia e pelos acontecimentos que culminam na Abolição; os tempos relativamente animados em torno da chegada de

---

[3] Roberto Schwarz, *Um mestre na periferia do capitalismo*, p. 67. No mesmo sentido, escreve Schwarz: "o enredo machadiano diz que a vida de nossos ricaços foi excelente, mas – em palavras de Oswald – corrida numa pista inexistente". *Idem*, "Complexo, moderno, nacional e negativo". In: *Que horas são?* São Paulo: Companhia das Letras, 1997, p. 123.

[4] Roberto Schwarz. *Um mestre na periferia do capitalismo*, p. 67.

[5] "Este último capítulo é todo de negativas. Não alcancei a celebridade do emplasto, não fui ministro, não fui califa, não conheci o casamento. Verdade é que, ao lado dessas faltas, coube-me a boa fortuna de não comprar o pão com o suor do meu rosto. Mais; não padeci a morte de D. Plácida, nem a semidemência do Quincas Borba. Somadas umas coisas e outras, qualquer pessoa imaginará que não houve míngua nem sobra, e conseguintemente que saí quite com a vida. E imaginará mal; porque ao chegar a este outro lado do mistério, achei-me com um pequeno saldo, que é a derradeira negativa deste capítulo de negativas: – Não tive filhos, não transmiti a nenhuma criatura o legado da nossa miséria". Machado de Assis, *Memórias póstumas de Brás Cubas*, §1048.

Tristão, os meses de alegria com o casamento dos filhos postiços de Dona Carmo e as viagens à fazenda de Santa-Pia e a Petrópolis; o processo de liquidação da fazenda e de abandono dos libertos, a partida definitiva de Tristão e Fidélia para a Europa e a solidão silenciosa de Dona Carmo e Aguiar. Todavia, pode-se dizer que o clima de tédio e desolação do final, sempre ligado aos velhos (Aires, Aguiar e Dona Carmo), permeia todo o romance e está presente desde a primeira cena do livro, a qual se passa, não por acaso, em um cemitério. Augusto Meyer, um dos intérpretes mais importantes da obra machadiana, chegou a escrever sobre o *Memorial*: "Aires? Fidélia? Tristão e o casal Aguiar? Só vejo uma personagem – o Tédio".[6] Este se faz decerto sentir em cada página do *Memorial*, mas de modo bastante peculiar e mediado por situações históricas concretas, as quais começamos a estudar no capítulo anterior. Em conjunto, o tédio, a melancolia, a falta do eu, os sentimentos de vazio e de ausência de sentido da vida constituem, no romance, uma experiência de classe, de uma classe cujo ser é o outro, vem da Europa, sobretudo de Portugal.[7] O nada que permeia todo o *Memorial de Aires* representa, inclusive por meio de alegorias, o resultado final da experiência histórica das elites do Segundo Reinado, no momento terminal em que o romance se concentra.

Ao partirem para Portugal, Fidélia e Tristão traem os padrinhos: embarcam dando a entender que retornam em breve, mesmo sabendo que partem em definitivo, tendo em vista que Tristão recebera a notícia de sua eleição em Portugal alguns

---

6 Augusto Meyer, *Machado de Assis*. Rio de Janeiro: Presença, 1975, p. 50.

7 Essa condição, que é histórica e cultural, desdobra-se na trama do livro – a vida dos velhos chega sempre de Lisboa: Fidélia volta de lá na condição de viúva, que a torna disponível para ser a filha postiça de Dona Carmo e o objeto de desejo de Aires; Tristão e suas cartas, que completam a felicidade dos Aguiares, provêm igualmente da capital portuguesa.

dias antes. Em verdade, Tristão sabia que seria eleito em Lisboa desde as vésperas de seu embarque ao Brasil. Dez dias depois de sua chegada no Rio de Janeiro, Tristão comunica ao conselheiro Aires:

> Nas vésperas de partir aceitei a proposta de entrar na política, e vou ser eleito deputado às cortes no ano que vem. Não fosse isso, e eu cá ficava.[8]

Tristão acrescenta que os pais de empréstimo ainda não sabem da eleição, mas que em breve lhes falará a respeito, o que não ocorre. Um ano se passa até que Fidélia, em viagem de lua de mel com Tristão, escreve de Petrópolis uma carta a D. Carmo, ao final da qual faz uma sugestão:

> No fim da carta, Fidélia insinua a idéia de irem todos quatro à Europa, ou os três, se Aguiar não puder deixar o Banco.[9]

Ora, se Fidélia chega a propor que Dona Carmo viaje sem o marido, não pode estar se referindo a uma viagem definitiva. É o que ela explica à boa velha, alguns dias depois, numa conversa no Flamengo:

> Fidélia pegou da idéia que propusera em carta de fazerem uma viagem à Europa, à qual Dona Carmo se recusou por débil e cansada. Então Fidélia explicou o que seria a viagem; em primeiro lugar curta, a Lisboa, para ver a mãe de Tristão, depois a Paris, e se houvesse

---

8 *Memorial de Aires*, §438.
9 *Memorial de Aires*, §1082.

tempo, à Itália; partiriam em Agosto ou Setembro, e em Dezembro estariam de volta.[10]

Carmo explica aos jovens que não pode deixar o marido – o que é previsível, considerando-se a idade dos dois e a necessariamente longa duração de uma viagem, que Fidélia afirma ser curta, à Europa naquela época. Sugere então que se adie o plano por alguns meses, o que permitiria que todos fossem juntos:

> Dona Carmo ainda se lembrou de lhes perguntar porque não transferiam a viagem para o ano; Aguiar poderia ir também. Não responderam.[11]

"Não responderam": o silêncio dos filhos de empréstimo não indica senão que a partida próxima já está decidida. Na véspera do embarque, numa visita de despedida ao conselheiro Aires, Tristão revela que já fora eleito deputado e que não voltará ao Brasil. Pede que Aires não diga nada aos padrinhos e ensaia justificativas:

> Olhe, conselheiro, Fidélia e eu fizemos tudo para que a velha e o velho vão conosco; não podem, ela diz que está cansada, ele que não se separa dela, e ambos esperam que voltemos.
> — Pois voltem depressa, aconselhei.
> Tristão fitou-me os olhos cheios de mistérios, e tornou à sala; vim com ele.
> — Conselheiro, vou fazer-lhe uma confidência, que não fiz nem faço a ninguém mais; fio do seu silêncio.
> Fiz um gesto de assentimento. Tristão meteu a mão na algibeira das calças e tirou de lá um papel de cor;

---

10 *Memorial de Aires*, §1090.
11 *Memorial de Aires*, §1094.

abriu-o e entregou-mo que lesse. Era um telegrama do pai, datado da véspera; anuncia-lhe a eleição para daqui a oito dias.

Ficamos a olhar um para o outro, calados ambos, ele como que a apertar os dentes.[...]

— Queria que eles viessem conosco; eu lhes diria a bordo o que conviesse, e o resto seria regulado entre as duas, – ou entre as três, contando minha mãe. Fidélia mesma é que me lembrou este plano, e trabalhou por ele, mas não alcançamos nada; ficam esperando.

Quis dizer-lhe que era esperarem por sapatos de defunto, mas evitei o dito, e mudei de pensamento. Como ele não dissesse mais, fiquei um tanto acanhado; Tristão, porém, completou a intenção do ato, acrescentando:

— Confesso-lhe isto para que alguém que nos merece a todos dê um dia testemunho do que fiz e tentei para me não separar dos meus velhos pais de estimação; fica sabendo que não alcancei nada. Que quer, conselheiro? A vida é assim cheia de liames e de imprevistos...

Não sei que disse mais; a mim chegava-me outra idéia que também deixei passar, não querendo ser indiscreto. Era indagar se Fidélia sabia já do telegrama.[12]

Tristão diz ao conselheiro que gostaria que os padrinhos fossem viver com ele em Lisboa, e que ele e Fidélia fizeram tudo para levá-los. Todavia, esse esforço se resume a uma sugestão por carta e um convite um pouco mais insistente. Além disso, o que os jovens propõem aos Aguiares é uma viagem curta, de alguns meses; em nenhum momento referem-se a uma viagem sem volta, jamais advertem os padrinhos de que não pretendem retornar ao Brasil. Ora, é legítimo supor que, se o fizessem, talvez os velhos, diante da perspectiva de não verem mais os filhos

---

12 *Memorial de Aires*, §1130-1135.

de empréstimo – a quem parecem amar mais que a si mesmos – talvez aceitassem partir com eles. Cabe portanto perguntar: por que eles não contam a verdade aos pais postiços, se querem mesmo que estes os acompanhem à Europa? Decerto não terá sido para convencer os velhos a embarcar; a intenção oculta de evitar que os Aguiares se decidissem a acompanhar os afilhados constitui uma hipótese mais plausível.

Para abandonar os padrinhos sem perder a imagem de afilhado amantíssimo, Tristão procura fazer de Aires um álibi, capaz de defendê-lo no Brasil, quando a verdade for revelada, por carta, de Portugal. O conjunto de sua "confissão", todavia, não se sustenta, de modo que o futuro deputado, ao encerrar sua própria defesa, vê-se levado a correr, ainda, a uma desculpa genérica, protocolar e inaceitável, alegando liames e imprevistos... Que imprevistos, se ele sabia que a eleição era certa desde antes do embarque para o Brasil? Que liames, se ele se permitira atrasar em seis meses sua partida para Lisboa para se casar com Fidélia, não obstante a insistência de seus colegas de partido para que retornasse?

No dia da partida, ao se despedir, Tristão ainda incumbiria ao conselheiro uma outra tarefa. O pedido, cúmulo de hipocrisia e desfaçatez, simula o zelo no instante mesmo do abandono e revela que Tristão conhece bem a dimensão do que está fazendo: "Pediu-me que não esquecesse os pais de empréstimo e os fosse ver e consolar."[13] Fidélia, por sua vez, nesse instante derradeiro, comete um lapso:

> Quanto ao desembargador vinha triste com a separação, mas a sobrinha obrigou-o a prometer, à última hora, que iria vê-la no ano próximo, e ele não advertiu

---

13 *Memorial de Aires*, §1144.

que o pedido desdizia da promessa que lhe tinha feito de regressar no fim do ano ao Rio de Janeiro.[14]

Sem saber, Fidélia responde à pergunta que Aires fizera a si mesmo no dia anterior, depois de receber de Tristão a notícia de que não voltaria ao Rio de Janeiro: se Fidélia sabia ou não que partia para sempre; em outras palavras, se Tristão mentia também à esposa, ou se ambos mentiam juntos.

Sem risco de exagero, pode-se dizer que os filhos postiços são a própria vida do casal Aguiar.[15] Ao receberem a notícia, já no final do livro, de que Tristão se elegeu deputado em Portugal, portanto não voltará mais ao Brasil, os dois velhos quedam ausentes do mundo, como que sem substância:

> Dona Carmo não parecia ouvir-me, nem ele; olhavam para lá, para longe, para onde se perde a vista presente, e tudo se esvai depressa.[16]

Separados para sempre dos filhos de empréstimo, os Aguiares transformam-se em dois espectros de gente. Ao leitor da obra de Machado, o estado dos velhos pode lembrar o do alferes Jacobina, personagem central do conto "O espelho",[17] quando abandonado pelos moradores da fazenda em que está passando as férias. Recém-nomeado alferes da Guarda Nacional, Jacobina é convidado por uma tia para passar algum tempo na fazenda onde vive desde a morte do marido. Ela deseja ver o sobrinho na farda vistosa. Jacobina aceita, e assim que chega à fazenda, sua tia trata de criar, como escreveu Antonio Candido sobre o conto, "uma atmosfera de extrema valorização do posto,

---

14 *Memorial de Aires*, §1145.
15 "Toda ela é maternidade". *Memorial de Aires*, §442.
16 *Memorial de Aires*, §1158.
17 Machado de Assis, *Papéis avulsos*. In: *Obra completa*, vol. II, p. 345-352.

chamando-o e fazendo que os escravos o chamem a cada instante 'Senhor Alferes'".[18] Após três semanas, a distinção social tornara-se uma segunda alma de Jacobina, sua "alma exterior", que termina por substituir completamente a primeira, interior: "O alferes eliminou o homem", descreve Jacobina.[19] Certo dia, a tia recebe a notícia de que sua filha está muito doente, e parte imediatamente a seu encontro. Os escravos, por sua vez, aproveitando a ausência da proprietária, fogem na madrugada seguinte, de modo que Jacobina é deixado em completa solidão. A partir disso, e à medida que a solidão se prolonga, Jacobina sente-se cada vez mais inquieto, até que a angústia o leva ao limite da própria dissolução espiritual: "Era como um defunto andando, um sonâmbulo, um boneco mecânico",[20] ele diz. Depois de uma semana de agonia, Jacobina decide olhar-se num grande espelho, o que havia inexplicavelmente evitado até então, e fica pasmado com o que vê refletido no vidro: "Não me estampou a figura nítida e inteira, mas vaga, esfumada, difusa, sombra de sombra".[21] Em suma, desde que não teve mais o coro laudatório que evocava seu posto a cada instante, Jacobina sentiu faltar a si mesmo. Sua alma se fora com a tia e os escravos fugidos, conclui. Suas feições se tornam "derramadas e inacabadas, uma nuvem de linhas soltas, informes".[22] O martírio termina apenas quando Jacobina veste a farda de alferes e se põe novamente diante do espelho. A identidade, que ele pensara "ausente com a dona do sítio, dispersa e fugida com

---

18 Antonio Candido, "Esquema de Machado de Assis". In: *Vários escritos*, São Paulo: Duas Cidades, 1995, p. 28.
19 Machado de Assis, "O espelho (esboço de uma nova teoria da alma humana)". In: *Obra completa*, vol. II, p. 348.
20 *Idem*, p. 349.
21 *Idem*, p. 350-1.
22 *Idem*, p. 350.

os escravos",[23] consubstanciara-se no objeto, o uniforme militar: as linhas recuperaram sua nitidez, e Jacobina salva-se da loucura, reconhecendo-se a si mesmo na imagem especular.[24]

Voltando ao *Memorial*, pode-se afirmar, nos termos da teoria das duas almas de Jacobina, que os filhos de empréstimo representam a alma exterior dos Aguiar, aos quais faltaria a alma interior. Ora, conforme explica o alferes de "O espelho", a alma exterior não é sempre a mesma. Salvo os casos raros de "almas exclusivas", a alma exterior é "de natureza mudável".[25] Nesse sentido, assim como o eu de Jacobina se dispersa com a tia e com os escravos, mas se reencontra na farda de alferes, o eu dos velhos, perdido com a primeira partida do afilhado para Lisboa, reencontra-se em um cão, que recebe verdadeiro amor paternal:

> Nunca lhe falaram de um terceiro filho que tiveram, e ela [Dona Carmo] amava muito?
> — Creio que não; não me lembra.

---

23 *Idem*, p. 352.

24 Vale mencionar um detalhe significativo, notado por John Gledson, a respeito do conto: o grande espelho em que se olha Jacobina, uma obra rica e magnífica, fora comprado "a uma das fidalgas vindas em 1808 com a corte de Dom João VI", quer dizer, está vinculado às circunstâncias que precederam o "nascimento" do Brasil: "Mil oitocentos e oito foi o momento em que a nação brasileira começou a se tornar consciente de si própria e 'se olhou no espelho'", escreve Gledson. Segundo o crítico inglês, na alegoria de Jacobina, a falta de integração do sujeito vincula-se à falta de integração social, integração que a Independência não promoveu, de modo que "a identidade nacional é tão imperceptível como o rosto de Jacobina no espelho". John Gledson, "A história do Brasil em *Papéis avulsos*, de Machado de Assis". In: Sidney Schalhoub/Leonardo Affonso M. de Pereira (organizadores), *A história contada: capítulos de história social da literatura no Brasil*. Rio de Janeiro: Nova Fronteira, 1998, p. 18.

25 Difícil não relacionar essa disposição para a mudança, própria da alma exterior, com a volubilidade de Brás Cubas e Tristão.

> — Um cão, um pequeno cão de nada. Foi ainda no meu tempo. Um amigo do padrinho levou-lho um dia, com poucos meses de existência, e ambos entraram a gostar dele. Não lhe conto o que a madrinha fazia por ele, desde as sopinhas de leite até aos capotinhos de lã, e o resto; ainda que me sobrasse tempo, não acharia crédito em seus ouvidos. Não é que fosse extravagante nem excessivo; era natural, mas tão igual sempre, tão verdadeiro e cuidadoso que era como se o bicho fosse gente.[26]

Nessa lógica, o indivíduo busca no outro o próprio ser, que o outro não pode oferecer senão sob forma postiça. A satisfação eventualmente obtida guardará sempre um fundo de insatisfação, de insuficiência que persiste. Na cena final do *Memorial*, uma das mais amargas da obra de Machado, os Aguiares, conforme escreve Aires, sentem saudade de si mesmos, não dos filhos de empréstimo; esses "si mesmos", contudo, não são senão, essencialmente, os filhos de empréstimo:

> Ao transpor a porta para a rua, vi-lhes no rosto e na atitude uma expressão a que não acho nome certo ou claro; digo o que me pareceu. Queriam ser risonhos e mal se podiam consolar. Consolava-os a saudade de si mesmos.[27]

Estranha consolação, que não parece consolar, associada a um vago mal-estar, a uma nostalgia indefinível e sem limite, a nostalgia do eu que é o outro. A saudade do outro é a saudade de si mesmo, enquanto a saudade de si mesmo é a saudade do outro. Sob esse ângulo, a saudade que aflige os Aguiares é

---

26 *Memorial de Aires*, §442-44. Ver também, *Memorial de Aires*, §602-10.
27 *Memorial de Aires*, §1166.

menos a saudade de uma vida que se teve e se perdeu do que a saudade de uma vida que jamais chegou a se realizar – saudade, enfim, daquilo que não foi. A certa altura do livro, Aires, a seu modo, expressa algo nesse sentido a respeito de si:

> A música foi sempre uma das minhas inclinações, e, se não fosse temer o poético e acaso o patético, diria que é hoje uma das minhas saudades. Se a tivesse aprendido, tocaria agora ou comporia, quem sabe? Não me quis dar a ela, por causa do ofício diplomático, e foi um erro. [...] Agora vivo do que ouço aos outros.[28]

Isso posto, pode-se dizer que o tom crepuscular do *Memorial de Aires* não é propriamente elegíaco, no qual se exprimiria a "nostalgia de uma civilização" – os bons tempos do Segundo Reinado –, como escreveu José Guilherme Merquior.[29] O *pathos* do romance parece ser, antes, a melancolia, em que a percepção da perda se paralisa em contradições insolúveis.[30] Trata-se, no *Mermorial*, de uma sociedade paralisada em sua agonia, uma cultura que se perdeu sem ter sido verdadeiramente uma cultura, mas sempre outra, e que por essa razão não pode, no momento de sua morte, superar – no sentido dialético da palavra – a si mesma. Na origem da ambivalência melancólica, Freud encontrou a identificação do objeto amoroso ao ego, ou seja, a redução do outro ao mesmo do eu, por meio da qual não apenas o outro é "devorado" pelo eu, mas o próprio eu se torna o outro.[31] Nessa linha, a prostração dos Aguiares

---

28 *Memorial de Aires*, §484.
29 Ver José Guilherme Merquior, *De Anchieta a Euclides*. Rio de Janeiro: Topbooks, 2003, p. 246.
30 Erwin Panofsky; Fritz Saxl; Raymond Klibansky, *Saturne et la mélancolie*. Paris: Gallimard, 2004.
31 Sigmund Freud, "Duelo y melancolía". In: *Op. cit.*

não encontra consolo no passado. Seu consolo, a saudade de si mesmos, deixa-os paradoxalmente inconsoláveis, pois é na verdade a saudade do outro. Por trás da saudade dos Aguiares está o vazio – uma saudade de si mesmo não indica senão que este não chegou a existir, considerando-se o núcleo sólido, a continuidade no tempo, que a ideia de identidade, de acordo com o princípio moderno e liberal de individuação, supõe.[32] Nesse ponto, assim como em muitos outros, a obra machadiana ilumina aspectos da civilização burguesa que na literatura dos países centrais só viriam à tona, salvo raras exceções, após a Primeira Guerra: "talvez a personalidade tenha sido um papel desde o início, a natureza que quer se fazer passar por uma sobre-natureza",[33] escreveria Adorno em meados do século XX, em um ensaio sobre Beckett. Ao final do romance, os Aguiares aparecem como mortos antes de terem vivido. Daí seu silêncio, sua expressão indefinível. Não se trata da saudade de um eu, específico, determinado. Se fosse esse o caso, gastariam o tempo em recordações, fantasias ou autoanálises, como as que "animam" as personagens de alguns dos melhores dramas de Tchekhov.[34] Digamos que não há Moscou para o casal Aguiar. Sua nostalgia final exprime a falta de um lugar distante que não se sabe qual é, muito menos onde fica, pois ele se encontra

---

32 "Pessoa, como a tomo, é o nome para esse eu. Onde quer que um homem encontre o que chama de ele mesmo, aí, eu penso, um outro poderá dizer que é a mesma pessoa. [...] Essa personalidade estende a si mesma para além da existência presente, para o que é passado, por meio da consciência; com isso, [...] apropria-se e imputa a si mesma ações passadas, justamente com o mesmo fundamento, e pela mesma razão, com que ela o faz para o presente". John Locke, *An Essay Concerning Human Understanding*. Oxford: Oxford University Press, 1979, p. 346.

33 Theodor W. Adorno, "Para compreender *Fim de partida*" [1961]. In: *Notes sur la littérature*. Paris: Flammarion, 1984, 230.

34 Ver Peter Szondi, *Teoria do drama moderno*. São Paulo: Cosac Naify, 2001, p. 46-53.

no Brasil e na Europa ao mesmo tempo e por isso mesmo não se encontra na Europa nem no Brasil. Não há o verdadeiro país, ao qual todo bom nostálgico anseia retornar; o paraíso perdido tem os contornos imprecisos do desconhecido. Por isso, falta aos Aguiares, na última cena do *Memorial*, a tendência dinâmica própria do sentimento nostálgico.[35] O sentimento encontra-se paralisado diante da ausência de um ponto de fuga, mesmo imaginário. Nesse sentido, o desconsolo final dos Aguiares tem algo do aspecto misterioso que Freud identificou no melancólico: "Quando ele sabe a quem perdeu, mas não o que neste se perdeu".[36] Daí, talvez, uma das razões para a importância da música, a mais abstrata das artes, no *Memorial de Aires*: a música é o berço inespecífico a que aspiram as principais personagens do romance. Na identificação de significante e significado que se verifica na linguagem musical, a música "encena" a união do mesmo e do outro, a realização do absoluto, tão impossível quanto desejada pelos Aguiares.

A insuficiência do eu implica certa confusão no campo das identidades. O *Memorial de Aires* é permeado pela mistura entre as ordens do mesmo e do outro, mistura que José Antonio Pasta Jr. identificou n'*O Ateneu*, de Raul Pompéia[37] – obra à primeira vista tão diferente, em suas brilhações furiosas, do descolorido romance de Machado de Assis. Analisando o romance de Pompéia, o crítico demonstra que a perturbação da distinção entre mesmo e outro – ou, entre sujeito e objeto – configura-se n'*O Ateneu*, entre outras coisas, como *formação supressiva*. O conceito de formação supressiva assinala um regime singular

---

35 Ver Michel Guiomar, *Principes d'une Esthétique de la Mort*, p. 171.
36 Sigmund Freud, "Duelo y melancolía", p. 243.
37 José Antonio Pasta Júnior, *Pompéia: a metafísica ruinosa d'O Ateneu*. Tese de Doutoramento em Literatura Brasileira apresentada à Faculdade de Filosofia, Letras e Ciências Humanas da USP, 1991.

no qual o sujeito "não se forma pelo retorno a si, desde a experiência do objeto – consolidando-se, como identidade, em sua própria esfera – mas se constitui, no extremo de seu desdobramento, passando no seu outro".[38] O sujeito somente vem a ser sendo o outro, em um processo cuja outra face está em que, "passando no seu outro, ele vem a ser no e pelo movimento mesmo em que deixa de ser: ele se forma suprimindo-se".[39] Sob essa perspectiva, não se trata de formação propriamente dita – que se consuma por meio da reflexão, em síntese superior –, mas de uma espécie de formação paradoxal da subjetividade, que se realiza justamente pela não formação: "essa junção de sujeito e objeto é ela própria uma 'síntese' puramente desaparecente, constituindo-se/dissolvendo-se como uma forma em perpétua evanescência".[40] Noutras palavras, a forma clássica da formação burguesa do indivíduo, baseada na distinção entre o mesmo e o outro, na construção da individualidade com contornos bem definidos a partir da interação entre a sociedade civil e uma firme vontade formativa da parte do sujeito, essa feição clássica da formação do sujeito moderno é substituída n'O Ateneu por um regime em que os limites entre o mesmo e o outro são tênues, suprimidos no mesmo instante em que são colocados. Nesse sentido, os fenômenos do duplo, da vicariedade, da relação fusional e da identificação dos contrários são algumas das formas sob as quais se manifesta o regime da formação supressiva.

No *Memorial de Aires*, as relações entre as personagens revestem-se justamente dessas formas e de outras semelhantes: Aires, conforme se verá, relaciona-se com Tristão por introjeção

---

38 *Idem*, p. 76.
39 José Antonio Pasta Júnior, "O romance de Rosa – temas do Grande sertão e do Brasil". In: *Novos estudos* Cebrap, n° 55, novembro 1999, p. 64.
40 José Antonio Pasta Júnior, *Pompéia (a metafísica ruinosa d'O Ateneu)*, p. 77.

vicária;[41] Carmo "penetra e se deixa penetrar" das pessoas que a cercam – assim, por exemplo, quando é considerada a melhor aluna do colégio, "a cada uma [das colegas de turma] pareceu que se tratava de si mesma";[42] quanto a Tristão e Fidélia, "naquela transfusão desapareciam os sexos diferentes para só ficar um estado único";[43] com relação aos Aguiares, "as duas pessoas eram, ao cabo, uma só e única".[44] Nesse contexto, pode-se afirmar que o fenômeno do duplo assombra o *Memorial*, sem, todavia, nunca vir à tona: há inúmeras *sugestões* do duplo no livro, mas não uma *aparição*, como nas obras de Chamisso, Hoffmann ou Dostoiévski. Assim, Fidélia, no caso de uma reconciliação *in extremis* com o pai, não abandonará sua mãe postiça: "Saberá ser duas vezes filha";[45] Dona Carmo, por sua vez, costuma substituir-se à mãe de Tristão: "Ao cabo da primeira semana tinha o pequeno duas mães".[46] Analogamente, os Aguiares sentem o que Fidélia sente:

> Sorriu e não tocou; tinha um pouco de dor de cabeça. Aguiar e Carmo, que lá estavam também, não me acompanharam no pedido, como "se lhes doesse a cabeça da amiga."[47]

---

41 José Paulo Paes, " Um aprendiz de morto", p. 26.
42 *Memorial de Aires*, §136, 135.
43 *Memorial de Aires*, §959.
44 *Memorial de Aires*, §90.
45 *Memorial de Aires*, §300.
46 *Memorial de Aires*, §146. No mesmo sentido: "A meninice de Tristão, – era o nome do afilhado, – foi dividida entre as duas mães, entre as duas casas". *Memorial de Aires*, §147.
47 *Memorial de Aires*, §508. Otto Rank assinala que, em alguns casos de manifestação do duplo, "tudo o que um sente, o outro ressente igualmente". Ver, do Autor, *Don Juan et le Double*. Paris: Payot, 2001, p. 117.

Quase duplos um do outro, Tristão e Noronha, conforme demonstrou José Paulo Paes, têm trajetórias quase simétricas. O segundo estudou medicina no Brasil, passou um período com Fidélia na Europa e precipitou, com sua morte, o retorno da viúva ao Brasil; o primeiro estudou medicina na Europa, veio ao Brasil, onde conheceu Fidélia, e levou a viúva de volta para Lisboa.[48] Em resumo, ambos são jovens, médicos, maridos de Fidélia, e transitam entre Brasil e Portugal; um é morto, o outro é vivo.[49] Todos os elementos necessários para que se configure o fenômeno do duplo parecem reunir-se aqui. A própria Fidélia sugere esse espelhamento, ao confundir, conforme visto, o luto e as núpcias. Falta, contudo, o encontro, condição decisiva para a realização do duplo: em nenhum momento do romance, Tristão e Noronha são colocados frente a frente.

É justamente em um encontro, o almoço de Aires com Tristão no alto da floresta da Tijuca, que o fenômeno do duplo fica mais próximo de se configurar no *Memorial*.[50] A figura da montanha, conforme observou Eugênio Gomes, tem importância especial no romance maduro de Machado de Assis.[51] Em *Esaú e Jacó* e nas *Memórias póstumas de Brás Cubas*, a monta-

---

48 José Paulo Paes, "Um aprendiz de morto", p. 33.

49 Como se verá a seguir, a oposição entre morte e vida está na base da categoria do duplo.

50 "Tristão convidou-me a subir às Paineiras, amanhã; aceitei e vou". *Memorial de Aires*, §822.

51 Eugênio Gomes, "O testamento estético de Machado de Assis". In: *Machado de Assis*. Rio de Janeiro: São José, 1958, p. 13. Vale lembrar que Michel Guiomar, em seu estudo sobre as categorias estéticas da morte, assinala que um dos "temas privilegiados" da aparição do duplo é o do "lugar-alto". Além deste, o autor destaca o tema da "viagem, sobretudo nos seus dois momentos, de partida e de chegada", e o tema do "quarto fechado", ambos também presentes e relevantes no *Memorial de Aires*. Ver Michel Guiomar, *Principes d'une Esthétique de la Mort*, p. 318-22.

nha associa-se a momentos decisivos das vidas das personagens, como o lugar onde revelações extraordinárias – representadas sempre sob a perspectiva distanciada, satírica, de Machado – acontecem: a revelação do destino dos irmãos gêmeos no alto do morro do Castelo (*Esaú e Jacó*); e a revelação do nome de Virgília a Brás Cubas (*Memórias póstumas*) no alto da Tijuca. Nesse aspecto, o *Memorial* não é diferente:

> Volto espantado das Paineiras. Lá fui hoje com Tristão. No fim do almoço, acima da cidade e do mar, ouvi-lhe nem mais nem menos que a confissão do amor que dedica à formosa Fidélia.[52]

Após a confidência, Aires e Tristão conversam sobre Fidélia, seus atrativos, os sentimentos que ela desperta no rapaz e as chances que este porventura teria com ela. Ao longo do diálogo, Aires – quase – se transfigura num estudante, espécie de duplo do jovem namorado: "No fim dos charutos, estávamos quase como dois estudantes do primeiro ano e do primeiro namoro, ainda que com outro estilo."[53]

A partir do almoço na Tijuca, o conselheiro passará a "viver" o amor que nutre por Fidélia vicariamente, ou seja, por meio de Tristão.[54] Aires vê em Tristão a si mesmo no passado. A vida no exterior, longe da terra natal, a hipocrisia elegante e a ambivalência ideológica são fatores, entre outros, que aproximam as duas personagens.[55] Há uma afinidade entre Aires e Tristão que explica o desenvolvimento, ao longo do romance, de uma atração complexa e peculiar entre os dois. Conforme visto no

---

52 *Memorial de Aires*, §827.
53 *Memorial de Aires*, §847.
54 José Paulo Paes, "Um aprendiz de morto", p. 26. Segundo Paes, Tristão é a "segunda alma" do conselheiro Aires.
55 Para uma descrição de Aires, ver *Esaú e Jacob*, cap. XII.

capítulo anterior, a falsidade de Tristão não passa despercebida por Aires, especialmente porque Aires é um especialista na arte de dissimular.[56] Tristão, por sua vez, parece perceber a capacidade do conselheiro de compreender a natureza, as motivações e as intenções ocultas de seus atos. Não são raras as passagens nas quais procura justificar-se diante do diplomata aposentado. Tristão elege Aires como seu confidente, sempre temendo que este perceba sua farsa. Em síntese, ambos parecem compreender que são "feitos do mesmo barro". Ao passo que Aires vê a si no jovem marido de Fidélia, Tristão parece ver-se em Aires no futuro, ou no Além, como se o conselheiro fosse a sua própria consciência julgadora, passível de lhe cobrar, cedo ou tarde, como o convidado de pedra de *Don Giovanni*, os crimes cometidos. Ainda que a relação seja distante, vale lembrar que a categoria psicológica do duplo, de acordo com Vernant, tem sua origem no *kolossós*, a estátua do morto, que pertence ao mesmo tempo ao mundo dos vivos e dos mortos. Vernant assinala a existência de dois tipos de rituais que envolvem o *kolossós*: "ora os mortos são restituídos ao universo dos vivos; ora os próprios vivos se projetam na morte".[57] Guardadas as mediações necessárias, algo dessa ordem, do trânsito entre o mundo dos vivos e o mundo dos mortos, ocorre no ritual que envolve a confidência que Tristão faz a Aires, no alto da Floresta da Tijuca. Como o *kolossós*, Aires não pertence mais ao mundo dos vivos, mas não foi ainda relegado ao mundo dos mortos. Sua posição é ambivalente: um vivo que já está morto ("agora vivo do que ouço aos outros"[58]), mas, ao mesmo tempo, um morto que ain-

---

56 "[...] também eu desembarquei em terras alheias, e usei igual estilo".
57 Jean-Pierre Vernant, "A categoria psicológica do 'duplo'". In: *Mito e pensamento entre os gregos*. São Paulo: Difusão Européia do Livro/Edusp, 1973, p. 267.
58 *Memorial de Aires*, §484.

da está vivo ("eu desmentindo Shelley com todas as forças sexagenárias restantes"[59]). Sua condição é limítrofe, assim como o ponto de vista a partir do qual escreve o seu diário: "Já não sou deste mundo, mas não é mau afastar-se a gente da praia com os olhos na gente que fica."[60]

Dada essa tendência generalizada para o duplo, de acordo com a lógica de compensações imaginárias que temos observado, pode-se dizer que o outro tem, no *Memorial*, um caráter de suplência:[61] ele supre uma lacuna essencial, pois o mesmo sem o outro é nada.[62] No *Memorial de Aires*, a solidão é comparável à morte. Na cena final do livro, Carmo e Aguiar, após terem perdido para sempre os filhos que não são seus, assemelham-se a dois defuntos. Ao atravessar o portão do jardim da casa dos Aguiares, Aires parece entrar em uma câmara mortuária. "Lá estão eles", pensa, como se estivesse diante de dois jazigos:

> Ao fundo, à entrada do saguão, dei com os dois velhos sentados, olhando um para o outro. Aguiar estava encostado ao portal direito, com as mãos sobre os joelhos. Dona Carmo, à esquerda, tinha os braços cruzados à cinta.[63]

---

59 *Memorial de Aires*, §1147.

60 *Memorial de Aires*, §1077.

61 Ver José Antonio Pasta Júnior, "Prodígios de ambivalência – notas sobre *Viva o povo brasileiro*". In: *Novos estudos* Cebrap, n° 64, novembro de 2002, p. 68.

62 Como no caso de Bento Santiago, o narrador de *Dom Casmurro*: "Se só me faltassem os outros, vá; um homem consola-se mais ou menos das pessoas que perde; mas falto eu mesmo, e esta lacuna é tudo". *Dom Casmurro*, "Edições Críticas de Obras de Machado de Assis". Rio de Janeiro: Civilização Brasileira/MEC, 1975, §9.

63 *Memorial de Aires*, §1166. Cabe aqui lembrar uma passagem das *Memórias póstumas*, quando Brás, em agonia, começa a delirar: "Logo depois, senti-me transformado na *Summa Theologica* de S. Tomás, impressa num volume, e encadernada em marroquim, com fechos de prata

Também para Aires a solidão é insuportável. Ao desembarcar aposentado no Rio, em 1887, o conselheiro concebeu para si o projeto de viver só, recolhido em casa.[64] A ideia, porém, não vingou. Depois de alguns dias de isolamento, Aires se aborrecia, sentia o desejo inelutável, a necessidade de retornar ao convívio social: "Tinha sede de gente viva, estranha, qualquer que fosse, alegre ou triste".[65] Aos poucos, voltou aos velhos hábitos, e não demorou para que a fuga da sociedade, inicialmente programada, se transformasse em fuga da solidão: "Alonguei-me fugindo, e morei entre a gente", conclui o conselheiro, emendando a frase do Pe. Manuel Bernardes.[66] A mesma "sede de gente viva" fundamenta a decisão de escrever o diário íntimo.[67] Conforme se verá na última parte deste trabalho, não é essa a menor das razões da singularidade do diário íntimo do *Memorial de Aires*,

---

e estampas; idéia esta que me deu ao corpo a mais completa imobilidade; e ainda agora me lembra que, sendo as minhas mãos os fechos do livro, e cruzando-as eu sobre o ventre, alguém as descruzava (Virgília decerto), porque a atitude lhe dava a imagem de um defunto". *Memórias póstumas de Brás Cubas*, §49.

64 *Esaú e Jacob*, caps. XXXII e XXXIII, respectivamente intitulados "Aposentado" e "A solidão também cansa".

65 *Idem*, §404.

66 *Idem*, §405. A incapacidade de Aires de viver consigo lembra a do "homem cordial", tipo social por excelência do patriarcalismo brasileiro, conforme o célebre estudo de Sérgio Buarque de Holanda: "A vida em sociedade é, de certo modo, uma verdadeira libertação do pavor que ele [o homem cordial] sente em viver consigo mesmo, em apoiar-se sobre si próprio. [...] Ela é antes um viver nos outros". Sérgio Buarque de Holanda, *Raízes do Brasil*. São Paulo: Companhia das Letras, 2002, p. 147.

67 "Nas horas de solidão, amiudadas pela velhice, o diálogo com o papel torna-se um simulacro do convívio humano". José Paulo Paes, "Um aprendiz de morto", p. 17. José Paulo Paes assinala a "função catártica" que o diário tem para Aires, na medida em que satisfaz a necessidade vital ("sede") do conselheiro de estar com as outras pessoas, para não se sentir como se sente só, ou seja, como um morto ("de gente viva").

a que falta a característica principal do gênero – a reflexão sobre si mesmo. No *Memorial*, ao invés de ter como eixo a "busca do eu", comum aos diaristas das sociedades burguesas do século XIX, o diário íntimo é uma forma de fuga do eu, o resultado literário da necessidade vital do outro. Nesse sentido, o diário íntimo, para Aires, é uma compensação imaginária semelhante à compensação que os filhos de empréstimo representam para o casal Aguiar.

Em algumas passagens, o *Memorial de Aires* se detém no limiar da morte, onde cessa todo movimento e ruído. São momentos, esses, em que uma atmosfera fúnebre, que subjaz em todo o romance, narrado por um "aprendiz de morto", vem à tona, aparecendo como imagem, retardando a prosa. À categoria estética do "Fúnebre" associam-se as noções de imobilidade e silêncio.[68] Auscultando com atenção o *Memorial*, percebe-se que o silêncio da morte ameaça constantemente calar o romance. Como num movimento de maré, esse silêncio inunda regularmente a linguagem do conselheiro – espécie de frágil construção à beira do oceano do Nada –, saturando-a de figuras de paralisia ou dissolução. Já na primeira cena do livro, seu "acorde de abertura",[69] os signos desse mundo de silêncio e parada relacionam-se ao mundo da morte:

> A impressão que me dava o total do cemitério é a que me deram sempre os outros; tudo ali estava parado. Os gestos das figuras, anjos e outras, eram diversos, mas imóveis. Só alguns pássaros davam sinal de vida, buscando-se entre si e pousando nas ramagens, pipilando

---

68 Segundo Michel Guiomar, o Fúnebre é "um clima interior estável, imóvel a cada instante". Ver, do Autor, *Principes d'une Esthétique de la Mort*, p. 156-72.

69 Ver José Paulo Paes, "Um aprendiz de morto", p. 18-20.

ou gorjeando. Os arbustos viviam calados, na verdura e nas flores.[70]

O silêncio é da ordem da morte: "Silentes = os mortos", escreve Barthes.[71] Na mesma linha, diz Vernant: "contrastando com o mundo sonoro das vozes, dos gritos, dos cantos, a morte é, em primeiro lugar, o universo do silêncio".[72] No trecho do *Memorial* transcrito acima, os pássaros que voam e gorjeiam são o único contraste em relação à imobilidade geral do cemitério, já que os arbustos, apesar da verdura e das flores, vivem calados, em vida silenciosa, que os aproxima do que é morto.[73] As associações semânticas que se formam nesta primeira cena do *Memorial* – entre a vida, o movimento e a música, de um lado; a morte, a imobilidade e o silêncio, de outro – configuram uma estrutura binária que permeia todo o romance, especialmente no contexto da oposição fundamental do enredo, entre jovens e velhos.[74] Aires, como se sabe, pertence nesse quadro ao grupo dos velhos, portanto ao campo da morte – de modo que a própria escrita do diário íntimo constitui-se como um morrer:

> Estou só, totalmente só. Os rumores de fora, carros, bestas, gentes, campainhas e assobios, nada disto vive para mim. Quando muito o meu relógio de parede, batendo as horas, parece falar alguma cousa, – mas fala tarde, pouco e fúnebre. Eu mesmo, relendo estas últimas linhas, pareço-me um coveiro.[75]

---

70 *Memorial de Aires*, §23.
71 Roland Barthes, *O Neutro*. São Paulo: Martins Fontes, 2003, p. 49
72 Jean-Pierre Vernant, "A categoria psicológica do 'duplo'", p. 271.
73 "[...] folhagens imóveis, séculos acumulados, quietude e sono, habitação secular". Michel Guiomar, *Principes d'une Esthétique de la Mort*, p. 161.
74 Ver José Paulo Paes, "Um aprendiz de morto".
75 *Memorial de Aires*, §633.

Vale notar que a imagem do relógio adquire, nesse contexto, uma importância especial. O bater das horas não vem quebrar o silêncio senão para aprofundá-lo ainda mais: "Tudo silêncio, um silêncio vasto, enorme, infinito, apenas *sublinhado* pelo eterno tic-tac da pêndula. Tic-tac, tic-tac...", diz Jacobina, nosso conhecido, narrador de "O espelho".[76] O som das batidas do relógio adere à quietude mortal do ambiente; seu discurso é o discurso da própria morte: "não eram golpes de pêndula, era um diálogo do abismo, um cochicho do nada".[77] Para Brás Cubas, o pêndulo tem essa mesma significação:

> O bater da pêndula fazia-me muito mal; esse tique-taque soturno, vagaroso e seco parecia dizer a cada golpe que eu ia ter um instante menos de vida. Imaginava então um velho diabo, sentado entre dous sacos, o da vida e o da morte, a tirar as moedas da vida para dá-las à morte, e a contá-las assim: — Outra de menos... Outra de menos... Outra de menos... Outra de menos...[78]

Conforme aponta José Antonio Pasta Júnior em seu estudo sobre *O Ateneu*, o movimento pendular do relógio, oscilação infinita, é um movimento sem movimento: "Na sua recorrência fastidiosa, eterno retorno exasperante do mesmo, o movimento pendular é já um movimento imóvel".[79] Como oscilação permanente entre dois opostos, o pêndulo aparece como "imagem lutuosa de uma má infinidade",[80] passagem

---

76 Machado de Assis, "O espelho", p. 349. Grifo meu.
77 *Idem*, p. 349.
78 Machado de Assis, *Memórias póstumas de Brás Cubas*, capítulo LIV, "A pêndula".
79 José Antonio Pasta Júnior, *Pompéia (a metafísica ruinosa d'O Ateneu)*, p. 168.
80 *Idem*, p. 169.

incessante do mesmo no seu contrário, representação de uma contradição insolúvel que ele não cessa de repor, sem resolvê-la nunca, por meio de um badalar em que ecoa uma sociedade a oscilar sem fim entre a modernidade e o arcaísmo: "– Never, for ever! – For ever, never!",[81] diz o pêndulo, como uma báscula mortal, a Jacobina. No *Memorial*, o balanço mortal do relógio encontrará ressonância no vaivém do mar, o bater das horas no quebrar das ondas:[82]

> Chego do Flamengo, onde achei Aguiar meio adoentado, na sala, numa cadeira de extensão, as portas fechadas, grande silêncio, os dois sós. Tristão saíra para Botafogo. [...]
> A doença do Aguiar parece que é um resfriado, e desaparecerá com um suadouro; nem por isso ele me

---

81 "O espelho", p. 349. A imagem do pêndulo, conforme demonstrou José Antonio Pasta Júnior, encontra ressonância profunda no processo histórico brasileiro. O tic tac do pêndulo machadiano marca o tempo que passa e não passa no Brasil, representa o tic tac das conversões e reconversões de liberalismo e escravidão que o ritmo histórico brasileiro não cessa de reproduzir ao longo do século XIX. Como se sabe, o momento histórico configurado no *Memorial de Aires*, a Abolição, não incorporou os libertos à sociedade de classes, abandonando-os à própria sorte. Não representou, portanto, uma ruptura fundamental com o passado, mas uma mudança por meio da reposição do atraso, isto é, uma das sucessivas modernizações conservadoras que marcam a história do Brasil desde a Independência. Em outras palavras, os movimentos pendulares que se encontram no *Memorial de Aires* – tanto o movimento dos relógios quanto o do mar – sugerem uma espécie de "pêndulo da má infinidade nacional", a qual se projeta para além da abolição da escravatura. Ver José Antonio Pasta Júnior, *Pompéia (a metafísica ruinosa d'O Ateneu)*, p. 232 e ss. Ver também, do Autor, "Prodígios de ambivalência – notas sobre *Viva o povo brasileiro*". In: *Op. cit.*

82 Justamente a água, o elemento da melancolia por excelência. Gaston Bachelard, *A água e os sonhos: ensaios sobre a imaginação da matéria*. São Paulo: Martins Fontes, 2002, p. 94.

despediu mais cedo. D. Carmo teimava em fazê-lo recolher, e eu em sair, mas o homem temia que eu viesse meter-me em casa sozinho e aborrecido; foi o que ele mesmo me disse, e reteve-me enquanto pôde. Não saí muito tarde, mas tive tempo de ver a dona da casa ir de um para outro cabo do espírito, entre os cuidados de um e as alegrias de outro. Interrogativa e inquieta, apalpava a testa e o pulso ao marido; logo depois aceitava a ponta da conversação que ele lhe dava, acerca da Fidélia ou do Tristão, e a noite passou assim alternada, entre o bater do mar e do relógio.[83]

O leitor terá notado que tudo, nesta cena, oscila em movimento pendular. A conversação alterna entre Fidélia e Tristão – os ausentes –, oscilando, no vazio da solidão, entre filhos que não são filhos. O espírito de Carmo, por sua vez, balança entre a preocupação com o marido e a satisfação com os filhos de empréstimo. Finalmente, na hesitação do conselheiro entre permanecer e partir, a própria cena oscila, entre continuar e extinguir-se. Permeando esses vaivéns, a *ausência* dos filhos postiços, sobre os quais se concentra toda a conversa da noite.[84] Movida por uma falta essencial, a reunião oscila entre o silêncio

---

83 *Memorial de Aires*, §948-950.

84 Em duas outras ocasiões, Aires registra que D. Carmo praticamente só fala dos filhos postiços – numa delas, a boa velha leva o conselheiro a uma expressão de irritação incomum no seu diário: "Cuido que quisesse mostrar-me as cartas do rapaz, uma só que fosse, ou um trecho, uma linha, mas o temor de enfadar fez calar o desejo. Foi o que me pareceu e deixo aqui escrito. Tornamos à viúva, depois voltamos a Tristão, e ela só passou a terceiro assunto porque a cortesia o mandou; eu, porém, para ir com a alma dela, guiei a conversa novamente aos filhos postiços"; "Ontem conversei com a senhora do Aguiar acerca das antigas noites de S. João, Santo Antônio e S. Pedro, e mais as suas sortes e fogueiras D. Carmo pegou do assunto para tratar ainda do filho postiço. Leve o diabo tal filho". *Memorial de Aires*, §360 e §365.

e as palavras sobre os jovens distantes, entre a doença próxima e a juventude longínqua, entre o bater do pêndulo, marcando as horas de uma vida vazia, e o bater do mar, convidando para a morte – entre o não ser e o ser outro.[85] A todas as oscilações contínuas vem combinar-se a paralisia, a imobilidade. Nesse momento, a sala dos Aguiares é um vestíbulo da morte.

O mar, cujo ritmo Aires associa ao bater das horas, significa, nesse contexto, o elemento primordial ao qual tudo retorna, a potência natural que dissolve a vida na matéria informe. Através das janelas da casa dos Aguiares, o ruído do embalo das ondas sugere o arrastamento dos velhos para o reino do Nada. A imagem do mar que traga os homens, retirando-lhes a vida, não é novidade na obra de Machado de Assis. Ela é decisiva em *Dom Casmurro*: Bentinho não resiste aos olhos de ressaca de Capitu, e Escobar morre enrolado nas ondas do Flamengo,[86] as mesmas que Aires ouve ressoar como um baixo contínuo sinistro, durante a noite que passa junto aos Aguiares. Estes sofrerão um golpe mortal quando o mar lhes levar para sempre os filhos de empréstimo. Nesse sentido, na cena acima, o bater do mar é uma lembrança – sussurrada, mas ininterrupta – da partida próxima dos jovens para Portugal. No *Memorial*, o mar representa a viagem a Lisboa:

---

85 Vale lembrar, aqui, a conhecida frase de Paulo Emílio Salles Gomes sobre o movimento peculiar da formação da cultura brasileira: "Não somos europeus nem americanos do norte, mas destituídos de cultura original, nada nos é estrangeiro, pois tudo o é. A penosa construção de nós mesmos se desenvolve na dialética rarefeita entre o não ser e o ser outro". Nas estruturas das personagens do *Memorial* se encontram as estruturas da formação da sociedade brasileira – em particular, da formação ideológica das elites brasileiras. A frase de Paulo Emílio encontra-se em Paulo Emílio Salles Gomes, *Cinema: trajetória no subdesenvolvimento*. São Paulo: Paz e Terra, 1996, p. 90.

86 Machado de Assis, *Dom Casmurro*, capítulos XXXII e CXXI, respectivamente intitulados "Olhos de ressaca" e "A catástrofe".

> O mar, indo e vindo, era como se os convidasse a meterem-se nele até desembarcar 'no porto da ínclita Ulisséia', como diz o poeta.[87]

O mar leva a vida para longe. Aires descreve a aproximação de sua morte por meio da imagem mítica da viagem final sobre as águas, eco da travessia a bordo do barco infernal de Caronte, rumo à terra desconhecida. Trata-se da frase mais conhecida do livro, de significado mais complexo do que se supõe, ligado à *constituição do foco narrativo* do romance:

> Já não sou deste mundo, mas não é mau afastar-se a gente da praia com os olhos na gente que fica.[88]

No *Memorial*, Machado de Assis dá corpo a uma estrutura que José Antonio Pasta Júnior identificou no romance machadiano da maturidade, em especial nas *Memórias póstumas de Brás Cubas*, assim como em outros livros centrais da literatura brasileira – o ponto de vista da morte:

> Reduzida a seu aspecto mais elementar, ela consiste em contar uma história ou em desenvolver uma narrativa a partir da morte do próprio narrador ou, na sua ausência [...], trata-se de desenvolver a narração a partir da decomposição da própria consciência, que fornece os dados essenciais da narrativa. O ponto de vista ao qual faço referência é, portanto, o ponto de vista narrativo, propriamente dito, e o momento-chave da narração, o ponto paradoxal do qual ele brota, é a hora da morte

---

87 *Memorial de Aires*, §1094.
88 *Memorial de Aires*, §1077.

ou, mais precisamente, o instante mortal. São, portanto, narrativas *in articulo mortis*, se assim posso dizer.[89]

O *Memorial*, como se sabe, inicia-se após o retorno de Aires, aposentado, ao Rio de Janeiro. A aposentadoria, para o conselheiro, é uma forma de morte; ele não trabalha mais, perdeu a função, deixou de ser efetivo ("que os efetivos desconfiem!") – em síntese, Aires é um *defunctus* ("já não sou deste mundo", "agora vivo do que ouço aos outros"),[90] a fala terminal de uma sociedade que não se formou e que se encontra na passagem para sua própria desaparição.

No *Memorial de Aires*, "a Morte é uma viagem e a viagem é uma morte".[91] Durante a primeira viagem de Fidélia para o Velho Mundo, morre-lhe o marido. O retorno de Tristão ao Brasil, ainda que temporário, é tratado pelas personagens e pelo narrador como uma "ressurreição".[92] Por fim, a partida definitiva de Fidélia e Tristão para Lisboa representa não apenas a morte espiritual dos Carmo e Aguiar, mas também a morte do próprio conselheiro, na medida em que lhe extingue os derradeiros impulsos vitais:

> Não acabarei esta página sem dizer que me passou agora pela frente a figura de Fidélia, tal como a deixei a bordo, mas sem lágrimas. Sentou-se no canapé e ficamos a olhar um para o outro, ela desfeita em graça, eu

---

[89] José Antonio Pasta Júnior, "O ponto de vista da morte: uma estrutura recorrente da cultura brasileira". In: *Formação supressiva: constantes estruturais do romance brasileiro*, p. 80.

[90] Devo esta ideia a uma sugestão de José Antonio Pasta Júnior, feita nos seminários de seu curso sobre Machado de Assis ministrado em 2001.

[91] Gaston Bachelard, *A água e os sonhos.*, p. 77.

[92] *Memorial de Aires*, §269.

desmentindo Shelley com todas as forças sexagenárias restantes. Ah! basta! Cuidemos de ir logo aos velhos.[93]

A morte atravessa o *Memorial de Aires* de uma ponta à outra do romance: o livro começa no cemitério São João Batista, passa por dois enterros e termina com a visão de dois mortos-vivos. O São João Batista pode mesmo ser visto como uma espécie de ponto de fuga do diário de Aires: "Aqui estou, aqui vivo, aqui morrerei", escreve o conselheiro logo na primeira nota do texto, estabelecendo o horizonte funesto de *Memorial*.[94]

---

93 *Memorial de Aires*, §1147.
94 *Memorial de Aires*, §10. No mesmo sentido, nas páginas finais do livro, o conselheiro escreve: "Cansado de ouvir e de falar a língua francesa, achei vida nova e original na minha língua, e *já agora quero morrer com ela na boca e nas orelhas*. Todos os meus dias vão contados, não há recobrar sombra do que se perder" [grifo meu]. *Memorial de Aires*, §953. Em *Esaú e Jacó*, diz o conselheiro, quando convidado a viajar por Natividade: "Ah! baronesa, para mim já não há mundo que valha um bilhete de passagem. Vi tudo por várias línguas. Agora o mundo começa aqui no cais da Glória ou na Rua do Ouvidor e acaba no cemitério de São João Batista". *Esaú e Jacob*, §463.

Segunda Parte

Capítulo I
Uma traição de classe

Ontem de manhã, descendo ao jardim, achei a grama, as flores e as folhagens transidas de frio e pingando. Chovera a noite inteira; o chão estava molhado, o céu feio e triste, e o Corcovado de carapuça. Eram seis horas; as fortalezas e os navios começaram a salvar pelo quinto aniversário do Treze de Maio. Não havia esperanças de sol. [...] A ausência do sol coincidia com a do povo?

Machado de Assis. A Semana, 14/05/1893.

O *Memorial de Aires*, que se estende de janeiro de 1888 até meados de 1889, registra a seu modo a traição histórica que foi a abolição do trabalho escravo no Brasil. Sob a fachada da concessão da liberdade, as elites livraram-se da massa de negros cuja manutenção, em termos econômicos, já não valia mais a pena:

> O custo de manutenção do arcaísmo tornara-se elevado demais em comparação ao custo de gestão da mão-de-obra imigrada.¹

No mesmo sentido, escreveu Raymundo Faoro:

> Torna-se excessivamente oneroso o escravo. [...] O trabalhador servil tem seu preço elevado acima da alta geral de preços, atingindo, no valor do investimento, de oitenta a noventa por cento da fazenda.²

---

1 Luiz Felipe de Alencastro, "Vida privada e ordem privada no Império". In: Luiz Felipe de Alencastro (org.), *História da vida privada no Brasil*, II. São Paulo: Companhia das Letras, 2001, p. 93. "O negro perdeu importância histórica para o branco", constata Florestan Fernandes. In: *O negro no mundo dos brancos*. São Paulo: Difusão Européia do Livro, 1972, p. 127.

2 Raymundo Faoro, *Os donos do poder: formação do patronato político brasileiro*. São Paulo: Globo, 2008, p. 518

Mais do que uma libertação efetiva dos negros, a Abolição representou uma etapa decisiva do processo de racionalização produtiva do latifúndio exportador:

> Os [cafeicultores] paulistas acabaram compreendendo que precisavam fomentar ativamente a conversão num sistema de mão-de-obra livre se quisessem que a economia de exportação continuasse a crescer.[3]

Em outras palavras, a escravidão foi extinta no Brasil, em boa medida, porque travava o desenvolvimento da grande lavoura:

> A Abolição [...] não é "um raio num dia de céu azul", na frase famosa de Marx; é o resultado de uma contradição entre a estrutura de produção e as condições de realização do produto.[4]

O fim da ordem escravista, nesse quadro, beneficiou especialmente os donos das plantações mais prósperas, ou seja, as elites rurais do Oeste de São Paulo, as quais, auxiliadas por subsídios públicos à imigração, substituíram a mão de obra da lavoura com boa redução de custos e aumento considerável de eficiência na produção. Não por acaso, foi justamente a partir do momento em que recebeu o apoio dos fazendeiros paulistas que o movimento abolicionista ganhou força suficiente para se tornar, por assim dizer, irresistível: "surgira um setor rural interessado diretamente na Abolição", comenta Emilia Viotti

---

[3] Warren Dean, *A industrialização de São Paulo*. São Paulo: Difusão Européia do Livro, p. 42.

[4] "Francisco de Oliveira, "A emergência do modo de produção de mercadorias: uma interpretação teórica da economia da República Velha no Brasil". In: Boris Fausto (org.), *História geral da civilização brasileira*, tomo III, 1º vol. Rio de Janeiro: Bertrand Brasil, 1997, p. 395.

da Costa.⁵ No mesmo sentido, Florestan Fernandes ressalta a ligação existente entre o abolicionismo e os barões do café do Oeste de São Paulo:

> Tanto a ideologia abolicionista quanto o "não quero" dos escravos foram contidos ou manipulados estrategicamente em função dos interesses e dos valores econômicos, sociais e políticos dos grandes proprietários que possuíam fazendas nas regiões prósperas e concentravam em suas mãos as complicadas ramificações mercantis, bancárias e especulativas da exportação do café.⁶

Isso posto, não deve impressionar o fato de que a velha estrutura econômica originária do período colonial e preservada no Brasil Império, assentada na produção extensiva de gêneros tropicais destinados à exportação, não apenas sobreviveu à Abolição, como também atingiu seu auge nas três décadas posteriores.⁷ Em 1907, ano em que Machado de Assis escreveu o *Memorial de Aires*, a lavoura cafeeira, que batia recordes de superprodução, ganhava fôlego renovado com a implementação da política de valorização do café, ao passo que a indústria brasileira ainda era formada por pequenas unidades que não passavam de modestas oficinas com número reduzido de operários e investimento insignificante de capital.

Por sua vez, no âmbito político, ao invés de uma democratização do país, a República representou a consolidação do poder

---

5 Emilia Viotti da Costa, *Da senzala à colônia*, p. 516.
6 Florestan Fernandes, *A integração do negro à sociedade de classes*. São Paulo: Faculdade de Filosofia, Ciências e Letras da USP, 1964, p. 26. Ver sobre o assunto, ainda, Paula Beiguelman, *A crise do escravismo e a grande imigração*. São Paulo: Terceira Margem, 2001, p. 11-34.
7 Ver Caio Prado Jr., *História econômica do Brasil*. São Paulo: Brasiliense, 2002, p. 207-18.

incontrastável das oligarquias estaduais. Já a Independência fora um passo no sentido de reverter a estrutura econômico-social criada pela exploração colonial em benefício das classes dominantes locais. Durante o Império, não obstante, a Coroa conservara para si o primado das decisões políticas fundamentais. Foi na República Velha, com a consolidação do federalismo e da assim chamada "política dos governadores", que as elites locais assumiram diretamente, sem mediação, um poder quase absoluto:

> A nova oligarquia, ainda predominantemente agrária, assumiu a liderança com a proclamação da República Federativa que veio atender aos seus anseios de autonomia, que o sistema monárquico unitário e centralizado não era capaz de satisfazer.[8]

O Brasil se tornava, enfim, "uma oligarquia absoluta", conforme previra Machado de Assis em 1888, dias antes da abolição da escravatura.[9]

Voltando à Abolição, considerando-se que ela resultara principalmente da intenção de libertar o país – ou melhor, a classe dominante – dos inconvenientes da escravidão, não do propósito de emancipar de fato o escravo, nossas elites, após o 13 de

---

8 Emília Viotti da Costa, *Da Senzala à Colônia*, p. 531. Sérgio Buarque de Holanda registra esse processo por meio de um trocadilho: "A verdade é que o império dos fazendeiros [...] só começa no Brasil, com a queda do Império". E continua: "A influência [política], mormente a dos fazendeiros de café, que tiveram na economia nacional papel hegemônico, durante quase toda a monarquia, parece relativamente modesta em confronto com a que lhes caberia durante a república". Sérgio Buarque de Holanda, *História geral da civilização brasileira*, tomo II, vol. 5. São Paulo: Difel, 1985, p. 283-285. Sobre o assunto, ver também Raymundo Faoro, *Os donos do poder*, p. 503-738; e Joaquim Nabuco, *O abolicionismo*. Petrópolis: Vozes, 2000, p. 169-172.

9 *Bons Dias!*, crônica de 11 de maio de 1888. In: *Obra completa*, vol. III, p. 489.

Maio, não se ocuparam do negro e de sua integração na sociedade de classes.[10] Após o ato jurídico emancipador, o liberto foi abandonado à própria sorte:

> Com a Abolição pura e simples, a atenção dos senhores volta-se especialmente para os seus próprios interesses. [...] A posição do negro e sua integração à ordem social deixam de ser matéria política.[11]

A Abolição não correspondia, portanto, sequer às expectativas que os abolicionistas nela depositavam, ou diziam depositar.[12] Não foi acompanhada do conjunto de transformações que Joaquim Nabuco, por exemplo, considerava necessário para de fato suprimir a escravidão no Brasil; nada se fez no sentido da "reforma individual, de nós mesmos, do nosso caráter",[13] que o eminente abolicionista considerava como complemento obrigatório da emancipação jurídica dos escravos, ou seja, para que os efeitos desta fossem reais. Ao contrário, não se tomou qualquer medida para amparar o ex-escravo na fase de transição, nada foi feito para ajustá-lo ao trabalho livre:

> A desagregação do regime escravocrata e senhorial operou-se, no Brasil, sem que se cercasse a destituição dos antigos agentes do trabalho escravo de assistência e garantias que os protegessem na transição para o sistema de trabalho livre. Os senhores foram eximidos da responsabilidade pela manutenção e segurança

---

10 Emília Viotti da Costa, *Da Monarquia à República*. São Paulo: Editora Unesp, 1999, p. 341.
11 Florestan Fernandes, *A integração do negro à sociedade de classes*, p. 4.
12 Raymundo Faoro identifica em alguns dos mais célebres abolicionistas os precursores do populismo brasileiro. *Os donos do poder*, p. 515.
13 Ver Joaquim Nabuco, *O abolicionismo*, p. 169-172.

dos libertos, sem que o Estado, a Igreja ou outra qualquer instituição assumissem encargos especiais, que tivessem por objeto prepará-los para o novo regime de organização da vida e do trabalho. O liberto viu-se convertido, sumária e abruptamente, em senhor de si mesmo, tornando-se responsável por sua pessoa e por seus dependentes, embora não dispusesse de meios materiais e morais para realizar essa proeza nos quadros de uma economia competitiva. Essas facetas da situação humana do antigo agente do trabalho escravo imprimiram à Abolição o caráter de uma espoliação extrema e cruel.[14]

Nesse período, sem dispor de meios econômicos, espirituais, culturais e políticos para enfrentar a nova situação na qual se encontravam, os negros permaneceram às margens da sociedade, vivendo em condições de ignorância e pobreza comparáveis às da época da escravidão:

> Os ex-escravos, marcados pelo legado da escravidão, não conseguiram, salvo raras exceções, competir com o estrangeiro no mercado de trabalho, e a maioria continuou como trabalhador de enxada, num estilo de vida semelhante ao de outrora. Alguns, atraídos pela miragem da cidade, aglomeraram-se nos núcleos urbanos, onde passaram a viver de expedientes, incumbindo-se das tarefas mais subalternas. Outros abandonaram as fazendas e dedicaram-se à cultura de subsistência.[15]

---

14 Florestan Fernandes, *A integração do negro à sociedade de classes*, p. 3.
15 Emília Viotti da Costa, *Da Monarquia à República*, p. 341. No mesmo sentido, escreve Roberto Schwarz: "Passados os anos, é notório que o fim do cativeiro não transformou escravos e dependentes em cidadãos, e que a tônica do processo, pelo contrário, esteve na articulação de modos precários de assalariamento com as antigas relações de propriedade

O passado colonial persistia, ficando adiada, *sine die*, sua superação:

> Consolidada por seu grande papel no mercado internacional, e mais tarde na política interna, a combinação de latifúndio e trabalho compulsório atravessou impávida a Colônia, Reinados e Regências, a Abolição, a Primeira República, e ainda hoje é matéria de controvérsia e tiros.[16]

No *Memorial de Aires*, a traição histórica da Abolição é representada – e essa representação inclui, como se verá, a própria narração – sempre no campo das elites, como indiferença social, como oportunidade para afirmação de poder e como abandono efetivo dos ex-escravos. Por meio dessas três formas de aparição da Abolição – aparição, esta, sempre indireta, pois que pelo ponto de vista da classe dominante –, Machado de Assis faz de todas as personagens do romance autores ou cúmplices de um verdadeiro crime histórico: o fazendeiro e sua filha irrepreensível, o ponderado conselheiro, o desembargador generoso, a velha senhora de bom coração, o banqueiro honesto, o *gentleman* formado em Coimbra. A denúncia é de amplo alcance, sem ser evidente: para percebê-la, é preciso desembaciar a superfície da prosa, enevoada por um narrador socialmente interessado.

---

e mando, que entravam para a nova era sem grandes abalos". Roberto Schwarz, *Um mestre na periferia do capitalismo*, 2000, p. 226. Ver também Caio Prado Jr., *Formação do Brasil contemporâneo*. São Paulo: Brasiliense, 1999, p. 124.

16 Roberto Schwarz, *Ao vencedor as batatas*, p. 25. Sobre a inocuidade da Abolição e a persistência da situação miserável e marginal dos negros na sociedade brasileira até os dias atuais, ver também Antonio Candido, "A Faculdade no centenário da Abolição". In: *Vários escritos*. São Paulo: Duas Cidades, 1995, p. 307-322.

Comecemos a análise por meio do registro da primeira *soirée* do casal Aguiar, não por acaso realizada – o que mostra como Machado calcula a organização das situações ficcionais de modo a dar significação histórica ao enredo[17] – no dia seguinte ao da promulgação da Lei Áurea:

> Não há alegria pública que valha uma boa alegria particular. Saí agora do Flamengo, fazendo esta reflexão, e vim escrevê-la, e mais o que lhe deu origem.
> Era a primeira reunião do Aguiar; havia alguma gente e bastante animação. Rita não foi; fica-lhe longe e não dá para isto, mandou-me dizer. A alegria dos donos da casa era viva, a tal ponto que não a atribuí somente ao fato dos amigos juntos, mas também ao grande acontecimento do dia. Assim o disse por esta única palavra, que me pareceu expressiva, dita a brasileiros:
> — Felicito-os.
> — Já sabia? perguntaram ambos.
> Não entendi, não achei que responder. Que era que eu podia saber já, para os felicitar, se não era o fato público? Chamei o melhor dos meus sorrisos de acordo e complacência, ele veio, espraiou-se, e esperei. Velho e velha disseram-me então rapidamente, dividindo as frases, que a carta viera dar-lhes grande prazer. Não sabendo que carta era nem de que pessoa, limitei-me a concordar:
> — Naturalmente.
> — Tristão está em Lisboa, concluiu Aguiar, tendo voltado há pouco da Itália; está bem, muito bem.

---

17 John Gledson estudou a fundo a presença de uma correspondência deliberada entre os episódios dos enredos do romances maduros de Machado e as datas significativas da história brasileira. Ver, do Autor, *Machado de Assis: ficção e história*.

Compreendi. Eis aí como, no meio do prazer geral, pode aparecer um particular, e dominá-lo. Não me enfadei com isso; ao contrário, achei-lhes razão, e gostei de os ver sinceros.[18]

A prioridade dada por nossas elites à vida familiar e seu desinteresse pelos acontecimentos públicos interessaram desde cedo a Machado de Assis. Em *Iaiá Garcia*, romance de 1878, Valéria Gomes, viúva de um desembargador honorário, manda seu filho à Guerra do Paraguai com o intuito de afastá-lo de uma mulher de classe inferior, por quem ele se diz apaixonado. Em *Casa velha*, de 1885, Dona Antonia, matriarca de uma típica família fluminense dos tempos do Primeiro Reinado, suspeita de um envolvimento entre seu filho e uma agregada. Dom Pedro I abdicara, rebeliões locais colocavam em risco a unidade do país. No Sul, rebeldes tomavam a cidade de Laguna. O narrador, um padre, chega à chácara da viúva e a encontra muito aflita, perguntando-lhe por que não viera mais cedo:

— Não pude; estive sabendo as más notícias que vieram do Sul.
— Sim? Perguntou ela.
Contei-lhe o que havia, acerca da rebelião; mas os olhos dela, despidos de curiosidade, vagavam sem ver e, logo que o percebi, parei subitamente. Ela depois de uma pausa:
— Ah, então os rebeldes...
Repetiu a palavra, murmurou outras, mas sem poder vinculá-las entre si, nem dar-lhes o calor que só o real

---

18 *Memorial de Aires*, §246-252.

interesse possui. Tinha outra rebelião em casa e, para ela, a crise doméstica valia mais que a pública.[19]

No *Memorial*, a construção da cena da *soirée* de 14 de maio, por meio do contraste e da surpresa, não faz senão ressaltar a indiferença de Aguiar e Dona Carmo em relação à libertação dos escravos. Poderíamos imaginar, nesse sentido, que Aires organiza o registro da festa no Flamengo com a finalidade específica de denunciar o desinteresse do bom casal pela Abolição. Todavia, após revelar sua relativa perplexidade diante da alienação dos dois velhos, o conselheiro não apenas ressalta que esse desinteresse não o enfada, como trata de desculpar o casal, insinuando que é mais importante ser sincero do que mostrar sentimentos sociais pouco verdadeiros. Ainda assim, o comentário poderia evoluir para outra denúncia, de maior alcance: a crítica às demonstrações de contentamento público falso, de fachada, que ocorriam então no Rio de Janeiro. Como se sabe, durante os dias que se seguiram à promulgação da Lei Áurea, as ruas da capital do Império foram palco de manifestações de entusiasmo jamais vistas até então na história da cidade: chuvas de flores caíam das janelas, bandeiras ornavam os edifícios, bandas de música animavam os longos cortejos cívicos que atravessavam a cidade em meio a gritos e aclamações, os sinos das igrejas repicavam anunciando missas comemorativas, espetáculos de fogos de artifício iluminavam a noite, corridas de cavalo foram organizadas no elegante Derby Clube, uma regata correu na baía de Guanabara, bailes populares invadiam a madrugada. Cinco anos depois, em crônica escrita para *A semana*, por ocasião do quinto aniversário da Abolição, Machado de Assis ressaltaria a singularidade dos festejos de 13

---

19 Machado de Assis, "Casa velha". In: *Obra completa*, vol. II, p. 1031. O melhor estudo sobre "Casa Velha" encontra-se em John Gledson, *Machado de Assis: ficção e história*, p. 26-27.

de maio 1888: "Todos respiravam felicidade; tudo era delírio. Verdadeiramente, foi o único dia de delírio público que me lembra ter visto".[20] Não os recorda, porém, senão para lamentar que a população já não comemore mais a data histórica, que a tenha esquecido tão cedo. Machado percebia que o entusiasmo coletivo com a Abolição não havia durado mais que uma semana, portanto que não fora expressão de um sentimento profundo da importância histórico-social do fim da escravidão. Em outros termos, a promulgação da Lei Áurea fora tão intensamente comemorada como rapidamente esquecida; a alegria que tomou conta das ruas fora tão espalhafatosa quanto efêmera e superficial. Com efeito, após a Abolição, conforme dito, a integração dos negros à sociedade desapareceu por completo da pauta dos assuntos públicos, tanto nas instituições políticas quanto na imprensa e na sociedade.

Voltando à cena da *soirée* de 14 de maio do *Memorial*, a valorização da sinceridade dos Aguiares, que não demonstram qualquer satisfação ou interesse pela Abolição ("gostei de os ver sinceros"), poderia fazer parte de uma condenação, por parte do conselheiro, da hipocrisia subjacente às demonstrações de sentimento abolicionista que se propagavam pela cidade. Mas não se trata disso. Ao contrário, o apreço pela honestidade do casal se insere em um contexto de justificação e afirmação da preeminência dos valores particulares em relação aos valores sociais ("achei-lhes razão"). Uma espécie de máxima filosofante, colocada na abertura do registro da cena, eleva esse argumento conservador ao estatuto de regra universal: "Não há alegria pública que valha uma boa alegria particular". A frase é

---

20 Machado de Assis, A *Semana*, 14/05/1893. In: *Obra completa*, vol. III, p. 583. Lima Barreto tinha a mesma impressão daqueles dias memoráveis: "Jamais, na minha vida, vi tanta alegria. Era geral, era total". Lima Barreto, "Maio", *Gazeta da Tarde*, 04/05/1911. In: *Feiras e mafuás*. São Paulo: Brasiliense, 1961, p. 255.

um bom exemplo da originalidade com que Machado se apropriava da tradição europeia, adaptando-a ao contexto social brasileiro: no caso, o estilo dos moralistas franceses do século XVIII, adotado pelo conselheiro Aires, típico representante das classes dirigentes do período imperial, dá ares de universalidade e racionalidade à justificação de uma conduta particularista e antissocial. Sob essa perspectiva, a máxima de Aires soa como uma espécie de variação perversa – e cheia de significado – da frase famosa de Rousseau, que se encontra no final da *Carta a d'Alembert*: "Não, não há alegria pura que não seja alegria pública, e os verdadeiros sentimentos da Natureza não reinam senão sobre o povo".[21]

Constante nos comentários do conselheiro sobre as personagens, o esforço para preservar a imagem da classe dominante, por meio da justificação de comportamentos que podem comprometê-la, constitui, como cumplicidade ativa do memorialista em relação a seus pares, o principal modo por que se manifesta, no *Memorial de Aires*, a feição social do diarista narrador. Este, com efeito, compartilha o desinteresse dos Aguiares pelo destino dos negros. Ao comentar a doação das terras de Santa-Pia aos libertos, ele se pergunta:

> Poderão estes fazer a obra comum e corresponder à boa vontade da sinhá-moça? É outra questão, mas não se me dá de a ver ou não resolvida; há muita outra cousa neste mundo mais interessante.[22]

Conforme se verá adiante, a doação de Santa-Pia é a "solução final" encontrada por Fidélia e Tristão para se livrarem do latifúndio improdutivo e dos ex-escravos, com ganho de reputação

---

21 Jean-Jacques Rousseau, *Lettre à d'Alembert*. Paris: Flammarion, 2003, p. 193.
22 *Memorial de Aires*, §1057.

– noutros termos, um meio de unir o útil ao agradável. Em um primeiro momento, porém, Fidélia pensara em vender a fazenda. Aires comenta a reação dos ex-escravos quando a viúva lhes comunica a sua intenção:

> Fidélia chega da Paraíba do Sul no dia 15 ou 16. Parece que os libertos vão ficar tristes; sabendo que ela transfere a fazenda pediram-lhe que não, que a não vendesse, ou que os trouxesse a todos consigo. Eis aí o que é ser formosa e ter o dom de cativar. Desse outro cativeiro não há cartas nem leis que libertem; são vínculos perpétuos e divinos. Tinha graça vê-la chegar à Corte com os libertos atrás de si, e para quê, e como sustentá-los? Custou-lhe muito fazer entender aos pobres sujeitos que eles precisam trabalhar, e aqui não teria onde os empregar logo. Prometeu-lhes, sim, não os esquecer, e, caso não torne à roça, recomendá-los ao novo dono da propriedade.[23]

Antes de tudo, vale notar que não deixa de ser significativo o fato de que, nas passagens capitais do *Memorial*, o conselheiro se torna mais explicitamente perverso e cruel, aproximando-se da desfaçatez que caracteriza a prosa de seu antecessor mais remoto, Brás Cubas. Assim, no momento em que registra o abandono dos ex-escravos após a Abolição, Aires não apenas omite as causas reais dos pedidos que os libertos fazem a Fidélia, mas também ironiza, por meio de um trocadilho maldoso (cativar--cativeiro), a situação dramática dos negros, que não tinham condições econômicas e culturais para enfrentar a nova situação em que se encontravam. A duplicidade expositiva de Aires, de que o livro está impregnado da primeira à última palavra, encerra sempre em si um elemento de cinismo, que convida

---

23 *Memorial de Aires*, §450.

o leitor a uma forma de cumplicidade acanalhada. Entre outras coisas, essa duplicidade está fundamentalmente vinculada a uma espécie de vaivém ideológico, próprio da classe dominante brasileira do século XIX, que pode ser observado, como em nenhuma outra passagem do *Memorial*, no trecho citado acima. Valendo-se do ideário paternalista, a elite não deixa escapar a oportunidade de transformar cinicamente um crime histórico, de que é autora – a escravidão e seu legado –, em motivo de enaltecimento de si mesma: "Eis aí o que é ser formosa e ter o dom de cativar". Estamos no universo das relações de cunho pessoal, dos vínculos de trabalho permeados pelo favor e – teoricamente – pelo afeto. Ora, justamente pela manutenção desses laços tradicionais, os ex-escravos, sem outra saída à vista, fazem um apelo desesperado à antiga sinhá: "Sabendo que ela transfere a fazenda pediram-lhe que não, que a não vendesse, ou que os trouxesse a todos consigo". Todavia, quando se trata de corresponder à suposta afeição dos negros, os parâmetros do paternalismo já não valem. O modelo passa a ser o das relações contratuais e impessoais, próprias da ordem burguesa. "Para quê?", pergunta o conselheiro, agora nos termos do utilitarismo moderno, ao cogitar a hipótese de a viúva levar os ex-escravos para a Corte consigo. No mesmo espírito, Fidélia não atende ao rogo dos libertos e se desobriga de qualquer responsabilidade por seus destinos: "Custou-lhe muito fazer entender aos pobres sujeitos que eles precisam trabalhar, e aqui não teria onde os empregar logo". Adotados conforme convêm, os critérios paternalista e liberal alternam quase que a cada frase. O revezamento dessas medidas permite, no caso, que a classe dominante goze de autoimagens queridas, que remontam ao período colonial, sem ter de arcar com a proteção dos antigos cativos, da qual a ideologia burguesa a libera. Desse modo, a "sinhá-moça querida por seus ex-escravos" deles se despede à maneira de um patrão moderno: "Prometeu-lhes, sim, não os esquecer, e, caso não torne à roça, recomendá-los ao novo dono da propriedade". A dualidade de registros desta cena formaliza, portanto, a ambivalência ideológica facultada às elites brasileiras pelo estatuto de meia vigência que as ideias burguesas tinham na sociedade escravista[24] – ambivalência que era reatualizada, na visão de Machado de Assis, por ocasião da Abolição, quando a classe dominante, fazendo figura de mãe generosa, abandonava os ex-escravos à própria sorte.

Isso posto, pode-se dizer que Machado de Assis registra nessa passagem, que é complexa: o verdadeiro significado de um acontecimento histórico, quer dizer, o beco sem saída em que se viram lançados os escravos com a Abolição pura e simples, desacompanhada de medidas auxiliares, e seu apelo desesperado aos vínculos tradicionais;[25] a indiferença correspondente das elites pelo destino dos ex-escravos, assim como seu modo de eximir-se de qualquer responsabilidade com argumentos modernos, tirados de uma ordem social competitiva à qual os libertos, marcados pelo legado da escravidão, não podiam integrar-se;[26] a desfaçatez da classe dominante, que, agora com raciocínio arcaico, originário da ordem escravista, não deixa escapar a oportunidade de transformar cinicamente um crime

---

24 Roberto Schwarz, "As idéias fora do lugar". In: *Ao vencedor as batatas*, p. 11-31; Emília Viotti da Costa, "Liberalismo: teoria e prática". In: *Da Monarquia à República*, p. 131-168.

25 "A dupla impossibilidade de abandonar, subitamente, os traços culturais herdados da escravidão; e de contrair, prontamente, os padrões de comportamento valorizados". Florestan Fernandes, *A integração do negro à sociedade de classes*, p. 3.

26 "O liberto viu-se convertido, sumária e abruptamente, em senhor de si mesmo, tornando-se responsável por sua pessoa e por seus dependentes, embora não dispusesse de meios materiais e morais para realizar essa proeza nos quadros de uma economia competitiva". *Idem*, p. 77.

histórico, de que é autora, em motivo de enaltecimento de si mesma, como se o apelo dos ex-escravos à filha do fazendeiro estivesse ligado a questões afetivas ou estéticas; no conjunto, a alternância entre os discursos moderno e arcaico, adotados conforme convêm, e "o imbricamento de fundo e a reversibilidade pronta entre as auto-imagens queridas da elite e as manifestações mais crassas da sua barbárie";[27] tudo isso coroado por uma crueldade do narrador, no detalhe de um trocadilho.

Um ano depois, a fazenda de Santa-Pia ainda não havia sido vendida. O valor das terras do Vale do Paraíba, conforme vimos acima, era muito baixo em 1889, de modo que dificilmente um comprador pagaria um preço alto por elas.[28] Por sua vez, Fidélia e Tristão já estão noivos, e este sugere à futura esposa que doe a fazenda aos libertos, "como retribuição à fidelidade dos ex-escravos":

> Uma vez que os libertos conservam a enxada por amor da sinhá-moça, que impedia que ela pegasse da fazenda e a desse aos seus cativos antigos? Eles que a trabalhem para si.[29]

Sem prejuízo do ranço ideológico ("por amor da sinhá-moça"), a ideia de Tristão parece ser, pelo menos à primeira vista, uma demonstração de consciência social e desprendimento material. O leitor, contudo, tem bons motivos para desconfiar

---

27 Roberto Schwarz, "A poesia envenenada de Dom Casmurro". In: *Duas meninas*, p. 39.

28 Ou seja, o leitor, mais uma vez, não deve acreditar no que afirmam as personagens e o narrador do romance ao comentarem o caso: "Já se não vende Santa-Pia, não por falta de compradores, ao contrário; em cinco dias apareceram logo dois, que conhecem a fazenda, e só o primeiro recusou o preço". *Memorial de Aires*, §1053.

29 *Memorial de Aires*, §1054.

do rasgo de filantropia do rapaz. Logo na frase seguinte, surge a possibilidade de que a boa ação tenha outro sentido, bem menos nobre: "Eles que a trabalhem para si".[30] Em relação à frase anterior, a mudança de tom é súbita e desconcertante. As palavras se tornam secas e exprimem irritação, sugerindo que a doação seria um meio de Fidélia se desembaraçar de um estorvo. Os princípios burgueses do trabalho e da responsabilidade individual vêm legitimar o fim da proteção paternalista, ao passo que o imaginário pré-burguês do universo colonial confere a esse gesto histórico-social de abandono, de traição de classe, a aparência de um comovente ato de generosidade retributiva por parte de uma sinhá-moça querida por seus ex-escravos. Não apenas os libertos, contudo, empatavam a vida de Fidélia e Tristão nesse caso. As plantações de café do Vale do Paraíba, em processo de esgotamento desde a década de 1870, quase nada produziam no momento em que Tristão propõe a doação de Santa-Pia, em 1889. Uma fazenda na região valia nesse ano cerca de 10% do que valia em 1860.[31] Diante disso, "aqueles que podiam largavam as terras cansadas".[32] Ora, Fidélia e Tristão, conforme escreve o conselheiro, "não precisavam do valor da fazenda", pois a viúva

---

30 *Memorial de Aires*, §1054. Ver Brito Broca, *Machado de Assis e a política*. São Paulo: Polis, 1983, p. 59.

31 O viajante Louis Couty, célebre pela famosa frase "Le Brésil n'a pas de peuple" ("O Brasil não tem povo"), passando pela região pouco antes da Abolição, escreveu que o fazendeiro não conseguiria vender o capital acumulado na terra cultivada, "já que apenas o escravo tem valor, apenas gado humano que a cultiva". No mesmo sentido, em 1887, portanto um ano antes da Abolição, era declarada a falência de um fazendeiro insolvente da região, "tendo em vista a situação presente em que os escravos estão depreciados e possivelmente não terão mais valor algum em breve, de modo que a fazenda perderá também seu valor se despojada de seus escravos". Stanley Stein, *Vassouras: a brazilian coffee county* (1850-1900). Princeton: Princeton University Press, 1985, p. 246-247.

32 Emília Viotti da Costa, *Da Senzala à Colônia*, p. 260.

herdara do pai "uns trezentos contos".[33] Nesse quadro, tanto o benefício que a doação representa para os libertos, dado o estado de exaustão das terras, quanto o prejuízo que ela representa para Tristão, dada a riqueza da noiva, são muito pequenos. Basta ao leitor juntar as duas coisas para que a doação de Santa-Pia lhe apareça não como uma forma de ajudar os ex-escravos mas como um meio de se desfazer de um latifúndio imprestável para a exploração econômica, sempre reafirmando formas de prestígio social próprias do mundo colonial: por meio de um gesto magnânimo, a boa sinhá-moça entrega a seus antigos cativos a fazenda na qual passou toda a infância. O conjunto formado pelas aparências e pelo significado real do gesto e das palavras é dissonante, e se traduz na diferença de registro entre a primeira e a segunda frase de Tristão: de uma para outra, o discurso passa do paternalismo fundado no mito da escravidão amena para a irresponsabilidade social do burguês.

Esse vaivém ideológico, cuja formalização é uma especialidade machadiana desde as *Memórias póstumas de Brás Cubas*,[34] não faz escândalo no contexto do romance. Ao contrário, pode-se dizer que ele constitui, especialmente nas passagens dedicadas à Abolição, o regime normal da prosa do narrador e

---

33 *Memorial de Aires*, §1057 e §334. Em 1888, a Fazenda Taboões, uma das mais antigas do Vale, valia cerca de 27 contos. Stanley Stein Vassouras, p. 247. Nesse sentido, a hipótese levantada por Aires – "Acho possível que o principal motivo [da proposta de Tristão] fosse arredar qualquer suspeita de interesse no casamento" –, se à primeira vista parece alertar o leitor, como pensava Brito Broca, para a falsidade dos sentimentos ou convicções sociais de Tristão (alerta em nenhum momento claramente formulado), tende no fundo a ocultar o fato de que Fidélia não fica menos rica por meio da perda da fazenda, de modo que, se há interesse pecuniário da parte de Tristão no casamento, esse interesse não é prejudicado pela doação das terras de Santa-Pia. Ver Brito Broca, *Machado de Assis e a política*, p. 59.

34 Ver Roberto Schwarz, *Um mestre na periferia do capilismo*.

do discurso das personagens do *Memorial*. O ideário do favor, especialmente a imagem do bom senhor de escravos, própria da sociedade patriarcal, convive com o cada um por si e com a indiferença social que caracterizam a sociedade burguesa. Assim, ao comentar a doação da fazenda, Aires escreve, conforme citado anteriormente:

> Poderão estes [os libertos da fazenda] fazer a obra comum e corresponder à boa vontade da sinhá-moça? É outra questão, mas não se me dá de a ver ou não resolvida; há muita outra cousa neste mundo mais interessante.[35]

A dúvida de Aires, típica armadilha expositiva machadiana, não abre espaço para a hipótese de que a classe dominante talvez seja responsável pelo futuro dos negros, mas não deixa de se referir a Fidélia como sinhá-moça munificente. Ao mesmo tempo em que pressupõe que os libertos, como em uma sociedade moderna, têm de se virar sozinhos, a prosa atribui aos ex-escravos uma espécie de dívida moral, característica das relações de favor, em relação a Fidélia. O caráter ardiloso da formulação não se esgota, entretanto, na combinação de ideias paternalistas e liberais. Note-se que Aires faz a pergunta certa sobre o destino dos negros em Santa-Pia, mas de tal maneira que ela se torna a pergunta errada. A indagação, com efeito, questiona a possibilidade de os negros tocarem a fazenda, e poderia representar uma crítica ao abandono dos libertos à própria sorte, portanto uma crítica ao processo da Abolição como um todo. Todavia, os obstáculos objetivos à empreitada (falta de capital, esgotamento das terras, herança de subserviência forçada etc.) não são mencionados pelo conselheiro, de modo que a responsabilidade pelo êxito parece caber apenas aos próprios

---

35 *Memorial de Aires*, §1057.

negros. Por meio desse desvio, Aires não apenas não denuncia a verdadeira situação dos libertos, como também neutraliza o questionamento dessa situação. A mesma estratégia se verifica na passagem seguinte:

> — Lá se foi Santa-Pia para os libertos, que a receberão provavelmente com danças e com lágrimas; mas também pode ser que esta responsabilidade nova ou primeira...[36]

Suspensa, a reflexão final, que tem grande potencial crítico, passa a funcionar no contexto de um pensamento conservador: omitidas as condições objetivas que impediriam os libertos de desenvolver Santa-Pia, a ponderação indiretamente atribui o êxito ou o fracasso da empreitada à capacidade dos ex-escravos de assumirem, pela primeira vez, a responsabilidade de administrar uma fazenda. A vaga hipótese de Aires pode levar, no máximo, à constatação de que os negros não poderiam gerir as plantações. Em outras palavras, a responsabilidade social dos brancos está completamente fora do horizonte da reflexão de Aires. Poder-se-ia alegar, como contra-argumento, que o conselheiro, pelo menos, deixa no ar a ideia de que os negros talvez não tivessem condições de tocar a fazenda sozinhos, induzindo o leitor ao pensamento crítico por meio de uma insinuação. Ora, a adoção de um estilo sugestivo e indireto tem, nesse caso, sentido obscurantista; sua forma dubitativa e reticente volatiliza uma evidência: de que forma, dadas as condições históricas e naturais, os libertos poderiam fazer prosperar plantações que os fazendeiros, amparados por empréstimos bancários, ajuda imperial e experiência administrativa, não conseguiam, há muitos

---

36 *Memorial de Aires*, §1065.

anos, tornar produtivas?[37] Menos do que sugerir uma verdade oculta, a prosa "abafa" uma realidade evidente. No *Memorial*, a prosa que insinua e não desvela, como se viu na primeira parte deste trabalho, acerca dos comentários de Aires sobre as personagens do romance, funciona menos como abertura para a denúncia do que como neutralização sofisticadíssima de toda crítica, uma vez que o resultado das inferências, hipóteses, ênfases e relativizações próprias dessa linguagem rarefeita é, invariavelmente, o obscurecimento da realidade.

Pouco tempo depois de receberem as terras de Santa-Pia, os negros começam a deixar a fazenda. O dramático êxodo dos ex-escravos do Vale do Paraíba,[38] contudo, não recebe no diário do conselheiro mais que uma curta menção: "Os libertos, apesar da amizade que lhe têm *ou dizem ter*, começaram a deixar o trabalho", diz o desembargador Campos a Aires.[39] A frase, vale notar, contém, sob a forma de uma ressalva – "ou dizem ter" –, uma acusação subliminar de ingratidão e hipocrisia referente aos negros. A história da liquidação da fazenda de Santa-Pia é a história do abandono dos ex-escravos à própria sorte e das representações ideológicas por que a elite procurou distorcer, para seu proveito material ou simbólico, o significado dos fatos ligados à Abolição.

No campo dessas representações, situa-se a alforria coletiva dos libertos da fazenda, assinada pelo barão de Santa-Pia pouco antes da promulgação da Lei Áurea. Guardião-mor do arcaísmo no *Memorial de Aires*, o barão de Santa-Pia, provavelmente

---

37 Para uma exposição minuciosa do declínio das fazendas de café do Vale do Paraíba, ver Stanley Stein, *Vassouras*, p. 213-89.

38 "Os negros morriam de fome nos caminhos, não tinham onde morar, ninguém os queria, eram perseguidos", registrou Coelho Neto, que viveu em Vassouras nos anos seguintes à Abolição. Coelho Neto. *Banzo*. Porto: Lello & Irmão, 1927, p. 26.

39 *Memorial de Aires*, §643. [grifo meu]

o fazendeiro mais representativo de toda a obra de Machado de Assis,[40] pertence à oligarquia cafeeira do Vale do Paraíba, a qual permaneceu, mesmo na votação da lei, quando a Abolição era certa, irredutivelmente contrária à emancipação. Para esse setor da classe dominante, o fim da escravidão não significava apenas uma perda patrimonial considerável,[41] mas também uma violação inaceitável do poder senhorial. Libertar os próprios escravos, portanto, antes que o governo o fizesse, tornava-se uma questão de honra, último recurso de que dispunha o proprietário para garantir a força simbólica de seu domínio absoluto sobre sua propriedade: "O que era seu era somente seu", escreve Aires, transpondo o raciocínio do barão.[42] Visceralmente ligado ao escravismo, Santa-Pia morre pouco depois da Abolição, sua morte simbolizando, no universo do romance, a derrocada da lavoura cafeeira fluminense. Não obstante, morreu invicto, ao fazer da liberdade de seus escravos uma concessão sua, não o

---

40 Raymundo Faoro, *Machado de Assis: a pirâmide e o trapézio*. São Paulo: Globo, 2001, p. 38-39. Sobre o mundo dos fazendeiros de café do Vale do Paraíba, ver Maria Sylvia de Carvalho Franco, *Homens livres na ordem escravocrata*. São Paulo: Editora Unesp, 1997, p. 167-233.

41 Na virada dos anos 1870-80, os escravos constituíam a parte principal do valor das fazendas de café do Vale do Paraíba e normalmente serviam de garantia, por sua maior liquidez em relação às terras esgotadas, aos empréstimos bancários a que recorriam com frequência os fazendeiros da região, em franca decadência na época. Stanley Stein, *Vassouras*, p. 246. Além disso, o estilo de produção das fazendas do Vale – técnicas rudimentares, grande quantidade e preços baixos – tornava o trabalho forçado um elemento essencial para a viabilidade do negócio. Ver Maria Sylvia de Carvalho Franco, *Homens livres na ordem escravocrata*, p. 226-233.

42 *Memorial de Aires*, §225. Para uma crítica desse "argumento" dos senhores de escravos, ver o libelo do jovem Joaquim Nabuco, *A escravidão* [1869]. Rio de Janeiro: Nova Fronteira, 1999, p. 6-9; 44-55.

resultado de uma interferência ultrajante e desmoralizadora.⁴³ Ao ser indagado sobre os motivos que o levavam a libertar os próprios cativos, uma vez que não era favorável à Abolição, o barão responde:

> — Quero deixar provado que julgo o ato do governo uma exploração, por intervir no exercício de um direito que só pertence ao proprietário, e do qual uso com perda minha, porque assim o quero e posso.⁴⁴

A declaração do barão constitui, em si mesma, uma pequena obra-prima de Machado de Assis. O entrelaçamento, na mesma frase, de pressupostos liberais (a defesa do livre exercício do direito de propriedade contra a intervenção do Estado) e senhoriais (o não reconhecimento da esfera pública implicado em "porque assim o quero e posso"); ou, em outros termos, o recurso ao princípio fundamental do liberalismo (princípio que supõe, em tese, a universalidade de direitos), utilizado para sustentar a afirmação crassa do escravismo, isto é, do "direito" de propriedade de um homem sobre outro homem (este, portanto, desprovido de qualquer direito), formaliza, de maneira exemplar, o modo como a classe dominante imperial brasileira incorporava os ideais burgueses da civilização moderna ao contexto de práticas – a escravidão, sobretudo – de que estes são, por princípio, a crítica. Ao comentar o discurso de Santa-Pia, entretanto, Aires não chama a atenção para essa contradição escandalosa; ao contrário, trata de diluí--la, caracterizando a fala do barão como quase insondável:

---

43 "Os sujeitos do poder senhorial concedem, controlam uma espécie de economia de favores, nunca cedem a pressões ou reconhecem direitos adquiridos em lutas sociais". Sidney Chalhoub, *Machado de Assis, historiador*, p. 60.
44 *Memorial de Aires*, §223.

"Não sei se subtil, se profunda, se ambas as cousas ou nada".[45] O comentário, decerto, contém uma parte de ironia; não obstante, nesse passo, como em todo o *Memorial*, a ironia constitui menos uma sugestão que indica a verdade do que uma desfaçatez que apimenta o obscurantismo. Com efeito, Aires suspende em seguida, na forma de uma dúvida, o que é mais do que sabido: "Será a certeza da abolição que impele Santa-Pia a praticar esse ato, anterior de algumas semanas ou meses ao outro?".[46] Fazendo-se de desentendido, o narrador evita qualquer forma de crítica explícita ao conservadorismo renitente e brutal do barão; entre a conivência e a ironia, o conselheiro protege o colega de classe, não sem piscar um olho para o leitor.

Como concessão senhorial, a alforria estigmatiza a liberdade dos escravos com a marca moral da propriedade do velho senhor, a quem, segundo a ideologia dos proprietários, o liberto deve corresponder com eterna gratidão. No plano das representações, portanto, a alforria funciona como perpetuação dos vínculos da escravidão. Por outro lado, se a servidão pode ser mantida em nível simbólico, por que não o poderia ser também na prática? O barão confia nessa possibilidade. No *Memorial de Aires*, o futuro é o passado estendido ao infinito:

> — Estou certo que poucos deles deixarão a fazenda; a maior parte ficará comigo, ganhando o salário que lhes vou marcar, e alguns até sem nada.[47]

---

45 *Memorial de Aires*, §222.
46 *Memorial de Aires*, §224.
47 *Memorial de Aires*, §227.

Capítulo II
A prosa da não história

Aqui, é justamente à língua mesma que se confere a missão de espalhar as trevas que somente ela poderia dissipar.

Walter Benjamin,
"As *afinidades eletivas* de Goethe"

O MODERNO PROLONGA O ARCAICO, A LIBERDADE É UMA VERSÃO da escravidão, o futuro reedita o passado, a mudança serve para evitar a mudança:[1] no *Memorial de Aires*, a representação da história sugere o regime circular do mito. A Abolição oferecia a Machado de Assis o mais recente e significativo exemplo da incrível capacidade das nossas elites de manter intactas as estruturas de dominação social, econômica e política, assimilando e distorcendo, em sentido conservador, as etapas sucessivas de modernização do país. Incomparavelmente mais fiel à matéria histórica do que um eventual "romance abolicionista", o *Memorial de Aires* apresenta negativamente, por meio de um narrador comprometido com sua classe, um processo histórico pelo qual a Lei Áurea libertava justamente os brancos do peso da escravidão, restando ainda por libertar, de fato, o negro.[2] Em trágica inversão de sentido histórico, a Abolição significava, até segunda ordem, o fim das esperanças de libertação efetiva e de incorporação das massas populares à sociedade, no momento mesmo em que essa libertação e essa incorporação deveriam realizar-se. A essa "decepção objetiva" corresponde,

---

1 "Em 1888 o impulso que os acontecimentos haviam tomado era tal que de duas uma: ou revolução ou abolição", escreve, significativamente, um historiador monarquista. Heitor Lyra, *História de Dom Pedro II (1825-1891)*, vol. III, p. 28.

2 Ao contrário do que proclamava um filho-família de *Esaú e Jacó*: "Emancipado o preto, resta emancipar o branco". *Esaú e Jacob*, §433.

entre outras coisas, o fato de que o romance, que se detém em uma data histórica, nada projeta sobre o futuro.

Ora, em princípio, Machado de Assis concentra-se, no *Memorial*, em um momento de síntese histórica, no qual as experiências de uma época seriam recolhidas e liquidadas, dando lugar a uma nova organização social, a outra etapa na história da nação: o romance começa em 9 de janeiro de 1888, pouco antes da Abolição, e termina em setembro de 1889, pouco antes da proclamação da República. Todavia, se comparamos o *Memorial* com alguns dos principais romances europeus que se detêm nesses momentos de transformação histórica, a diferença é grande: nenhum sinal, por exemplo, da intensa movimentação de classes d'*Os camponeses*, de Balzac; nenhum enfrentamento nas ruas como nos *Miseráveis*, do conservador Victor Hugo, de quem Dom Pedro II dizia ser grande admirador. Quando Frédéric Moreau, protagonista da *Educação sentimental*, de Flaubert, volta de seu idílio de Fontainebleau para Paris, logo após os massacres de junho de 1848, a França não é mais a mesma: a capital está virada de cabeça para baixo e a burguesia finalmente dissera a que veio; de um modo ou de outro, os destinos de todas as personagens do romance estão implicados no acontecimento.[3] No *Memorial*, convive tranquilamente com a libertação imediata dos escravos o sossego do dia a dia, uma despreocupação segura das personagens quanto a seus destinos sociais. Algo como uma certeza pressuposta, inabalável, de que os acontecimentos públicos não modificarão as posições de cada pessoa na sociedade. Ao contrário de uma atmosfera "apocalíptica", encontra-se no *Memorial de Aires* um incrível ambiente de estabilidade. O fim da escravidão não

---

3 Sobre a importância decisiva dos massacres de junho na *Educação sentimental*, ver Dolf Oehler, *O velho mundo desce aos infernos*. São Paulo: Companhia das Letras, 1999, p. 313-45

altera a rotina das personagens principais do romance, inclusive a de Fidélia, filha de fazendeiro dono de escravos. Se, conforme disse Walter Benjamin, as grandes revoluções, ao explodirem o *continuum* da história, introduzem um novo calendário na vida de uma sociedade,[4] o diário íntimo do conselheiro Aires, ao passar incólume pela Abolição, ao ignorar o aniversário de promulgação da Lei Áurea, pode ser considerado uma representação em negativo da revolução que o país continuava a dever.[5] A visão da história do Brasil contida no *Memorial* é a de uma história em que a mudança significa a reposição das mesmas contradições, que não se resolvem. Daí um sentimento de dinâmica travada no conjunto do livro, certo clima de desagregação irredimível: o que deveria ser um passo para a integração social revela-se o momento histórico supremo de derrelição das massas populares. Não deixa de ser significativo, nesse sentido, que a última entrada do *Memorial* não esteja datada: o diário de Aires termina com uma espécie de suspensão do curso da história, num sem data indeterminado e fixo. Não à toa, o enredo do livro é farto em simetrias, correspondências, recorrências e coincidências que sugerem um tempo circular:

> Os namorados estão declarados. A mão da viúva foi pedida naquele mesmo dia, justamente por ser o 26º aniversário do casamento dos padrinhos de Tristão[6]

---

4 Ver Walter Benjamin, "Sobre o conceito da História". In: *Obras escolhidas* I. São Paulo: Brasiliense, 2008, p. 230.

5 Sempre valorizando a esfera familiar em detrimento da esfera pública, em 15 de maio de 1889, um ano e dois dias após a Abolição, Aires registra com detalhes o casamento de Tristão e Fidélia na Igreja da Glória. O casal, livre da fazenda exausta e dos ex-escravos, prepara-se para morar na Europa.

6 *Memorial de Aires*, §921.

Tristão quer ser casado pelo padre Bessa e pediu-lho. O padre mal pôde ouvir o pedido, consentiu e agradeceu deslumbrado. Há uma idéia de simetria na bênção do casamento dada pelo mesmo sacerdote que o batizou.[7]

A "vida nova" que se segue à dissolução das sociedades, e que está implicada na noção mesma de transformação histórica,[8] está ausente do *Memorial de Aires*. Nada, no romance, aponta para a "era luminosa"[9] fartamente celebrada pelos poetas nos jornais da Corte, por ocasião do fim da escravidão. No *Memorial*, o que está nascendo não se diferencia essencialmente do que está morrendo:

> Os sucessos, por mais que o acaso os teça e devolva, saem muita vez iguais no tempo e nas circunstâncias; assim a história, assim o resto.[10]

> Se eu não tivesse os olhos adoentados dava-me a compor outro *Eclesiastes*, à moderna, posto nada deva

---

7 *Memorial de Aires*, §1071. Lembre-se, ainda, da simetria das trajetórias de Tristão e do Noronha, mencionada na primeira parte deste trabalho.

8 "A conseqüência mais imediata da mudança é que ela, ao mesmo tempo em que implica dissolução, traz também consigo o surgimento de uma vida nova, e que se a morte sai da vida, também a vida sai da morte". G. W. F. Hegel, *Filosofia da História*. Brasília: Editora UnB, 1999, p. 67. A esterilidade, tanto de Aires como do casal Aguiar, pode ganhar um significado muito mais rico quando considerada no contexto histórico do romance, e não apenas como uma referência autobiográfica incluída por Machado de Assis no livro.

9 A expressão é do poema "Ao povo!", de Rodrigo Octávio, que foi distribuído pelas ruas do Rio durante os festejos em torno da promulgação da Lei Áurea. Com variantes, a imagem aparece em quase todos os poemas comemorativos da ocasião. Ver José Américo Miranda (ed.), *Maio de 1888*. Rio de Janeiro: Academia Brasileira de Letras, 1999, p. 25-26.

10 *Memorial de Aires*, §631.

haver moderno depois daquele livro. Já dizia ele que nada era novo debaixo do sol, e se o não era então, não o foi nem será nunca mais.[11]

No *Memorial de Aires*, não se vislumbra a "santa e resplendente aurora" que a retórica oficial dizia irromper, em maio de 1888, nos horizontes do Brasil.[12] Não há sinal de superação do estado de coisas à vista, ao contrário: a nova geração das elites é pior que a anterior, e as classes populares encontram-se ainda mais à margem da história. No *Memorial*, falta qualquer projeção para o futuro que não seja a da persistência de uma iniquidade social que se renova por meio de sua própria extinção, de modo que se configura no romance uma espécie de agonia histórica interminável, em que o moderno é uma forma de reposição do arcaico.[13]

Essa "imagem" da história do Brasil contida no *Memorial de Aires*, conforme veremos a partir de agora, está sedimentada na prosa do romance. Assim como a sociedade retratada no livro, a linguagem do conselheiro não caminha em direção a sínteses. A relação entre coisas tão distantes – um movimento histórico e o raciocínio de uma prosa – pode parecer forçada, mas é preciso notar que no romance de que estamos tratando as relações ocorrem sempre de modo rarefeito, exigindo às vezes mão pesada do crítico, pois do contrário o livro se torna

---

11 *Memorial de Aires*, §477. "A explicação de todo acontecimento como repetição [...] é o princípio do próprio mito", lembram Theodor W. Adorno e Max Horkheimer na *Dialética do Esclarecimento*. Rio de Janeiro: Jorge Zahar, 1985, p. 26.

12 Expressão do poema "13 de Maio de 1888: Ave! Libertas!", de Oscar Pederneiras, também distribuído na semana seguinte à Abolição. José Américo Miranda (ed.), *Maio de 1888*, p. 25.

13 Ver Paulo Eduardo Arantes, *Sentimento da dialética na experiência intelectual brasileira*, p. 37.

incompreensível. Feita essa ressalva, digamos em primeiro lugar que o ritmo da prosa do *Memorial de Aires* assemelha-se ao de uma dialética frustrada. Contradições estão por toda parte no romance, mas nunca se resolvem, sofisticadamente se dissolvem no movimento oscilante e hipnótico da linguagem. Em vez de uma síntese, promove-se uma acomodação dos contrários, que se misturam sem conflito. Veja-se, por exemplo, a interpretação que Aires faz do comportamento contraditório de Fidélia, uma das questões mais importantes do livro:

> Quem sabe se não iríamos dar com a viúva Noronha ao pé da sepultura do marido, as mãos cruzadas, rezando, como há um ano? [...] Se eu a visse no mesmo lugar e postura, não duvidaria ainda assim do amor que Tristão lhe inspira. Tudo poderia existir na mesma pessoa, sem hipocrisia da viúva nem infidelidade da próxima esposa.[14]

Em outra passagem sobre o mesmo assunto, Aires faz uma pergunta importante, mas logo em seguida a esvazia, tornando indiferente a resposta:

> A idéia é saber se Fidélia terá voltado ao cemitério depois de casada. Possivelmente sim; possivelmente não. Não a censurarei, se não: a alma de uma pessoa pode ser estreita para duas afeições grandes. Se sim, não lhe ficarei querendo mal, ao contrário. Os mortos podem muito bem combater os vivos, sem os vencer inteiramente.[15]

As dúvidas e hipóteses se desmancham pelas mãos do próprio narrador. A prosa do *Memorial* constitui-se, dessa forma, como uma sequência contínua de frustrações: a cada parágrafo, por

---

14 *Memorial de Aires*, §903-904.
15 *Memorial de Aires*, §1113.

vezes mesmo a cada frase, ela produz um anticlímax. Não raro, as contradições se dissolvem pela identificação dos contrários, o que repõe as dualidades iniciais em contexto de indeterminação, de duplicação estabilizada, neutralizando-se a possiblidade, que toda contradição contém, de aceder-se ao sentido:

> Em caminho pensei que a viúva Noronha, se efetivamente ainda leva flores ao túmulo do marido, é que lhe ficou este costume, se lhe não ficou essa afeição. Escolha quem quiser; eu estudei a questão por ambos os lados, e quando ia a achar terceira solução chegara à porta da casa.[...] A terceira solução é a que fica lá atrás, não me lembra o dia... ah! Foi no segundo aniversário do meu regresso ao Rio de Janeiro, quando eu imaginei poder encontrá-la deante da pessoa extinta, como se fosse a pessoa futura, fazendo de ambas uma só creatura presente.[16]

Sem risco de exagero, pode-se dizer que o movimento de armar e diluir contradições costuma ser a respiração do texto no *Memorial*; um movimento que pode ser verificado nas passagens mais despretensiosas do romance – o que não deixa de lhe conferir certo caráter obsessivo:

> Estou cansado de ouvir que ela [Fidélia] vem, mas ainda me não cansei de o escrever nestas páginas de vadiação. Chamo-lhes assim para divergir de mim mesmo. Já chamei a este Memorial um bom costume. Ao cabo, ambas as opiniões se podem defender, e, bem pensado, dão a mesma coisa. Vadiação é bom costume.[17]

---

16 *Memorial de Aires*, §990. Ou ainda: "Creio nas afeições de Fidélia; chego a crer que as duas formam uma só, continuada". *Memorial de Aires*, §1050.
17 *Memorial de Aires*, §414.

> Aí deixo uma página feita de duas, ambas contrárias e filhas da mesma alma de sexagenário desenganado e guloso. Ao cabo, nem tão guloso nem tão desenganado.[18]

Noutros momentos, o movimento da prosa assume a forma da oscilação contínua entre opostos, a qual também impede o acesso do leitor ao significado das coisas, significado que se perde no movimento pendular da linguagem:

> Campos é homem interessante, posto que sem variedade de espírito; não importa, uma vez que sabe despender o que tem. Verdade é que tal regra levaria a gente a aceitar toda a casta de insípidos. Ele não é destes.[19]

> Tenho de ir jantar com o encarregado de negócios da Bélgica. Confesso que preferia os Aguiares, não que o diplomata seja aborrecido, ao contrário; mas os dous velhos vão com a minha velhice, e acho neles um pouco da perdida mocidade. O belga é moço, mas é belga.[20]

> Li e louvei muito a carta da paulista [mãe de Tristão], que achei efetivamente terna, ainda que derramada, mas ternura de mãe não conhece sobriedade de estilo. Era escrita à própria Fidélia [que não é filha da autora da carta].[21]

> Não há como a paixão do amor para fazer original o que é comum, e novo o que morre de velho. [...] O drama é de todos os dias e de todas as formas, e novo como o sol, que também é velho.[22]

---

18 *Memorial de Aires*, §286.
19 *Memorial de Aires*, §163.
20 *Memorial de Aires*, §953.
21 *Memorial de Aires*, §998.
22 *Memorial de Aires*, §1009.

Tais procedimentos dissolvem o romance numa atmosfera de ambiguidades e ambivalências que suspende o conhecimento. Não obstante, a prosa de Aires é uma prosa raciocinante, que procura identificar – ou melhor, finge procurar – os limites e a verdade dos objetos que observa. Previsões, hipóteses, cálculos, dúvidas e explicações são alguns dos procedimentos de uma consciência narrativa aparentemente vigilante e distanciada, que torna entretanto inapreensível, por meio de seu desenvolvimento mesmo, a realidade para a qual se volta, produzindo abstrações nas quais a distância, a clareza e a distinção, princípios básicos da razão – e da prosa –, são diluídas em formas vazias e enganosas de *coincidentia oppositorum*. Combinando técnica refinada e má-intenção, Aires dessa forma obtém, por meio da prosa – cujo regime é o da apreensão distanciada da concretude histórica –, uma espécie de contrário da prosa. Algo da ordem da linguagem mística e da "desrealização" simbolista se produz com o uso do instrumental da ciência moderna e do realismo literário – assim como, na Abolição, o passado colonial se renovava por meio de um avanço moderno e as ideias iluministas reforçavam o privilégio social antigo. A prosa, de acordo com o pensamento de Hegel, é a linguagem da história e das sociedades "históricas", ou seja, das sociedades que "tomaram consciência" de si, de seus princípios e finalidades, portanto que se outorgam leis e instituições de alcance universal, de tal forma que constituem uma organização ética e política.[23] Na sociedade brasileira dos anos 1888-89, Abolição e República representavam, no plano das ideias, assim como no aspecto formal das instituições públicas, momentos decisivos

---

23 Sobre a relação entre a forma de apreensão prosaica do mundo e a emergência do regime da História, ver, de Paulo Eduardo Arantes, "A prosa da História". In: *Hegel: a ordem do tempo*, São Paulo: Hucitec/Polis, 2000, p. 187-212.

dessa tomada de consciência sociopolítica do país: a Lei Áurea decretava a liberdade e a igualdade universais, ao passo que a instauração do Estado republicano, baseada na retórica da Revolução Francesa, proclamava a soberania do povo.[24] Não obstante, como temos visto, na prática as coisas se passavam de maneira muito diferente, uma vez que o fim da escravidão acarretava a derrelição das classes populares e a queda do regime monárquico promovia a concentração do poder político. No contexto dessas contradições, em meio aos fatos ligados à Abolição e às vésperas da Proclamação da República, situa-se não por acaso a linguagem do conselheiro Aires, com seu aparato moderno e seu resultado obscurantista. O discurso de uma sociedade em que a história é o próprio meio de reposição do eterno retorno do mesmo, isto é, de reposição da não-história, é uma espécie de prosa às avessas. Sua elaboração por parte de Machado de Assis, nesse sentido – ou seja, na medida em que realiza a transposição de uma estrutura histórica e ideológica para a estrutura literária –, constitui um procedimento profundamente realista.[25]

Considerada do ponto de vista de uma tipologia estilística, a prosa de Aires está saturada das figuras de indefinição arroladas por Roland Barthes:

> o engodo (desvio deliberado da verdade), o equívoco (mescla de verdade e de engodo que, frequentemente, limitando o enigma, contribui para encorpá-lo), a resposta parcial (que apenas irrita a espera da verdade),

---

24 Sobre a presença do modelo da Revolução de 1789 na propaganda republicana brasileira, ver José Murilo de Carvalho, *Os bestializados: o Rio de Janeiro e a República que não foi*. São Paulo: Companhia das Letras, 2008.

25 Ver Roberto Schwarz, "Pressupostos, salvo engano, de 'Dialética da malandragem'". In: *Que horas são?*, p. 129-155.

a resposta suspensa (parada afásica da revelação), por fim, o bloqueio (constatação da insolubilidade).[26]

No *Memorial*, tais procedimentos fazem parte de uma operação ideológica, portanto têm uma função social: servem, conforme temos visto desde o início deste trabalho, para preservar a imagem da classe dominante carioca do final do Segundo Reinado. Assim, a neutralização das contradições, a suspensão das oposições, a oscilação interminável entre opostos, o adiamento indefinido da síntese etc., exercem a função de obscurecer comportamentos inaceitáveis das personagens à luz de princípios modernos, em geral ligados à constância do projeto individual. O narrador impede que venham à tona as constantes infrações de seus pares a valores que eles mesmos assumem como essencialmente seus – o amor eterno, a vocação profissional, a ideologia política, o amor à pátria etc. A suspensão do juízo moral por parte do conselheiro, que parte da crítica costuma vincular à sabedoria prudente do cético, revela-se um modo de proteger a própria classe. Como num gesto de prestidigitação, Aires faz desaparecer a inconstância das personagens, no e pelo movimento mesmo em que a põe à mostra. A traição aparece, desse modo, como fidelidade, a incoerência como consistência, o fingimento como sinceridade – assim como, no momento histórico do romance, a manutenção do estado de coisas aparecia sob a forma da mudança, o abandono sob a forma da liberdade, o egoísmo sob a forma da generosidade, o arcaico na figura do moderno. Nesse sentido, a identificação de opostos mais significativa sugerida por Aires (ela não está dita, mas pode ser descoberta), vincula a conversão que a prosa incessantemente realiza do mesmo em seu contrário a um

---

26 Roland Barthes, *S/Z*. Rio de Janeiro: Nova Fronteira, 1992, p. 105.

ritmo histórico no qual as grandes datas têm significado oposto ao que a princípio delas se deveria esperar:

> — Os libertos têm continuado no trabalho?
> — Têm, mas dizem que é por ela.
> Não me lembra se fiz alguma reflexão acerca da liberdade e da escravidão, mas é possível, não me interessando em nada que Santa-Pia seja ou não vendida.[27]

Depois de ser informado da permanência dos ex-escravos em Santa-Pia – ou seja, depois da constatação de que a situação dos libertos permanecia praticamente a mesma dos tempos de cativeiro –, qual poderia ser a "reflexão" de Aires "acerca da liberdade e da escravidão", senão a de que a liberdade dos libertos não diferia essencialmente da escravidão? Na base da conservadora duplicidade expositiva da linguagem do conselheiro, portanto, encontra-se a coincidência, ou o condicionamento recíproco, que se renovava no momento histórico da abolição da escravatura, de modernidade e arcaísmo na vida ideológica e social do país.

No *Memorial de Aires*, o ritmo singular da história do Brasil transforma-se em técnica de escrita. A matriz prática dessa prosa peculiar, que abafa os conflitos que depara, vincula-se à incrível capacidade de nossas elites, mencionada acima, de assimilar as forças modernizadoras em proveito da manutenção de padrões arcaicos de dominação. No capítulo anterior, vimos que o ritmo histórico pautado pela modernização conservadora, cujas origens remontam às origens do país, com o capitalismo mundial reeditando a escravidão na periferia do sistema, ritmo que tem na Independência seu momento paradigmático, é representado no *Memorial*, como *assunto*, nas referências à

---

27 *Memorial de Aires*, §1046-48.

Abolição. Agora, vemos que ele organiza o próprio ritmo da narração, portanto que ele está presente no romance também como *forma*, constituindo-se como estilo. Não custa advertir mais uma vez que essa correspondência entre o movimento da prosa e o movimento da história, entre comportamento narrativo e compromisso de classe não é evidente, cabendo ao leitor identificá-la. As referências à Abolição podem servir como pistas, desde que não se aceite a versão oficial do 13 de Maio. Nesse sentido, a leitura do *Memorial de Aires* nunca é ideologicamente neutra.

Assim como, no plano da história brasileira, a acomodação de forças antagônicas (abolicionismo e exclusão social, racionalização produtiva e reposição de condições arcaicas de trabalho etc.) garantia a preservação de privilégios seculares às elites, a disposição acomodatícia da prosa de Aires, ao evitar o escândalo de acomodações por princípio escandalosas,[28] garante às personagens do romance o direito à transgressão:

> Tudo poderia existir na mesma pessoa, sem hipocrisia da viúva nem infidelidade da próxima esposa.[29]

Há, pois, uma dimensão socialmente interessada na frustração de dinamismos que a prosa do conselheiro opera. O contínuo girar em falso do texto, com suas frases que se desmancham no ar sempre que se preparam para afirmar algo, pode parecer à primeira vista um puro jogo inconsequente;[30] no fundo, visa à manutenção de privilégios de classe. A realidade

---

28 Para Barthes, "toda aliança de dois termos antitéticos, qualquer mescla, qualquer conciliação, resumindo, toda passagem pelo muro da Antítese constitui uma transgressão. [...] Seu escândalo é imediatamente localizável". Roland Barthes, S/Z, 1992, p. 60.
29 *Memorial de Aires*, §904.
30 "Conversações do papel e para o papel". *Memorial de Aires*, §286.

social, portanto, é assumida no *Memorial de Aires* como princípio de poética. A adoção do ponto de vista da classe dominante brasileira – de maneira tal que ele se torna criticável – faz com que o quadro histórico-social apareça por dentro, a partir de si mesmo.[31] Trata-se de uma espécie de realismo superior, interno à obra, no qual a prosa é transposição formal de uma conduta social e de uma formação histórica específicas. Com isso, na representação da Abolição, o *Memorial* vai muito além do mero documentário: a história é imanente ao romance.[32] O fato de que a Abolição seja praticamente ignorada na superfície do romance é a estratégia artística por meio da qual o escritor mergulha profundamente a sua obra na realidade histórica, isto é, no próprio significado do 13 de Maio. A aparente alienação do romance guarda secretamente um surpreendente teor contraideológico: o desinteresse do narrador pela Abolição é um meio enfático de dar forma literária a uma forma social, mais precisamente à indiferença das elites brasileiras pelo destino das classes populares no país e ao caráter paradoxalmente conservador do 13 de Maio. Vista sob esse ângulo, a feição metafísica do *Memorial*, que parte da crítica tem interpretado como o reencontro do autor com as chamadas "verdades universais", por meio do qual o romance se moveria livremente acima das questões histórico-sociais, revela seu fundo prosaico, demasiado humano: a conservação de uma violência tão antiga quanto

---

[31] "Embora se oponha à sociedade, [a arte] não é contudo capaz de obter um ponto de vista que lhe seja exterior; somente consegue opor-se ao identificar-se com aquilo contra que se insurje". Theodor W. Adorno, *Teoria estética*. Lisboa: Edições 70, 2000, p. 155.

[32] Antonio Candido sintetiza com clareza a noção materialista de imanência em literatura: "Uma determinada visão da sociedade atuando como fator estético e permitindo compreender a economia do livro". Antonio Candido, *Literatura e sociedade*. São Paulo: T. A. Queiroz, 2000, p. 14.

o Brasil.[33] Em outras palavras, a "evanescência" do *Memorial* potencializa o efeito de realidade e a crítica social.[34] Numa dia-

---

33 Roberto Schwarz comenta o "uso figurativo e maliciosamente realista" que Machado faz "do mundo metafísico". Ver *Um mestre na periferia do capitalismo*, p. 198. Aliás, os ensaios machadianos do autor não cessam de mostrar como a universalidade, em Machado de Assis, deve ser compreendida dialeticamente, ou seja, mediada pela situação histórica local em que é inserida pelo romancista. Desse modo, as máximas filosofantes e ilustradas de Brás Cubas devem ser consideradas na sua discrepância com relação à realidade acanhada, patriarcal e escravista com a qual se combinam: "A conversa miúda e as grandes abstrações formam na prosa machadiana uma inseparável dupla de comédia, como o Gordo e o Magro do cinema, indicando o descompasso – uma fatalidade local do pensamento em vigor até hoje – entre a realidade familiar e o pensamento com mais vôo" (*Idem*, p. 53-54). "Ocultada nas piruetas lítero-filosóficas do narrador ilustrado, reconhecemos a fisionomia específica de um engendro da escravidão" (*Idem*, p. 194). Por outro lado, o valor universal da obra de Machado de Assis, "sua universalidade efetiva, que não tem parte com o universalismo aparente dos temas, que, aliás, ele mesmo se encarregou de desacreditar" (Paulo Eduardo Arantes, *Sentimento da dialética*, p. 100), está justamente no alcance mundial desse ponto de vista próprio, formado pela dissonância entre realidade escravocrata e ideário burguês, na medida em que por meio dele se revelam aspectos da modernidade que nos países centrais a ideologia liberal encontra menos dificuldade em ocultar: "ficava demonstrado o dito de Marx acerca da verdade do capitalismo central que se revela na periferia [...] O mesmo chão histórico que barateava o pensamento e diminuía as chances da reflexão – pois aqui se desmanchava o nexo entre idéias e pressuposto social, o que lhes roubava a dimensão cognitiva –, devolvia a faculdade crítica com a outra mão, fazendo nossa anomalia expor a fratura constitutiva da normalidade moderna" (*Idem*, p. 86-89). Em suma, em Brás Cubas, "rimos nada menos que das aquisições do Ocidente moderno" (Roberto Schwarz, *Um mestre na periferia do capitalismo*, p. 57).

34 Ao contrário do que em geral se afirma, que a escassez dos momentos em que a história é mencionada no romance indicaria um recolhimento do autor às verdades simples e universais da vida, movimento que seria inspirado por uma espécie de sentimentalismo inteligente do autor, ancorado em máximas filosóficas cuja vacuidade uma leitura um pouco mais atenta rapidamente identifica.

lética peculiar, o apagamento da Abolição torna-a mais presente, pois no plano da realidade a insignificância, no que diz respeito à promoção efetiva da cidadania no Brasil, foi seu verdadeiro significado. Em virtude da singularidade do ritmo – que se reatualiza no 13 de Maio – da formação histórica brasileira, o aparente afastamento da história revela-se um modo de historicização máxima da obra; não mais o recolhimento de Machado ao "aconchego de uma sala bem abrigada, fechada às intempéries",[35] mas o meio pelo qual ele configura o verdadeiro significado de uma data histórica.

Para o leitor, todavia, para que seja possível a formação de uma perspectiva crítica, as raras referências à Abolição são decisivas. Elas evitam que o romance realize por completo o movimento ostensivo de recolher-se para o *intérieur*, possibilitando a compreensão do quadro social no qual a obra se situa, portanto da fisionomia de classe do narrador, conferindo dessa forma sentido histórico ao confinamento do romance à esfera da vida privada – cuja lógica passa então a ser considerada no interior da lógica mais ampla de uma formação social determinada. Pode-se dizer que a Abolição "ajusta o foco" da obra, tornando nítido o que tendia, sob o véu tecido pela prosa do narrador, ao impreciso.

Vale notar que o esfumaçamento da realidade histórica no *Memorial de Aires* parece assinalar uma reflexão do próprio Machado de Assis acerca das possibilidades do romance realista no Brasil de seu tempo. O aspecto "bifronte" da realidade brasileira, burguesa e pré-burguesa ao mesmo tempo, assim como a sensação de descompasso correspondente a essa vigência simultânea de paradigmas antagônicos na experiência social, constituíam um desafio às pretensões do Realismo, que desde suas origens, no século XVIII, significava a crença na

---

[35] Lúcia Miguel Pereira, *Machado de Assis (estudo crítico e biográfico)*, p. 279.

possibilidade de apreensão individual da realidade histórica.[36] No *Memorial*, a extrema diluição de sentido parece à primeira vista carregar em si o desespero da apreensão da história concreta – um recuo ante a ambiguidade da história no Brasil, ou mesmo um movimento de puro e inconsciente espelhamento de uma realidade ambivalente, "informe", segundo o "ideal europeu de civilização relativamente integrada".[37] Contudo, na medida em que Machado associa a dissolução máxima de contornos a um narrador socialmente interessado e a um acontecimento histórico específico – a Abolição –, a perda de nitidez do romance deita raízes, tornando-se a solução complexa por meio da qual a história pode ser apreendida de maneira mais expressiva. Digamos que Machado de Assis apreende de forma integrada a realidade brasileira justamente fazendo com que a impossibilidade de integração assuma, nas mãos de um beneficiário das duplicidades nacionais, o primado da composição – um modo eminentemente negativo de dar objetividade a uma obra literária. À sua maneira, o *Memorial* encarna a consciência desesperada e final do romancista de que o Realismo, dadas as "singularidades de um quadro social que lhe rouba o fôlego especulativo",[38] somente poderia realizar-se no Brasil por meio de sua própria negação. Nesse contexto, a objetividade – portanto a unidade de sentido da obra – só pode ser alcançada quando as palavras do narrador são lidas à luz do quadro social e do momento histórico nos quais estão inseridas. Alinha-se o *Memorial*, dessa forma, com certas tendências da literatura europeia contemporânea, que começavam

---

36 Ver Ian Watt, *The Rise of the Novel*. Londres: Pimlico, 2000, p. 9-34.
37 Paulo Eduardo Arantes, "Providências de um crítico literário na periferia do capitalismo". In: Otília Beatriz Fiori Arantes/Paulo Eduardo Arantes, *Sentido da formação*. São Paulo: Paz e Terra, 1997, p. 12.
38 *Idem*, p. 11.

a desconfiar do Naturalismo.³⁹ A desintegração da sociedade burguesa na Europa e sua renitente não constituição no Brasil de certo modo se encontravam...

O narrador machadiano esposa a opacidade para nela esconder a si mesmo e a seus pares, não sem deixar transparecer, como numa piscadela de olho, as verdades que encobre – o que se por um lado assinala a presença do critério esclarecido, por outro constitui uma desfaçatez a mais, pois que esse critério não é assumido como princípio, ou seja, como padrão único de medida na interpretação do real, mas é descartado por outro, arcaico, sempre que convém. Desse modo, a exigência de verdade, decisiva para o Realismo, é reduzida a nada pelo narrador machadiano, que se vale de dois paradigmas ideológicos antagônicos para representar o real, referindo-se a um ou a outro conforme as circunstâncias. Vimos, por exemplo, na questão dos libertos, que o registro moderno convinha na medida em que isentava a classe dominante de qualquer responsabilidade

---

39 Nesse sentido, ver a comparação entre Machado de Assis e Henry James feita por Roberto Schwarz em debate realizado no Cebrap em 30/10/1990, por ocasião da publicação de *Um mestre na periferia do capitalismo*, e reproduzido em *Novos Estudos Cebrap*, n° 29, março 1991, p. 59-84. Em outros momentos de sua obra, Schwarz também compara a técnica machadiana com as de Proust e Thomas Mann. Ver Roberto Schwarz, *Ao vencedor as batatas*, p. 195; *Um mestre na periferia do capitalismo*, p. 11. A comparação com Henry James seria retomada por Schwarz em *Duas meninas*, p. 12-13. Antonio Candido também notou a modernidade da obra de Machado, comparando-a, segundo os seus diversos aspectos, às obras de Kafka, Proust e Pirandello. Sobre a crise da objetividade literária no romance europeu do século XX, ver Theodor W. Adorno, "Posição do narrador no romance contemporâneo". In: *Notas de literatura I*. São Paulo: Duas Cidades, 2003, p. 55-63; ver também o capítulo de Erich Auerbach sobre Virgínia Woolf em *Mimesis: a representação da realidade na literatura ocidental*. São Paulo: Perspectiva, 2001, p. 471-498; e ainda o balanço feito por Anatol Rosenfeld em "Reflexões sobre o romance moderno". In: *Texto/Contexto I*. São Paulo: Perspectiva, 1996, p. 75-97.

social pelos ex-escravos, ao passo que o ideário colonial prevalecia quando se tratava de representar a Abolição como um gesto de generosidade, não como um dever político.

Isso posto, o "sentido de relatividade das coisas, aguçado pela experiência e pelos anos",[40] ou a técnica de "deixar sobrepostos o rosto e a venda",[41] que a crítica tem considerado a matriz estilística do livro, passa a ser visto sob nova luz: deixa de ser indício de sabedoria diplomática para se revelar uma transposição formal de um comportamento socialmente interessado. Noutros termos, a duplicidade expositiva deixa de ser o testemunho final do escritor sobre a inefabilidade do mundo e do homem, e se torna a exposição da ambivalência ideológica das elites brasileiras do Segundo Reinado. Nesse sentido, a crítica que esposa o obscurantismo do conselheiro Aires alia-se, de uma forma ou de outra, à preservação de privilégios de classe que persistem até hoje, ligeiramente modificados ou não.[42]

Vimos que a prosa de Aires costuma anular contradições por meio da identificação dos opostos, que são reunidos em uma unidade indeterminada. Inversamente, com o mesmo resultado (obscurecer a realidade), o único se desdobra em dualidade na linguagem do conselheiro. No *Memorial*, as palavras são também seu próprio avesso – assim como a Abolição, que

---

40 José Paulo Paes, "Um aprendiz de morto", p. 23.

41 Alfredo Bosi, "Uma figura machadiana". In: *Machado de Assis: o enigma do olhar*. São Paulo: Ática, 1999, p. 131.

42 Conforme escreve Gledson, os narradores machadianos "foram intencionalmente criados para agradar o leitor, aliciá-lo no sentido de aceitar o ponto de vista do narrador. Em grande medida o fazem não simplesmente com argumentos sutis ou apresentando os fatos de modo convincente: a arma fundamental de que dispõem é o preconceito social. Concordamos com eles porque compartilhamos suas atitudes". John Gledson, *Machado de Assis: impostura e realismo. Uma reinterpretação de Dom Casmurro*. São Paulo: Companhia das Letras, 1999, p. 8.

adquiriu na realidade um significado oposto ao que a princípio seria o seu. O reverso do "não afirmo nem nego",[43] pelo qual Aires foge às determinações, constitui uma maneira sutil de afirmar e negar ao mesmo tempo, de modo que toda afirmação aponte para sua própria negação. Assim, por exemplo, quando Aires afirma que algo lhe parece "interessante" – um discurso interminável do desembargador Campos, um serão na casa dos Aguiares, uma longa narração da infância de Tristão, as fofocas sem fim da irmã etc. – a insipidez da situação, que nunca deixa de ser sugerida, desmente a afirmação do interesse, de tal modo que "interessante" passa aos poucos a também significar "sem nenhum interesse":

> Vim recordando a noite e os seus episódios, que não escrevo por ser tarde, mas foram interessantes. O desembargador parece que já descobriu a inclinação da sobrinha, e não a desaprova. O casal Aguiar estava feliz; ainda lá ficou para vir com o afilhado.[44]

> O mais que a mana me disse não vai aqui para não encher papel nem tempo, mas era interessante. Vai só isto, que jantou lá Fidélia também, a convite de Dona Carmo. O velho Aguiar e Tristão tinham saído a passeio, depois do almoço, mas voltaram cedo, às quatro horas.[45]

Nesses casos, as frases vizinhas sugerem a inversão do sentido do termo. Em outros momentos, a inversão é por assim dizer imanente ao emprego da palavra. No trecho seguinte, ao invés de reforçar a afirmação, o advérbio levanta a dúvida:

---

43 *Memorial de Aires*, §861.
44 *Memorial de Aires*, §914.
45 *Memorial de Aires*, §531.

As duas estavam sinceramente desconsoladas, mas Dona Carmo buscava fortalecer-se, enquanto que Fidélia não acabava de vencer o desgosto.[46]

Ora, bastaria ao memorialista escrever que ambas "estavam desconsoladas". Nesse caso, sequer ocorreria ao leitor a hipótese da insinceridade das duas mulheres na demonstração do desconsolo. Acrescentando, sem necessidade, que Fidélia e Dona Carmo estavam *realmente* sendo sinceras, Aires traz à tona a questão da sinceridade das personagens, pois afirma expressamente algo que estaria seguramente dito se não fosse mencionado. Sugere-se dessa forma a hipocrisia por meio da afirmação da sinceridade. Tal procedimento, o leitor terá notado, é semelhante ao estudado na primeira parte deste trabalho, quando analisamos os comentários de Aires acerca da naturalização de Tristão. Dissemos, na ocasião, que esse modo de dizer e desdizer ao mesmo tempo, de afirmar e negar num mesmo gesto constitui um princípio estilístico da prosa de Aires, a qual por isso mesmo enreda o leitor em uma lógica de reversibilidades em que a perda de definição semântica é grande, a ponto de tornar, pelo menos à primeira vista, qualquer determinação de significado praticamente impossível – uma espécie de generalização do equívoco, que leva o romance ao limite de sua inteligibilidade.

Nesse contexto, as definições, geralmente negativas, não definem: "A mana é boa criatura, não menos que alegre"; "Esta confissão não me fez menos alegre"; "É antes alto que baixo, e não magro"; "Em suma, o corretor não é mau homem"; "Ao vê-la agora, não a achei menos saborosa"; "Está ainda no começo, e não será obra-prima"; "A dor da perda de um já não seria

---

46 *Memorial de Aires*, §1119.

menor que o prazer da conservação da outra".[47] O estatuto da verdade, por sua vez, torna-se precário, já que o verdadeiro, sem deixar de ser verdadeiro, é também falso, e o falso, sem deixar de ser falso, é também verdadeiro: "Um homem que começa mentindo disfarçada ou descaradamente acaba muita vez exato e sincero"; "Eu li há pouco um soneto verdadeiramente pio de um rapaz sem religião, mas necessitado de agradar a um tio religioso e abastado"; "Era verdade e era cumprimento"; "Dona Carmo adotou o texto da verdadeira mãe com o seu olhar de mãe postiça"; "Os três estão muito amigos, e os dois parecem pais de verdade; ela também parece filha verdadeira"; "O pior é não serem filhos de verdade, mas só de afeição; é certo que, em falta de outros, consolam-se com estes, e muita vez os de verdade são menos verdadeiros"; "Já lá dizia o poeta que a verdade pode ser às vezes inverossímil".[48] Em uma sociedade em que nada é verdadeiro, tudo é postiço: "O batizado se fez como uma festa da família Aguiar"; "Era como se o bicho fosse gente"; "Disponho-me a ouvi-lo, como se eu mesmo fosse rapaz"; "Segui como se fosse para um jantar de núpcias"; "Imaginei poder encontrá-la deante da pessoa extinta, como se fosse a pessoa futura".[49] O outro lado da generalização do postiço, naturalmente, é a vaziez de tudo. Conforme visto na primeira parte deste trabalho, as personagens do livro faltam a si mesmas, são indivíduos tão pouco integrados quanto a sociedade da qual fazem parte. Esta, justamente em um de seus momentos mais propícios para realizar-se a sua integração sociopolítica – o da abolição da escravidão –, parece desintegrar-se ainda mais. O que poderia ser a constiutição de uma coletividade representa a própria dissolução dessa possibilidade. No *Memorial de*

---

47 *Memorial de Aires*, §22, §101, §695, §890, §786 e §589.
48 *Memorial de Aires*, §266, §456, §624, §1077, §254, §349 e §329.
49 *Memorial de Aires*, §146, §444, §508, §836, §101 e §990.

Aires, o baixo grau de individuação das personagens, o enredo sem tensão, a prosa rarefeita e a forma descosida correspondem, no plano das estruturas literárias, a uma sociedade que não se formava.[50] Em todos os níveis da composição, o último romance de Machado de Assis parece representar um destino histórico funesto. Poucos romances de nossa literatura expõem de maneira tão desencantada a desagregação social resultante da incapacidade da sociedade brasileira de superar suas contradições fundamentais – ou melhor, da capacidade das elites nacionais de preservar seus privilégios seculares.

Machado de Assis percebeu cedo que o fim do escravismo não traria liberdade verdadeira aos ex-escravos e que as velhas estruturas socioeconômicas, com algum rearranjo, sobreviveriam à Abolição. Conforme demonstrou Roberto Schwarz, uma decepção dessa ordem remonta aos anos 1878-1880, período que marca a transição para a obra madura do romancista, quando Machado abandona tanto a esperança de uma reforma interna do paternalismo – que animara os seus primeiros romances –, como a perspectiva da possibilidade de superação das relações de dependência por meio do trabalho livre – projetada no final de *Iaiá Garcia* –, passando a explorar, a partir das *Memórias póstumas de Brás Cubas*, sem mais

---

50 Sob essa perspectiva, o problema da identidade, que nas palavras de Antonio Candido "é um dos problemas fundamentais" da obra de Machado de Assis, guarda uma relação estreita com a organização social brasileira. Antonio Candido, "Esquema de Machado de Assis". In: *Vários escritos*, São Paulo: Duas Cidades, 1995, p. 27. John Gledson analisa a correspondência entre a falta de identidade das personagens dos contos de *Papéis avulsos* e a falta de identidade nacional no Brasil em "A história do Brasil em *Papéis avulsos* de Machado de Assis". In: Sidney Chalhoub; Leonardo Affonso de Miranda Pereira (orgs.), *A História contada: capítulos de história social da literatura no Brasil*, São Paulo: Nova Fronteira, 1998. Sobre a "não-formação" do Brasil, ver Caio Prado Jr., *Formação do Brasil contemporâneo*, p. 9-32.

qualquer tipo de freio ideológico, as virtualidades retrógradas do progresso no país.[51]

Dez anos mais tarde, quase um mês antes da aprovação da Lei Áurea, Machado iniciaria na *Gazeta de Notícias* uma série de crônicas, intitulada *Bons dias!*, que duraria até pouco antes da proclamação da República. Compostas no calor da hora, elas revelam o extraordinário discernimento histórico-social do escritor, que, na contracorrente do otimismo abolicionista, expunha seu profundo ceticismo com relação aos efeitos da mudança de regime de trabalho.[52] Sempre com muita ironia, Machado desmascara as alforrias de última hora, desmistifica os principais nomes políticos ligados à elaboração e à aprovação da lei – inclusive o da Regente –, e prevê o advento de uma república oligárquica e branca (tão branca, ele adverte, quanto a república – escravista – da Confederação do Sul dos Estados Unidos!).

Naquela que talvez seja a melhor crônica da série, publicada uma semana depois da Abolição, o escritor dá a palavra a um proprietário de escravos, estratégia que já empregara em *Brás Cubas*. Percebendo que a Abolição era inevitável, o cronista fictício decide alforriar Pancrácio, seu escravo doméstico. Prepara, então, um grande banquete, cheio de convidados, e concede a liberdade ao escravo no meio do jantar. Na manhã seguinte, oferece ao liberto, para que este continue a servi-lo,

---

51 Roberto Schwarz, *Um mestre na periferia do capitalismo*, p. 224-227.

52 Ver, em especial, as crônicas de 5 de abril, 4 de maio, 11 de maio, 19 de maio, 1º de junho, 26 de junho, 28 de outubro, todas de 1888, e a crônica de 7 de junho de 1889. Machado de Assis, *Obra completa*, vol. III, p. 485-503; 524-26. Ver também as crônicas, que não constam na edição Aguilar, de 27 de abril e 27 de maio de 1888. In: Raymundo Magalhães Júnior (ed.), *Diálogos e reflexões de um relojoeiro*. Rio de Janeiro: Civilização Brasileira, 1956, p. 73-74, 92-94. Para uma apreciação do conjunto da série, ver John Gledson, "Bons Dias!". In: *Machado de Assis: ficção e história*, p. 114-160.

um salário irrisório, ressaltando, entretanto, que Pancrácio agora pode recusar a proposta e partir para onde bem entender. O liberto, que não tem para onde ir, aceita de bom grado o salário e muito mais:

> Pancrácio aceitou tudo: aceitou até um peteleco que lhe dei no dia seguinte, por me não escovar bem as botas; efeitos da liberdade. Mas eu expliquei-lhe que o peteleco, sendo um impulso natural, não podia anular o direito civil adquirido por um título que lhe dei. Ele continuava livre, eu de mau humor; eram dois estados naturais, quase divinos.
>
> Tudo compreendeu o meu bom Pancrácio: daí para cá, tenho-lhe despedido alguns pontapés, um ou outro puxão de orelhas, e chamo-lhe besta quando lhe não chamo filho do diabo; cousas todas que ele recebe humildemente, e (Deus me perdoe!) creio que até alegre.
>
> O meu plano está feito; quero ser deputado, e, na circular que mandarei aos meus eleitores, direi que, antes, muito antes de abolição legal, já eu em casa, na modéstia da família, libertava um escravo, ato que comoveu a toda a gente que dele teve notícia; que esse escravo tendo aprendido a ler, escrever e contar, (simples suposição) é então professor de filosofia no Rio das Cobras."[53]

Machado não deixa dúvida a respeito: após a Abolição, a situação do negro seria um avatar da escravidão. Não diminuíra a possibilidade de abuso da classe dominante, e a ideia de que o ex-escravo pudesse ter acesso aos bens da sociedade não passava de uma mentira forjada pelas elites em benefício de si mesmas. Aos olhos de Machado de Assis, a libertação dos escravos no

---

53 Machado de Assis. *Bons dias!*, "19 de maio de 1888". In: *Obra completa*, vol. III, p. 490-491.

Brasil não passava de uma grande farsa. Uma semana depois da promulgação da Lei Áurea, Machado de Assis denunciava ironicamente a nulidade dos efeitos da liberdade, a permanência das mesmas relações sociais de base e a inversão do sentido da Abolição, a qual se transformava em trampolim para os senhores que soubessem tirar proveito da ocasião para aumentar a sua reputação pública.[54] Todavia, a desconfiança de Machado com relação aos efeitos da Abolição ainda se exprime, nas crônicas de 1888-89, numa "combinação de paixão e pessimismo".[55] Já então previa o advento de uma república "tão branca quanto uma outra",[56] mas registrava sua suspeita ainda em "tom ligeiro, entre irônico e humorístico".[57] Vinte anos depois, a ironia se tornaria seca, mais velada, desencantada e cruel. A desconfiança se transformaria em certeza. A experiência decepcionante da Abolição – e dos primeiros anos da República –, que determinou em grande medida o pensamento de Machado de Assis,[58] está na base da concepção do *Memorial de Aires*. Não é certamente à toa que Machado, em 1908, decidiu situar sua última obra em torno do 13 de Maio,[59] momento ao qual talvez apenas a Independência se compare, no abismo que a data contém entre sua promessa e seu significado real.

---

54 Para uma interpretação da mesma crônica em sentido relativamente diverso, ver Sidney Chalhoub, *Visões da liberdade: uma história das últimas décadas da escravidão na Corte*. São Paulo: Companhia das Letras, 2003, p. 95-102.
55 John Gledson, *Machado de Assis: ficção e história*, p. 119.
56 *Bons dias!*, "28 de maio de 1888". In: Raymundo Magalhães Júnior (ed.), *Diálogos e reflexões de um relojoeiro*, p. 92.
57 Raymundo Magalhães Júnior, *Vida e obra de Machado de Assis*, vol. 3. Rio de Janeiro: Civilização Brasileira, 1981, p 130.
58 Ver John Gledson, *Machado de Assis: ficção e história*, p. 205.
59 "O acaso é pouco compatível com o caráter meticuloso de Machado de Assis". Jean-Michel Massa, *A juventude de Machado de Assis*, p. 390.

Roberto Schwarz demonstrou que a força do romance machadiano da maturidade reside fundamentalmente na exploração das virtualidades regressivas contidas na conjunção contraditória de capitalismo e escravidão vigente no Brasil, desconcerto que remonta às origens do país. No *Memorial de Aires*, diríamos que o escritor se detém na soma final de todas essas virtualidades, fazendo uma espécie de súmula de sua experiência histórica: "aí fica um desconcerto acabando em desconsolo".[60]

---

60 *Memorial de Aires*, § 286.

Terceira Parte

Capítulo I
As formas e os dias

As *Memórias póstumas de Brás Cubas* serão um romance?

Capistrano de Abreu,
Gazeta de notícias

Ao primeiro respondia já o defunto Brás Cubas (como o leitor viu e verá no prólogo dele que vai adiante) que sim e que não, que era romance para uns e não o era para outros.

Machado de Assis,
Memórias póstumas de Brás Cubas

E M 3 DE OUTUBRO DE 1904, MACHADO DE ASSIS ESCREVIA A Mário de Alencar, por ocasião de um artigo deste sobre *Esaú e Jacó*, publicado no *Jornal do Commercio* no dia anterior: "se houvesse de compor um livro novo, não me esqueceria esta fortuna de amigo, que aliás cá fica no coração".[1] De fato, não se esqueceu. Três anos mais tarde, Machado confiaria ao filho de José de Alencar a primeira leitura do *Memorial de Aires*, que acabara de escrever, e que seria seu último romance.[2] Mário, profundamente agradecido pelo gesto, descrevendo ao autor as impressões que o livro lhe causara, assinala uma peculiaridade da forma:

> O *Memorial de Aires* tem, além dos outros méritos próprios do autor, a originalidade da forma do romance. Estou que ainda não houve nenhum, com essa forma de diário, objetivo. Werther e os de seu gênero são autobiografias, de composição relativamente fácil. Mas um diário de anotações da vida alheia, com a naturalidade

---

1 Carta a Mário de Alencar, de 3 de outubro de 1904. *Obra completa*, vol. III, p. 1069. A título de curiosidade, a ligação entre Machado de Assis e Mário de Alencar começou cinco meses após a Abolição, em outubro de 1888, por ocasião de um concurso de tradução, de que Machado participou da banca julgadora, e que foi vencido por Mário. Ver Raymundo Magalhães Júnior, *Vida e obra de Machado de Assis*, vol. 3, p. 131-33.

2 Machado de Assis, *Obras Completas de Machado de Assis*, XXXI. Rio de Janeiro/São Paulo: W. M. Jackson, 1959, p. 244, 249.

de observações e comentários, com o interesse crescente de um romance, e ao cabo um romance, é caso único.[3]

Sete meses depois, por ocasião da publicação do romance, ele escreveria um artigo sobre o *Memorial de Aires* no mesmo *Jornal do Commercio*, no qual diria, em sentido semelhante ao da carta:

> A forma do diário em romance autobiográfico não é rara e é relativamente fácil: mas em *Memorial de Aires* há um romance alheio. Aires fala pouco de si; o mais e principal que ele escreve no seu registro é a observação feita em outros. [...] A maior dificuldade num romance desse feitio é a escolha hábil de atos que o formem pelo seu seguimento e interesse, sem contudo deixarem de ter a naturalidade da escritura dia a dia, a ausência de plano, a despreocupação de fazer romance, que é a feição própria de um jornal íntimo.[4]

A mesma especificidade formal assinalada por Mário de Alencar seria percebida, mas como defeito estético, por um crítico da época, hoje esquecido:

> Não deixo de lamentar uns tantos ou quantos senões que prejudicam a maior perfeição da obra. [...] Não encontrei a justificativa da forma do romance: a memorial. O romance é o caderno ou livro em que o

---

3 Carta de Mário de Alencar a Machado de Assis, de 16 de dezembro de 1907. A carta contém os primeiros comentários escritos por alguém sobre o *Memorial de Aires*. In: *Obras Completas de Machado de Assis*, XXXI, p. 247.

4 Mário de Alencar, "Memorial de Aires", *Jornal do Commercio*, 24/07/1908. In: Ubiratan Machado, *Machado de Assis: roteiro da consagração*. Rio de Janeiro: Editora da UERJ, 2003, p. 286.

conselheiro Aires escrevia a sua vida, assim compreendendo eu o título. No entanto, escrevendo o seu memorial de mais de quatrocentos dias, o conselheiro Aires rarissimamente de si se ocupa, o que quer dizer que os seus conviventes são, em suas vidas, nos seus hábitos e nos seus defeitos, os memoriados no seu trabalho.[5]

Não obstante eventuais exageros ou equívocos, os dois comentários citados, ao destacarem a singularidade da forma diário do *Memorial*, identificam um problema formal cuja solução é decisiva para a compreensão do romance. Ao intuírem uma complexidade estrutural específica, esses dois textos, escritos no calor da hora, apontam para a necessidade de analisar-se detidamente a articulação, que se verifica no *Memorial*, entre diário íntimo e romance – tarefa que a crítica, passados cem anos desde a publicação do livro, continua devendo.

José Paulo Paes, é verdade, registraria a mesma peculiaridade, mas de modo passageiro, não problemático. Comentando a especificidade do diário íntimo de Aires, o crítico assinala o fato de que o memorial fala mais de outrem que do próprio diarista:

> Os vislumbres que temos da alma do memorialista são-nos dados menos pelas observações que ele faz sobre si mesmo do que pela maneira como vê os atos alheios.[6]

---

5   Almáquio Diniz, "Resenha literária", *Diário da Bahia*, 11/08/1908. In: Ubiratan Machado, *Machado de Assis: roteiro da consagração*, p. 297. Tanto esse texto quanto o artigo de Mário de Alencar podem ser também encontrados em Hélio de Seixas Guimarães, *Os leitores de Machado de Assis: o romance machadiano e o público de literatura no século 19*. São Paulo: Nankin/Edusp, 2004, p. 457-462 e 475-483.

6   José Paulo Paes, "Um aprendiz de morto", p. 19.

Paes, todavia, não chega a desenvolver essa ideia no sentido de uma reflexão sobre a estrutura da obra, sobre a dinâmica da articulação formal desta; tampouco procura estabelecer relações entre a modalidade peculiar de romance-diário que se encontra no *Memorial* e a situação histórica na qual a narrativa se situa. Não vê, portanto, no confessionalismo oblíquo e dissimulado do narrador do *Memorial*, um problema da forma – ao contrário, vale mencionar, dos mencionados críticos contemporâneos de Machado, de resto bem mais ingênuos. Por sua vez, passando ainda mais ao largo desse problema formal, Lúcia Miguel Pereira escreve, já no final de seu bonito estudo crítico e biográfico sobre Machado de Assis:

> Não é um romance, esse último livro do grande romancista; é mesmo um memorial, um diário íntimo, anotações de fatos e caracteres, sem preocupação de enredo.[7]

Isso posto, digamos desde já que a observação do *Memorial de Aires*, do ponto de vista da teoria dos gêneros literários, revela uma espécie de alternância entre os "registros" de diário íntimo e romance. Veremos que essa alternância não é fortuita nem gratuita, mas conscientemente manejada pelo diarista narrador com um propósito específico; e que esse conjunto formal bastante complexo adquire sentido quando se percebe que ele faz parte do esforço que Machado de Assis realizava para transpor comportamentos sociais específicos das elites brasileiras de sua época para a estrutura do romance.

Como se sabe, o romance burguês dos séculos XVIII e XIX tem como ideal a determinação máxima, para que o sentido aflore. No *Memorial de Aires*, ao contrário, falta objetividade narrativa, enredo bem estruturado, personagens com

---

[7] Lúcia Miguel Pereira, *Machado de Assis (estudo crítico e biográfico)*, p. 278.

contornos bem definidos. Se tomarmos o romance realista europeu como paradigma, o *Memorial* parecerá, pelo menos à primeira vista, uma obra frustrada em seu processo de formação: seus elementos romanescos jazem como esboços de um projeto abandonado, partes de uma integração que não se realiza afinal. Daí certa melancolia da forma no *Memorial de Aires*: se há alguma resignação nesse romance, esta não se encontra numa suposta relação de cumplicidade serena e pacificada entre o escritor, a vida e a morte, mas na dolorosa consciência – consciência objetiva, pois que traduzida em forma literária[8] – de que a obra só poderia realizar-se por meio de sua própria negação, de que o único caminho que se lhe oferecia tinha em sua própria impossibilidade um de seus momentos essenciais.[9] Impossibilidade também objetiva, uma vez que deriva, como se verá, da especificidade da formação histórica brasileira, responsável pelos impasses da implantação do romance no Brasil.

O *Memorial*, com efeito, começa a negar a si mesmo desde a "Advertência" que Machado de Assis, no papel de editor fictício do livro, antepõe ao diário do conselheiro Aires:

> Pode dar uma narração seguida, que talvez interesse, apesar da forma de diário que tem. Não houve pachorra de a redigir à maneira daquela outra, – nem pachorra, nem habilidade. Vai como estava, mas desbastada e

---

8 "A forma é, então, a expressão objetiva da reflexão própria à obra, que forma sua essência. Ela é a possibilidade da reflexão na obra [...]. Através de sua forma, a obra de arte é um centro vivo de reflexão". Walter Benjamin, *O conceito de crítica de arte no romantismo alemão*, p. 78.

9 "O fracasso no mais alto sentido [se torna] a medida do sucesso". Theodor W. Adorno, "A obra-prima alienada: sobre a *Missa Solemnis*". In: *Beethoven, the Philosophy of Music*, p. 152.

estreita, conservando só o que liga o mesmo assunto. O resto aparecerá um dia, se aparecer algum dia.[10]

Ao leitor, basta avançar algumas páginas para perceber que, daquilo que não foi cortado pelo suposto editor, isto é,

---

10 *Memorial de Aires*, §6. O desaforo dessa "Advertência" parece evidente. Basta comparar as atitudes dos "editores" do *Memorial* e do *Werther*, por exemplo, para que se obtenha toda a medida da provocação machadiana. Segundo Wolfgang Kayser, o "editor" fictício de Goethe publica as notas íntimas do jovem Werther "porque sabe que elas formam um todo e uma história". Quando essa segurança diminui, já no fim do livro, o "editor", antes de prosseguir com as últimas cartas, lamenta sinceramente o caráter lacunar de seu conjunto final, dispondo-se, como forma de reparação, e depois de realizar "grandes esforços para recolher os fatos exatos daqueles que estavam bem informados de sua história", a preencher os vazios deixados por essas cartas com uma narração de próprio punho, numa atitude que demonstra, no mínimo, respeito pelo contrato de leitura pressuposto em qualquer publicação. Respeito que o "editor" do *Memorial* não se dispõe a ter: para tornar mais sólida a frágil estrutura narrativa do livro, nada é feito além de alguns cortes no texto original; além disso, o "editor" mostra-se indiferente com relação ao resultado desses cortes, pouco se importando com o interesse que o livro eventualmente possa ter. Ainda que exposta com menos descaramento, a mensagem, aqui, é a mesma de Brás Cubas, no seu prólogo dedicado ao leitor: "se te agradar, fino leitor, pago-me da tarefa; se te não agradar, pago-te com um piparote, e adeus". *Memórias póstumas de Brás Cubas*, §6. A citação de W. Kayser é do ensaio "Quem narra o romance?". In: Gérard Genette/Tzvetan Todorov (org.), *Poétique du récit*. Paris: Seuil, 1977, p. 66. Apenas como referência, pois que não se trata, aqui, de rastrear as relações do *Memorial de Aires* com o romance europeu, cabe mencionar que essa espécie de *mise en scène* editorial é comum nos romances em forma de diário ou de cartas desde o século XVIII, sendo utilizada, por exemplo, no romance epistolar de Laclos, *Les liaisons dangereuses*; em *Moll Flanders* e *Robinson Crusoe*, de Defoe; no *Jocelyn*, de Lamartine; nos contos "Mes 25 jours" e "Le fou", de Maupassant; em *La nausée*, de Jean-Paul Sartre; e em *L'école des femmes*, de André Gide. No *Werther*, conforme dito, a advertência editorial aparece apenas no final do livro, antes da narração dos últimos dias do protagonista.

aquilo "que liga o mesmo assunto" e constitui propriamente o *Memorial de Aires*, a articulação é bastante precária. O enredo cedo se mostra cheio de pontos cegos e situações obscuras; as personagens, ao invés de se tornarem progressivamente mais nítidas, tornam-se cada vez mais inapreensíveis. Não raro, conforme visto nos capítulos anteriores deste trabalho, o significado dos acontecimentos narrados é distorcido pelo diarista ao ponto da inversão completa. É o que ocorre, por exemplo, quando o abandono dos libertos de Santa-Pia é interpretado como um gesto de generosidade da "sinhá-moça".[11]

Aires turva deliberadamente os traços essenciais do caráter das personagens, cujas motivações inconfessáveis trata de esconder sem deixar de sugerir, acumulando dúvidas sobre dúvidas, empanando no mais alto grau o nível semântico da obra, compondo afinal um romance quase inviável, espécie de versão brasileira, muito antecipada, do jardim borgiano de veredas que se bifurcam.[12] Conforme veremos, os trechos propriamente narrativos do *Memorial* são como fragmentos de um romance à mercê do capricho de seu próprio narrador, que utiliza duas formas – romance e diário – e não preenche os requisitos clássicos de nenhuma delas. Estas, por sua vez, submetidas a

---

11 Ver *supra*, p. 122-125.

12 Gledson percebeu esse aspecto altamente enigmático do *Memorial*: "dúvidas cercam toda a narrativa e se poderia até dizer que a fazem vergar, com seu peso". Para o crítico, essas incertezas devem-se às limitações da condição de narrador-em-situação do conselheiro Aires, sua necessária parcialidade, bem como certa incapacidade de perceber o que está por trás dos gestos e ações daqueles que estão à sua volta. Nesse ponto, a meu ver, Gledson supõe que Aires seja mais ingênuo do que é: a afirmação do conselheiro, por exemplo, de que "a causa secreta de um acto escapa muita vez a olhos agudos, e muito mais aos meus que perderam com a idade a natural agudeza", parece-me claramente irônica. Ver John Gledson, *Machado de Assis: ficção e história*, p. 229-31. Para a citação do *Memorial de Aires*, §782-97.

esse manejo caprichoso, perdem seu sentido próprio e original, adaptadas a um contexto de desenvolta manipulação, em que se compraz o diarista narrador. Peço desde já paciência ao leitor, em virtude das longas e numerosas citações, sem as quais não seria possível demonstrar a dinâmica formal do romance.

Escrevendo sobre o *Memorial de Aires*, José Paulo Paes assinala o "gosto da concisão" do narrador.[13] De fato, ao longo do livro, Aires exprime com frequência a intenção de resumir em poucas palavras suas impressões, demonstrando inclusive, especialmente quando tem de ouvir histórias das personagens, certa impaciência com as narrativas mais longas: "Fui à minha pequena estante e tirei o volume do *Fausto*, abri a página do prólogo no céu, e li-lha, resumindo como pude"; "Lá fui ontem às bodas de prata. Vejamos se posso resumir agora as minhas impressões da noite"; "Agora é tarde para transcrever o que ele disse; fica para depois, um dia, quando houver passado a impressão, e só me ficar de memória o que vale a pena guardar"; "Eia, resumamos hoje o que ouvi ao desembargador em Petrópolis acerca do casal Aguiar. Não ponho os incidentes, nem as anedotas soltas, e até excluo os adjectivos que tinham mais interesse na boca dele do que lhes poderia dar a minha pena; vão só os precisos à compreensão de cousas e pessoas"; "Quanto à vida deles ei-la aqui em termos secos, curtos e apenas biográficos"; "Relendo o que escrevi ontem, descubro que podia ser ainda mais resumido, e principalmente não lhe pôr tantas lágrimas"; "Tirei o relógio para ver a hora exata, e marcar o tempo da narração. Rita começou e acabou em dez minutos. Justamente o dobro"; "Fidélia saberá ser duas vezes filha, é o resumo do que lhe ouvi, sem entrar em pormenores nem na espécie de afeição que lhe tem"; "Resumo assim o que pensei e agora confirmo, acrescentando que o confiei também à mana";

---

13 José Paulo Paes, "Um aprendiz de morto", p. 16-17.

"Aí fica, mal resumida, a nossa conversação. Não falamos da data do casamento, nem da partida do casal, se partisse. Rita era pouca para referir anedotas, repetir ditos e boatos".[14]

Tanta ênfase no propósito de reduzir ao essencial as anotações diárias não impede, no entanto, que este seja desmentido com a mesma frequência com que se manifesta. John Gledson afirma que Aires é um romancista disfarçado em um diarista;[15] com efeito, o conselheiro é praticamente um novelista confesso:

> Sempre me sucedeu apreciar a maneira por que os caracteres se exprimem e se compõem, e muita vez não me desgosta o arranjo dos próprios factos. Gosto de ver e ante-ver, e também de concluir.[16]
>
> O olho do homem serve de fotografia ao invisível, como o ouvido serve de eco ao silêncio. Tudo é que o dono tenha um lampejo de imaginação para ajudar a memória.[17]

O prazer de estudar os movimentos da alma alheia, de neles surpreender motivações ocultas, de encontrar conexões entre os acontecimentos e, a partir destas, construir enredos, entrelaçando fatos, além de servir ao leitor como advertência em relação à verossimilhança dos comentários do conselheiro, revela no diarista uma índole oposta ao "gosto da concisão", tantas vezes declarado. Em seu diário íntimo, de fato, Aires costuma alongar-se mais do que o combinado. Logo no início do

---

14 *Memorial de Aires*, §51, §89, §129, §131, §132, §162, §176, §300, §859 e §979.

15 John Gledson, *Machado de Assis: ficção e história*, p. 226-27; ver também Eugênio Gomes, "À margem de Esaú e Jacó". In: *Machado de Assis*. Rio de Janeiro: Livraria São José, 1958, p. 164.

16 *Memorial de Aires*, §725.

17 *Esaú e Jacob*, §512.

Memorial, preparando-se para contar a história do casal Aguiar, ele adverte: "Quanto à vida deles ei-la aqui em termos secos, curtos e apenas biográficos". Em seguida, na forma breve prometida, trata de resumir a existência dos dois velhos:

> Aguiar casou guarda-livros. Dona Carmo vivia então com a mãe, que era de Nova-Friburgo, e o pai, um relojoeiro suíço daquela cidade. Casamento a grado de todos. Aguiar continuou guarda-livros, e passou de uma casa a outra e mais outra, fez-se sócio da última, até ser gerente de banco, e chegaram à velhice sem filhos. É só isto, nada mais que isto. Viveram até hoje sem bulha nem matinada.[18]

Biografia mais enxuta, mais "estritamente biográfica", impossível. Se fosse capaz de conter suas tendências narrativas, Aires encerraria nesse ponto as anotações sobre a vida dos Aguiares. Entretanto, conforme a sequência da leitura revela, isso não acontece; no parágrafo seguinte, Aires reinicia a história do casal Aguiar desde os tempos de namoro, agora num estilo mais generoso que o anterior, demorando-se nos detalhes, inserindo anedotas que prometera evitar, utilizando-se inclusive de imagens e metáforas poéticas para caracterizar a existência doce e pacífica do harmonioso par. Antes diarista, Aires torna-se aqui um narrador. A citação é necessariamente longa:

> Queriam-se, sempre se quiseram muito, apesar dos ciúmes que tinham um do outro, ou por isso mesmo. Desde namorada, ela exerceu sobre ele a influência de todas as namoradas deste mundo, e acaso do outro, se as há tão longe. [...] Ora, a alma dele era de pedras soltas; a fortaleza da noiva foi o cimento e a cal que

---

18 *Memorial de Aires*, §132.

as uniram naqueles dias de crise. [...] A pobreza foi o lote dos primeiros tempos de casados. Aguiar dava-se a trabalhos diversos para acudir com suprimentos à escassez dos vencimentos. Dona Carmo guiava o serviço doméstico, ajudando o pessoal deste e dando aos arranjos da casa o conforto que não poderia vir por dinheiro. Sabia conservar o bastante e o simples; mas tão ordenadas as cousas, tão completadas pelo trabalho das mãos da dona que captavam os olhos ao marido e às visitas. Todas elas traziam uma alma, e esta era nada menos que a mesma, repartida sem quebra e com alinho raro, unindo o gracioso ao preciso. Tapetes de mesa e de pés, cortinas de janelas e outros mais trabalhos que vieram com os anos, tudo trazia a marca da sua fábrica, a nota íntima da sua pessoa. Teria inventado, se fosse preciso, a pobreza elegante. [...] Criaram relações variadas, modestas como eles e de boa camaradagem. Neste capítulo a parte de Dona Carmo é maior que a de Aguiar. Já em menina era o que foi depois. Havendo estudado em um colégio do Engenho Velho, a moça acabou sendo considerada a primeira aluna do estabelecimento, não só sem desgosto, tácito ou expresso, de nenhuma companheira, mas com prazer manifesto e grande de todas, recentes ou antigas. A cada uma pareceu que se tratava de si mesma. Era então algum prodígio de talento? Não, não era; tinha a inteligência fina, superior ao comum das outras, mas não tal que as reduzisse a nada. Tudo provinha da índole afetuosa daquela creatura. [...] Há velhas que não sabem fazer-se entender de moças, assim como há moças fechadas às velhas. A senhora de Aguiar penetra e se deixa penetrar de todas; assim foi jovem, assim é madura. [...] Era dela a arte fina que

> podia restituí-lo ao equilíbrio e à paz. [...] Um dia, em casa deles, abrindo uma coleção de versos italianos, Campos achou entre as folhas um papelinho velho com algumas estrofes escritas. Soube que eram do livro, copiadas por ela nos dias de noiva, segundo ambos lhe disseram, vexados; restituiu o papel à página, e o volume à estante. Um e outro gostavam de versos, e talvez ela tivesse feito alguns, que deitou fora com os últimos solecismos de família. Ao que parece, traziam ambos em si um gérmen de poesia instintiva, a que faltara expressão adequada para sair cá fora.[19]

Na sequência, Aires menciona o único ressentimento que os Aguiares tiveram na vida: a ausência de filhos. Passa, então, a contar a história de Tristão, o filho de empréstimo do velho casal. Uma vez mais, antes de começar a narrativa, registra a determinação de ser breve: "aqui referiu-me uma história que apenas levará meia dúzia de linhas, e não é pouco para a tarde que vai baixando; digamo-la depressa".[20] Não obstante, as seis linhas tornam-se dez parágrafos relativamente longos. Além disso, Aires registra diálogos que as personagens supostamente travaram na época. Presentifica, desse modo, o passado (a cena ocorreu por volta de quinze anos antes do registro), demonstrando em sua escrita a "força extraordinária de atualização temporal de que dispõe o narrador".[21] Em outras palavras, Aires compõe uma cena:

---

19 *Memorial de Aires*, §133-39.
20 *Memorial de Aires*, §145.
21 Wolfgang Kayser, "Quem narra o romance?", p. 77. No mesmo sentido, Kayser escreve: "[o narrador] comumente abandona todo recuo temporal e se põe a falar utilizando o que costumamos denominar 'presente histórico', quer dizer, colocando-se no presente de um acontecimento [passado]". *Idem*. Ver também p. 74-78.

> Tristão queria à fina força embarcar para Lisboa.
> — Papai volta daqui a seis meses; eu volto com ele.
> Que são seis meses?
> — Mas os estudos? dizia-lhe Aguiar. Você vai perder um ano.
> — Pois que se perca um ano. Que é um ano que não valha a pena sacrificá-lo ao gosto de ir ver a Europa?
> Aqui Dona Carmo teve uma inspiração; prometeu-lhe que, tão depressa ele se formasse, ela iria com ele viajar, não seis meses, mas um ano ou mais; ele teria tempo de ver tudo, o velho e o novo, terras, mares, costumes...[22]

Aires, vale notar, não presenciou a cena. Conforme ele mesmo nos adverte, ouviu a história do desembargador Campos, em Petrópolis, durante um "passeio de digestão, ao longo do rio",[23] o que já por si revela, por trás da aparente transcrição direta da conversa entre o afilhado e o padrinho, um trabalho de elaboração literária, pois muito provavelmente o conselheiro não escutou a narração do desembargador nos termos em que a registra, quer dizer, em discurso direto. Nesse ponto, não custa lembrar que por esse trabalho literário não pode ser responsabilizado o editor fictício do livro, já que este, conforme nos previne na "Advertência", por falta de "pachorra" e "habilidade", apenas editou o diário do conselheiro, sem realizar qualquer alteração no texto – ao contrário do que fizera em *Esaú e Jacó*, quando reescreveu as anotações em forma de "narração seguida". Em outras palavras, no caso do *Memorial de Aires*, fora os cortes, o texto chega ao leitor tal como escrito pelo memorialista. Assim, de acordo com a lógica interna do romance, foi Aires quem redigiu

---

22 *Memorial de Aires*, § 154-158.
23 *Memorial de Aires*, §129.

as inúmeras cenas que aparecem no *Memorial*, com seus diálogos, suas imagens e metáforas, sua qualidade narrativa.

Nessas cenas, além da elaboração dos diálogos, o avanço relativamente mais lento e completo da narrativa, e a atenção dada aos detalhes da história que está sendo contada, também aproximam a prosa do conselheiro daquela de um autêntico narrador. Estendendo-se por mais de cinco páginas na história dos Aguiares, quando prometia não passar de algumas linhas, ocupando-se de detalhes tais como os retratos dos pais de Dona Carmo encaixilhados na parede da sala de uma antiga casa em Laranjeiras, Aires, ao contrário do diarista preocupado em resumir ao essencial as anotações do dia, parece demonstrar algo da tranquilidade que Goethe e Schiller atribuíam ao narrador épico, o qual, cercado por um "calmo círculo que espreita", compraz-se em narrar "com prazer e por muito tempo" uma história que se situa em um passado relativamente distante.[24] Com efeito, Aires tem tempo de sobra, o que lhe permite conferir ao texto de seu diário, pelo menos em alguns momentos, certa largueza de fluxo que a intenção de brevidade parece não conseguir represar:

> Relendo o que escrevi ontem, descubro que podia ser ainda mais resumido, e principalmente não lhe pôr

---

24 Ver o ensaio de Goethe e Schiller "Sobre literatura épica e dramática", publicado em 1827, e que de certa forma representa o resultado das discussões que os dois autores travaram por correspondência em dezembro de 1797, acerca da teoria dos gêneros. Cláudia Cavalcanti (org.), *Goethe e Schiller: companheiros de viagem*. São Paulo: Nova Alexandria, 1993, p. 203-05. Sobre essa questão, ver ainda a crítica que Erich Auerbach faz à tese dos dois poetas alemães no início de seu *Mimesis: a representação da realidade na literatura ocidental*, p. 3-4. Em sentido semelhante ao de Goethe e Schiller, Thomas Mann qualifica de "ilimitado" o tempo do narrador épico. Thomas Mann, "A arte do romance". In: *Ensaios*. São Paulo: Perspectiva, 1988, p. 16.

tantas lágrimas. Não gosto delas, nem sei se as verti algum dia, salvo por mama, em menino; mas lá vão. Pois vão também essas que aí deixei, e mais a figura de Tristão, a que cuidei dar meia dúzia de linhas e levou a maior parte delas. Nada há pior que gente vadia, – ou aposentada, que é a mesma cousa; o tempo cresce e sobra, e se a pessoa pega a escrever, não há papel que baste.[25]

Mesmo em passagens mais discretas, o leitor poderá observar a presença de uma espécie de *élan* narrativo na prosa de Aires. São trechos em que o conselheiro registra uma informação no ato mesmo por meio do qual afirma que não irá fazê-lo:

> A viagem se fez, a despeito das lágrimas que custou. Não ponho aqui tais lágrimas, nem as promessas feitas, as lembranças dadas, os retratos trocados entre o afilhado e os padrinhos.[26]
>
> Não ponho aqui o sorriso porque foi uma mistura de desejo, de esperança e de saudade, e eu não sei descrever nem pintar. Mas foi, foi isso mesmo que aí digo,

---

[25] *Memorial de Aires*, §162. São inúmeras as frases do *Memorial de* que indicam esse estado de ociosidade de Aires: "Gastei o dia a folhear livros, e reli especialmente alguma cousa de Shelley e também de Thackeray"(§76); "Vou ocupar o tempo em reler uns papéis velhos que o meu criado José achou dentro de uma velha mala e me trouxe agora"(§703); "Tempo sobra-me, mas tu sabes que é ainda pouco para mim mesmo, para o meu criado José, e para ti, se tenho vagar e quê, – e pouco mais"(§220); "A aposentação me restituiu a mim mesmo; mas lá vem dia em que, não saindo de casa e cansado de ler, sou obrigado a falar, e, não podendo falar só, escrevo"(§801).

[26] *Memorial de aires*, § 159.

se as três palavras podem dar idéia da mistura, ou se a mistura não era ainda maior.[27]

A certa altura do romance, Aires afirma preferir um tipo de vivência pausada e duradoura, que permite a sedimentação lenta e perdurável da experiência, e que ele relaciona a um mundo anterior ao progresso que parecia começar a chegar ao Brasil: um mundo em que a humanidade estaria mais próxima da natureza e os homens mais próximos uns dos outros, em convívio mais ameno e íntimo, caloroso e acolhedor – em suma, o mundo pré-industrial. Ora, o passado a que Aires se refere está longe de ser o paraíso sobre a Terra: trata-se nada mais, nada menos, da sociedade brasileira imperial de meados do século XIX, ou seja, no auge do escravismo; em outros termos, uma sociedade na qual a classe dominante podia desfrutar os prazeres de uma vida sem trabalho graças à prática extensiva e multissecular do trabalho forçado. Nesse sentido, a nostalgia que porventura o leitor depare nas personagens do *Memorial* deve sempre ser lida no contexto de um imaginário das elites:

> Ao subir a serra as nossas impressões divergiram um tanto. Campos achava grande prazer na viagem que íamos fazendo em trem de ferro. Eu confessava-lhe que tivera maior gosto quando ali ia em caleças tiradas a burros, umas atrás das outras, não pelo veículo em si, mas porque ia vendo, ao longe, cá embaixo, aparecer a pouco e pouco o mar e a cidade com tantos aspectos pitorescos. O trem leva a gente de corrida, de afogadilho, desesperado, até à própria estação de Petrópolis. E mais lembrava as paradas, aqui para beber café, ali para beber água na fonte célebre, e finalmente a vista do alto da serra, onde os elegantes de Petrópolis aguardavam a gente e

---

27 *Memorial de Aires*, §743.

a acompanhavam nos seus carros e cavalos até à cidade; alguns dos passageiros de baixo passavam ali mesmo para os carros onde as famílias esperavam por eles.

Campos continuou a dizer todo o bem que achava no trem de ferro, como prazer e como vantagem. Só o tempo que a gente poupa! Eu, se retorquisse dizendo-lhe bem do tempo que se perde, iniciaria uma espécie de debate que faria a viagem ainda mais sufocada e curta.[28]

Nada mais distante da conhecida teoria benjaminiana da degradação da experiência *(Erfahrung)* na modernidade do que a "crítica do progresso" sugerida por Aires no trecho acima. Como se sabe, Benjamin, ao evocar "uma época em que o homem podia acreditar-se em sintonia com a natureza", parece pensar em uma antiga – talvez hipotética – sociedade sem classes, uma comunidade primitiva ideal, espécie de paraíso perdido no qual toda experiência individual seria também experiência coletiva, onde o homem e a natureza, cúmplices um do outro, estariam liberados de toda forma de exploração.[29] Muito pelo contrário, o mundo idílico pelo qual Aires suspira – "Ó tempos!"[30] – assenta-se na forma máxima da exploração do homem sobre o homem, a escravidão, cuja versão moderna só pode ser compreendida dentro da lógica do sistema do capitalismo comercial internacional em expansão. Nesse contexto,

---

28 *Memorial de Aires*, §127-28.
29 Sobre a teoria benjaminiana da perda da experiência na sociedade moderna, ver Walter Benjamin, "O narrador". In: *Obras escolhidas* I, p. 197-223; ver ainda Michael Löwi, "Walter Benjamin crítico do progresso: à procura da experiência perdida". In: *Romantismo e messianismo*. São Paulo: Perspectiva, 1990, p. 189-202; e também Jeanne Marie Gagnebin, *História e narração em W. Benjamin*. São Paulo: Perspectiva, 2004, p. 55-72.
30 *Memorial de Aires*, §799.

a própria antítese entre os mundos moderno e pré-moderno, antítese que está na base da nostalgia romântica do paraíso perdido, não funciona como nos países europeus, onde o mundo pré-moderno (medieval, natural etc.), a que aspirava a reação contra o progresso nos inícios do século XIX, não participava das alienações produzidas pela ordem capitalista – embora não deixasse de ser ilusório ou injusto a seu modo; e onde a sociedade burgesa industrial vinha de fato destruir a sociabilidade tradicional. No *Memorial*, ao contrário, o mundo pré-industrial por que suspira o conselheiro é a sociedade escravista da periferia do capitalismo; o progresso industrial, por sua vez, não extingue a velha ordem, mas combina-se com ela – o que torna "fora do lugar" o saudosismo romântico de Aires.[31] Sabe-se, de fato, da feição por assim dizer incompleta que o progresso, ao conjugar-se com o atraso, assumiu no Brasil do final do século XIX ao início do século XX.[32] Assim, no *Memorial de Aires*, o trem de ferro e as instituições financeiras, novidades modernas que o romance registra, convivem, como vimos na segunda parte deste trabalho, com uma realidade na qual "os libertos conservam a enxada por amor da sinhá-moça"[33] – ou seja, com a perpetuação de relações de dominação e dependência forjadas pela escravidão.

Isso posto, cabe voltar ao tempo ocioso do conselheiro. Conforme se verá adiante, o diário íntimo de Aires não tem a função clássica – e burguesa – do gênero, quer dizer, não se constitui como prática voltada sobretudo para o autoconhecimento

---

31 Ver Roberto Schwarz, "As ideias fora do lugar". In: *Ao vencedor as batatas*, p. 11-31.

32 Sobre a configuração peculiar do progresso no Brasil e sua representação na literatura brasileira, ver Roberto Schwarz, "A carroça, o bonde e o poeta modernista". In: *Que horas são?*, p. 11-28.

33 *Memorial de Aires*, §1054.

do autor, portanto indispensável ao diarista. Antes de mais nada, o diário do conselheiro é uma forma de preencher o tempo livre, farto desde a aposentadoria. Assim, quando falta matéria, Aires preenche o diário com histórias que ele mesmo cria. Após uma noite na casa dos Aguiares, quando Fidélia ensaia um retorno ao piano, Aires imagina uma ressurreição musical da viúva na manhã seguinte, compondo uma breve cena de romance realista:

> Quem sabe se a esta hora (dez e meia da manhã) não estará ela em casa, com espanto da família e da vizinhança, diante do piano aberto, a começar alguma coisa que não toca há muito?
> — Não é possível!
> — Nhanhã Fidélia!
> — A viúva Noronha!
> — Há de ser alguma amiga.
> E as mãos dela irão falando, pensando, vivendo aquelas notas que a memória humana guarda impressas. Provavelmente tocará como ontem, sem música, de cor, na ponta dos dedos...[34]

Nas palavras de um crítico, Aires está "ansioso para contar uma história, para encontrar enredos nos acontecimentos que vão além da mera observação dos fatos".[35] Com efeito, a ideia de ficção paira com frequência sobre os fatos narrados no *Memorial*, ameaçando-lhes a credibilidade:

> Não é fácil adivinhar o que vai sair daqui, mas não seria difícil compor uma invenção, que não acontecesse.

---

34 *Memorial de Aires*, §486-91.
35 John Gledson, *Machado de Assis: ficção e história*, p. 227.

> Enchia-se o papel com ela, e consolava-se a gente com o imaginado.[36]
>
> Há na vida simetrias inesperadas. A moléstia do pai de Osório chamou o filho ao Recife, a do pai de Fidélia chama a filha à Paraíba do Sul. Se isto fosse novela algum crítico tacharia de inverossímil o acordo de factos, mas já lá dizia o poeta que a verdade pode ser às vezes inverossímil.[37]

Ao narrar um sonho que teve, Aires chega a confundir ficção e realidade. A "confusão", todavia, é deliberada. Para tanto, conforme se verá, o conselheiro utiliza um expediente literário bastante comum – narrar o sonho como se fosse real até o despertar –, normalmente utilizado para causar surpresa – o que dificilmente se justifica, e isso passa a ser decisivo para nós, sem a previsão de um leitor:

> Esta manhã, como eu pensasse na pessoa que terá sido mordida pela viúva, veio a própria viúva ter comigo, consultar-me se devia curá-la ou não. Achei-a na sala com o seu vestido preto do costume e enfeites brancos, fi-la sentar no canapé, sentei-me na cadeira ao lado e esperei que falasse.
> — Conselheiro, disse ela entre graciosa e séria, que acha que faça? Que case ou fique viúva?
> — Nem uma cousa nem outra.
> — Não zombe, conselheiro.
> — Não zombo, minha senhora. Viúva não lhe convém, assim tão verde; casada, sim, mas com quem, a não ser comigo?
> — Tinha justamente pensado no senhor.

---

36 *Memorial de Aires*, §327.
37 *Memorial de Aires*, §329. Ver, também, *Memorial de Aires*, §630.

> Peguei-lhe nas mãos, e enfiamos os olhos um no outro, os meus a tal ponto que lhe rasgaram a testa, a nuca, o dorso do canapé, a parede e foram pousar no rosto do meu criado, única pessoa existente no quarto, onde eu estava na cama. Na rua apregoava a voz de quase todas as manhãs: "Vai... vassouras! vai espanadores!
> Compreendi que era sonho e achei-lhe graça. Os pregões foram andando, enquanto o meu José pedia desculpa de haver entrado, mas eram nove horas passadas, perto de dez.[38]

A construção do efeito de surpresa contido na passagem acima não faria sentido se Aires não tivesse em vista um leitor ao escrevê-la. Em alguns momentos, Aires chega mesmo a prever abertamente leitores para seu diário. São sempre destinatários específicos, escolhidos entre as pessoas que o cercam, compondo o círculo das personagens principais do romance – Aguiar e Dona Carmo, Rita, Fidélia e Tristão: "Se assim acontecer, lerei esta página aos dous velhos"; "Lerei esta outra página aos dous moços, depois de casados"; "Algum dia, quando sentir que vou morrer, hei de ler esta página a mana Rita; e se eu morrer de repente, ela que me leia e me desculpe; não foi por duvidar dela que lhe não contei o que já escrevi atrás./Leia, e leia também esta outra confissão que faço das suas qualidades de senhora e

---

38 *Memorial de Aires*, §278-85. Cabe observar que foram vários os romancistas que tiveram o hábito de escrever um diário íntimo, e que este, para eles, tinha como função não menos importante a de aperfeiçoar o estilo para a composição posterior de obras de ficção, ou mesmo a de preparar a redação de um romance. É o caso, para ficar entre os "clássicos do gênero", de Benjamin Constant (pense-se em *Adolphe*) e de Stendhal (especialmente *La vie de Henry Brulard*). Sobre este, por exemplo, afirma Pierre Pachet que, em seu diário, "afinava sua voz de escritor". Ver Pierre Pachet, *Les baromètres de l'âme: naissance du journal intime*. Paris: Hachette, 2001, p. 177.

de parenta"; "Releve-me a doce mana, se algum dia ler este papel", "Fidélia abre a alma sem biocos, cheia de confiança que lhe agradeço daqui".[39] Ainda que muito específicas, indiretas e, na maioria das vezes, condicionadas, essas breves menções assinalam que a ideia de um leitor não está excluída do horizonte das anotações do conselheiro. Pelo menos em algumas passagens do livro, a possibilidade de divulgação, ainda que restrita, rompe explicitamente o fechamento absoluto pressuposto na forma do diário íntimo. A certa altura, Aires revela o temor de que suas notas íntimas se tornem públicas:

> Papel, amigo papel, não recolhas tudo o que escrever esta pena vadia. Querendo servir-me, acabarás desservindo-me, porque se acontecer que eu me vá desta vida, sem tempo de te reduzir a cinzas, os que me lerem depois da missa do sétimo dia, ou antes, ou ainda antes do enterro, podem cuidar que te confio cuidados de amor.
> Não, papel. Quando sentires que insisto nessa nota, esquiva-te da minha mesa, e foge. A janela aberta te mostrará um pouco de telhado, entre a rua e o céu, e ali ou acolá acharás descanso. Comigo, o mais que podes achar é esquecimento, que é muito, mas não é tudo; primeiro que ele chegue, virá a troça dos malévolos ou simplesmente vadios.[40]

Além das referências explícitas a eventuais leitores, outras passagens do diário parecem dirigir-se a um suposto interlocutor. Afinal, a boa compreensão de quem estaria o conselheiro interessado em garantir, ao preservar o essencial do relato da vida dos Aguiares?:

---

39 *Memorial de Aires*, §1023, §1039, §944-45, §978, §1003.
40 *Memorial de Aires*, §218-19.

> Não ponho os incidentes, nem as anedotas soltas, e até excluo os adjetivos que tinham mais interesse na boca dele do que lhes poderia dar a minha pena; vão só os precisos à compreensão de coisas e pessoas.[41]

À escolha de quem confiaria Aires as alternativas que deixa abertas nos seus comentários?:

> Creio que o moço admira menos a tela que a pintora, ou mais a pintora que a tela, à escolha.
>
> Em caminho pensei que a viúva Noronha, se efetivamente ainda leva flores ao túmulo do marido, é que lhe ficou este costume, se lhe não ficou essa afeição. Escolha quem quiser.[42]

Lembre-se ainda que o diário, nas palavras do próprio memorialista, serve-lhe de conversação postiça, um diálogo em que o papel desempenha a função de um interlocutor de carne e osso, que lhe faz falta na solidão da aposentadoria e da velhice:

> Acudo assim à necessidade de falar comigo, já que o não posso fazer com outros, é o meu mal. A índole e a vida me deram o gosto e o costume de conversar. A diplomacia me ensinou a aturar com paciência uma infinidade de sujeitos intoleráveis que este mundo nutre para os seus propósitos secretos. A aposentação me restituiu a mim mesmo; mas lá vem dia em que, não saindo de casa e cansado de ler, sou obrigado a falar, e, não podendo falar só, escrevo.[43]

---

41 *Memorial de Aires*, §131.
42 *Memorial de Aires*, §819 e §990.
43 *Memorial de Aires*, §801.

Por fim, a intenção secreta de comunicar-se, que subjaz à composição do diário do conselheiro, pode ainda ser observada no retrato que Aires, ao longo de todo o livro, procura compor das personagens – ainda mais se levarmos em conta, conforme visto anteriormente, que Aires cuida de distorcer a imagem de seus pares de classe. Em um diário íntimo, supondo que seu autor, em princípio, não escreve senão para si mesmo, a descrição dos outros parece fazer pouco sentido:

> O autor, que se presume falar apenas a si mesmo e ignorar um eventual leitor, não tem nenhuma razão para fazer apresentações. De fato, por que viria ele explicar-nos que aparência tem um amigo que ele conhece e com o qual se encontra quase todos os dias; por que nos faria ele seu retrato moral?[44]

No diário de Aires, ao contrário, a análise das personagens, e o enredo que as envolve, não apenas está presente como recebe quase toda a atenção do diarista.[45] Sempre que surge uma nova personagem no *Memorial*, Aires trata de apresentá-la, narrando-lhe a história, descrevendo-lhe o comportamento, o caráter e as ideias – como se tivesse um leitor em vista. Dessa forma são introduzidos o casal Aguiar e Tristão, no início do romance; em seguida, toda a história de Fidélia fica registrada em detalhe.[46] Quando menciona o pai da viúva, o barão de Santa-Pia, Aires ensaia inclusive uma descrição da aparência física da

---

44 Béatrice Didier, *Le journal intime*. Paris: PUF, 2002, p. 178. No mesmo sentido, escreve a autora: "[No diário íntimo,] raramente os 'outros' têm o grau de vitalidade e existência que podem ter os companheiros do herói no romance autobiográfico, por exemplo". *Idem*, p. 176.

45 "É dos outros, mais que de si mesmo, que o Conselheiro vive". José Paulo Paes, " Um aprendiz de morto", p. 19.

46 Ver *Memorial de Aires*, §170-92.

personagem – descrição curta, daquelas "estampas ligeiras, em três pinceladas",[47] mas de alto nível de concentração semântica, como costumam ser as descrições em Machado de Assis:

> Santa-Pia não é feio velho, nem muito velho; terá menos idade que eu. Arqueja um pouco, às vezes, mas pode ser da bronquite. E meio calvo, largo de espáduas, as mãos ásperas, cheio de corpo.[48]

Mesmo quando o desembargador Campos, personagem secundário no romance, entra em cena, Aires procura esclarecer de quem se trata: "Não me lembra se já escrevi nesse *Memorial* que o Campos foi meu colega de ano em São Paulo".[49] Difícil entender a necessidade desse esclarecimento, se não o tomarmos como informação dada a um leitor que não faz ideia de quem seja o desembargador Campos, que pouco antes aparecera pela primeira vez no diário. Pode-se dizer que é constante no diário de Aires a manifestação da preocupação em garantir que sejam dadas pelo menos as informações necessárias à compreensão daquilo que vai sendo narrado – preocupação pela qual parece transparecer o olhar furtivo do diarista a um eventual leitor.[50] Os exemplos são muitos:

> Verifico que me faltou um ponto da narração do Campos. Não falei das ações do Banco do Sul, nem das apólices,

---

47 Roger Bastide, "Machado de Assis, paisagista". *Revista da USP*, n° 56, dez. 2002/fev. 2003, p. 194.
48 *Memorial de Aires*, §231.
49 *Memorial de Aires*, §125.
50 "Afinal, para que tantas satisfações e tanto cuidado na exposição de um texto que não se destina a ninguém?", pergunta no mesmo sentido Hélio de Seixas Guimarães em *Os leitores de Machado de Assis*, p. 271.

> nem das casas que o Aguiar possui, além dos honorários de gerente; terá uns duzentos e poucos contos.[51]
>
> Na conversa de anteontem com Rita esqueceu-me dizer a parte relativa a minha mulher, que lá está enterrada em Viena.[52]
>
> Outra cousa que não escrevi foi a alusão que ela fez à gente Aguiar, um casal que conheci a última vez que vim, com licença, ao Rio de Janeiro, e agora encontrei. São amigos dela e da viúva, e celebram daqui a dez ou quinze dias as suas bodas de prata. Já os visitei duas vezes e o marido a mim.[53]
>
> Explico o texto de ontem [...] Não; não a elogiei para desarmá-la, mas para divertir-me, e o resto da noite não passei mal.[54]

Naturalmente, nesses casos, o leitor do *Memorial de Aires* tende a sentir-se previsto pelo diarista, na medida em que este parece inscrever um interlocutor no horizonte da prosa – ainda que o faça, como na maioria das vezes, de modo suficientemente sutil e ambíguo a lhe permitir, logo em seguida, excluir novamente do texto o suposto leitor, por meio da realização de um movimento ostensivo de oclusão da forma.[55]

Com efeito, os voos narrativos que se ensaiam no *Memorial* têm fôlego curto. As virtualidades dramáticas do enredo que

---

51 *Memorial de Aires*, §163.
52 *Memorial de Aires*, §55.
53 *Memorial de Aires*, §58.
54 *Memorial de Aires*, §1019. Ver, ainda, *Memorial de Aires*, §139 e §521.
55 Hélio de Seixas Guimarães também fala de um "permanente movimento de exclusão e inclusão da interlocução do processo narrativo" no *Memorial de Aires*. In: *Os leitores de Machado de Assis*, p. 268.

começa a se desenhar a cada entrada mais longa do diário logo se frustram, sem explicação, dando lugar a um registro conciso e frio, mais próximo do tom característico do diário íntimo clássico. O dinamismo da narrativa – que o leitor de certa forma é induzido a acompanhar – não tem sequência, interrompido na maioria das vezes por motivos triviais: "Tudo o que se passou até às dez e meia teria aqui três ou quatro páginas, se eu não sentisse algum cansaço nos dedos"; "O mais que a mana me disse não vai aqui para não encher papel nem tempo, mas era interessante".[56] Vale notar, no entanto, a ambiguidade do movimento, já que Aires não suspende a narração sem antes atiçar a curiosidade do leitor: "o resto amanhã; também eu estou com sono";[57] "suspendo aqui a pena para ir dormir, e escreverei amanhã o resto da noite".[58] Às vezes, o adiamento das informações é acompanhado por uma condição, que não deixa de ser um tanto insolente para quem espera pela continuação do texto: "ao fim da noite, *se puder*, direi a terceira solução: se não, amanhã".[59] Finalmente, não raro, sequer a promessa de retomada do fio narrativo no dia seguinte é dada, ficando o leitor sem saber quando sua curiosidade será satisfeita pelo narrador: "Agora é tarde para transcrever o que ele disse; fica para depois, *um dia*, quando houver passado a impressão".[60]

Para o leitor, as interrupções recorrentes da narrativa têm efeito certo de anticlímax. Mal começa a ser absorvido pelo fluxo de uma narração que brota da pena do conselheiro quase que a cada página, mal desperta sua curiosidade a respeito de

---

56 *Memorial de Aires*, §886 e §531. Nos dois casos, o conselheiro acaba registrando, em seguida, aquilo sobre o que prometia nada dizer.
57 *Memorial de Aires*, §533.
58 *Memorial de Aires*, §750.
59 *Memorial de Aires*, §990 [grifo meu].
60 *Memorial de Aires*, §129 [grifo meu].

uma personagem que começa a lhe parecer complexa, logo o leitor é levado – sutil, mas subitamente –, não apenas ao sentimento de que não está previsto na prosa, mas também, pela ausência de qualquer comentário de Aires a respeito, que essa imprevisão é natural e, portanto, que ela sempre esteve de certo modo pressuposta: "Até outro dia, papel".[61] A sensação é tanto mais incômoda para o leitor quanto menos ele pode opor-se a essas decisões, tomadas pelo diarista, de suspender o relato ou mesmo de simplesmente não escrever sobre determinado assunto. Uma relação narrativa honesta nunca poderia admitir tal procedimento, que só pode legitimar-se sem escândalo em uma forma – no caso, o diário íntimo – na qual a ausência de qualquer contrato de leitura vem pressuposta, pois que a instância do leitor externo, por princípio, não está prevista. Versão moderna e laica do exame de consciência religioso, o diário íntimo, desde seu aparecimento até, pelo menos, as primeiras décadas do século XX, incluiu sempre em seu projeto inicial uma cláusula de segredo, garantia essencial para a confissão livre. Somente a certeza do sigilo deixava o diarista à vontade para depositar no papel suas confidências mais íntimas:

> A conversa silenciosa que os diaristas mantinham se beneficiava de outro fenômeno cultural moderno que já discutimos: a privacidade. Eles podiam escrever com toda a liberdade porque esperavam que o diário, guardado a chave na gaveta da escrivaninha ou engenhosamente ocultado, seria inviolável.[62]

Assim, a própria lógica do gênero – pelo menos no caso da feição tradicional deste – pede que o diarista não tenha outro

---

61 *Memorial de Aires*, §342.
62 Peter Gay, *A experiência burguesa: da rainha Vitória a Freud*, vol. IV, *O coração desvelado*. São Paulo: Companhia das Letras, 1999, p. 359.

leitor em vista além de si mesmo,[63] pois apenas a liberdade irrestrita assegurada pela privacidade permite que o diário íntimo cumpra sua função original: servir como meio de conhecimento e aperfeiçoamento da alma do diarista. No *Memorial*, entretanto, Aires se vale dessa característica do diário íntimo tradicional com propósito distinto, bem menos nobre: graças à forma diário, o leitor pode, a qualquer momento, ser legitimamente excluído do romance. Sob a perspectiva da evolução da obra madura de Machado de Assis, pode-se dizer que o "senão do livro", que de certa forma ainda incomodava Brás Cubas na redação das *Memórias póstumas*, como um outro que se lhe contrapunha ao desejo de narrar obedecendo apenas ao próprio capricho, esse leitor que reivindica direitos na relação narrativa, pode finalmente, com o aval da forma, ser expulso do horizonte da prosa: "Não me explico melhor, porque me entendo assim mesmo".[64] Afinal, a ausência de interlocução é habitualmente pressuposta em um diário íntimo: "Conversações do papel e para o papel."[65]

Conforme demonstrou Roberto Schwarz em *Um mestre na periferia do capitalismo*, a volubilidade do narrador é o princípio formal da prosa de Brás Cubas; o capricho, a "lei" que lhe determina o movimento.[66] Nessa universalização do capricho, aponta o crítico, está implicada uma problemática histórico-social: ao escrever suas *Memórias póstumas*, Brás Cubas, típico representante da classe dominante do Brasil imperial e escravocrata, estende à narração a possibilidade de arbítrio de que desfruta na vida social do Rio de Janeiro oitocentista. Autorizado, pelas relações

---

63 Jean Rousset, *Le lecteur intime. De Balzac au journal*. Paris: José Corti, 1986, p. 144.
64 *Memorial de Aires*, §990.
65 *Memorial de Aires*, §286.
66 Ver Roberto Schwarz, *Um mestre na periferia do capitalismo*, p. 29-34.

sociais sobre as quais se assenta, a exercer suas "prerrogativas" de proprietário também no âmbito da relação narrativa, Brás, a todo instante, trata de perturbar a normalidade do texto, modificando--lhe subitamente o tom, interrompendo-lhe o curso, preparando charadas e enigmas sobre a matéria narrada etc. Exerce, dessa maneira, uma espécie de arbítrio que confirma, na relação com a convenção literária, a possibilidade de abuso de poder de que goza nas relações sociais. Sob esse ângulo, o diário íntimo, uma forma na qual, pelo menos tradicionalmente, "os outros não têm lugar",[67] aparece como campo ideal para o exercício da inconstância discricionária do narrador machadiano:

> O redator de um diário não obedece senão a seu capricho, que ora o afasta da folha de papel, ora o traz de volta a ela. [...] A ausência de qualquer necessidade de escolha parece ser sua lei. [...] Um diário não obedece a nenhuma regra imposta. Seu autor é livre para deitar no papel o que quiser, na ordem que desejar ou mesmo sem nenhuma ordem.[68]

Não que a presença da alteridade indesejável representada pelo leitor traga a Brás Cubas qualquer embaraço que o impeça de sistematicamente passar-lhe a perna. Pelo contrário, a ideia da infração – no caso, a quebra do contrato de leitura – dá um sabor especial ao tipo de comportamento que estamos estudando. A interrupção do fluxo narrativo – principal instrumento de que Brás Cubas se vale para exercer seu arbítrio no âmbito literário –, "pelo que significa de desrespeito consciente da parte do narrador, comporta ela também um gostinho de império".[69]

---

67 Béatrice Didier, *Le journal intime*, p. 178.
68 Alain Girard, *Le journal intime*, p. 3.
69 Roberto Schwarz, *Um mestre na periferia do capitalismo*, p. 81.

Noutros termos, a frustração objetiva da narração, provocada pela interrupção da notação realista, traz uma satisfação subjetiva para o narrador.[70] Sendo assim, a forma diário, onde a interrupção é constitutiva, se por um lado dá respaldo ao narrador do *Memorial*, ao tornar "normais", portanto inatacáveis, as intoleráveis infrações às convenções literárias praticadas por Aires, por outro lado esvazia a razão de ser dessas mesmas infrações. Ao optar por uma forma fechada ao máximo, ao eliminar o outro, pelo menos em princípio, do horizonte da narrativa, o narrador da maturidade machadiana, ao mesmo tempo em que realiza um desejo íntimo, perde uma de suas motivações mais picantes, que está em mostrar-se, por meio da transgressão sistemática às convenções do romance, acima de toda regra. Na medida em que o prazer desse narrador está no gesto mesmo pelo qual agride o leitor e a forma literária – momento de confirmação de um poder sem limite –, a supressão *definitiva* do leitor, assim como a adoção de uma forma na qual o narrador não tem de prestar contas senão a si mesmo, não interessa ao narrador da maturidade machadiana. Assim, por um lado, o leitor, que era tratado por Brás Cubas como o "principal defeito" de suas *Memórias*, não incomoda mais no *Memorial*, pois a comunicação, no diário íntimo, é normalmente feita em circuito fechado: o narrador pode ignorá-lo quando quiser. Em contrapartida, sem esse outro a ser agredido, e sem muita chance de maltratar a própria forma – o diário íntimo é uma forma extremamente flexível, praticamente à mercê do capricho de seu redator –,[71] pode-se dizer que a atividade literária perderia

---

70 Ver Roberto Schwarz, *Um mestre na periferia do capitalismo*, p. 50.

71 No capítulo seguinte, veremos que Aires consegue agredir as convenções da forma diário ao transgredir a única regra que o diário íntimo tradicionalmente exige do diarista: o compromisso com a observação e a análise de si mesmo.

o essencial de seu significado para o narrador. Afinal, para este, o vaivém configurado pelo movimento sucessivo e alternado de concessão e retirada da presença do leitor no horizonte da prosa é um dos aspectos mais atraentes, ou mesmo uma das principais razões, da escrita. Em síntese, ainda que a prosa do narrador machadiano seja uma prosa como que "escrita diante do espelho",[72] esse narrador precisa do leitor, sua vítima. Daí, entre outras razões, a tendência da prosa de Aires a incluir, de quando em quando, um interlocutor em seu horizonte, para logo depois excluí-lo, e assim constantemente.

Resumindo o argumento, digamos que a forma diário legitima a transgressão narrativa, pois nela a supremacia quase ilimitada do capricho do diarista é normal; por isso mesmo, entretanto, a escrita corre o risco de perder sua razão de ser, já que a transgressão, nesse caso, é justamente o que dá prazer. No *Memorial de Aires*, para que esta satisfação fundamental não deixe de existir, a alternância imprevisível entre os registros de diário íntimo e de romance, estudada acima, desempenha um papel decisivo: ao passar inadvertidamente de uma forma a outra, Aires sucessivamente põe e retira o leitor do horizonte da narrativa, sem que este – e nisso está uma das novidades mais importantes do *Memorial* –, ainda que perceba a lógica do movimento, de nada possa acusar o diarista. Sem risco de exagero, portanto, pode-se dizer que o diário íntimo funciona para Aires, em virtude das prerrogativas que essa forma oferece ao diarista, como instrumento de poder social na esfera da palavra – na contramão da função tradicional do gênero, isto é, a confissão, por meio da qual o diarista revela, particularmente, suas fraquezas e misérias.[73] Dizendo de outro modo, a forma diário atua no último romance de Machado de Assis como uma espécie

---

72 Roberto Schwarz, *Um mestre na periferia do capitalismo*, p. 22.
73 Ver Alain Girard, *Le journal intime*, p. IX e 351.

de "equivalente literário" do regime de "legalidade do arbítrio dos proprietários" vigente na sociedade escravista brasileira do Segundo Reinado. De sua parte, o leitor deve manter-se constantemente em estado de sobreaviso: o diarista narrador, amparado na lei da forma, pode negar a existência do interlocutor a qualquer momento, sem que para isso precise explicar-se.

Capítulo II
O coração velado

No primeiro dia de chuva implicante hei de fazer a análise de mim mesmo.

Machado de Assis
Memorial de Aires

ASSIM COMO O ROMANCE, o diário íntimo se desenvolve no contexto de ascensão da civilização burguesa. Não por acaso, a primeira geração de intimistas, inspirada em Rousseau, nasce na segunda metade do século XVIII e vive até as primeiras décadas do século seguinte.[1] Passa, portanto, pela experiência da Revolução Francesa, que liquida as instituições feudais e instaura o domínio da burguesia.[2] A partir de então,[3] tanto o

---

1 Essa geração pode ser representada por Joseph Joubert (1754-1824), Maine de Biran (1766-1824), Benjamin Constant (1767-1830) e Stendhal (1783-1842). O diário de Joubert dura de 1774 até sua morte; os dois diários de Maine de Biran, de 1792 a 1795 e de 1811 a 1824; os de Benjamin Constant, de 1803 a 1807 e de 1811 a 1816; e os vários diários íntimos de Stendhal foram escritos de 1801 a 1814, e em 1815, 1818 e 1823. Ver Alain Girard, *Le journal intime*, p. 57-71.

2 Na literatura, a obra de Balzac é a que mais amplamente retrata essa transição na França, onde, nas palavras de Engels, a história da consolidação da sociedade burguesa assumiu um aspecto exemplar: "A França é o país onde, mais do que em qualquer lugar, as lutas de classe foram sempre levadas à decisão final, e onde, por conseguinte, as formas políticas mutáveis nas quais se processam estas lutas e nas quais se condensam seus resultados tomam os contornos mais nítidos. [...] A França desmantelou o feudalismo na Grande Revolução e instaurou o domínio da burguesia com uma pureza clássica inigualada por qualquer outro país europeu". Friedrich Engels, "Prefácio" à terceira edição alemã de *O 18 Brumário de Luís Bonaparte*, de Karl Marx. Ver Karl Marx, *O 18 Brumário/Cartas a Kugelmann*. São Paulo: Paz e Terra, 2002, p. 17.

3 "A Revolução Francesa marca o ponto de partida da expansão do diário íntimo". Béatrice Didier, *Le journal intime*, p. 60.

hábito de escrever um diário íntimo quanto o desejo de conhecer a intimidade dos outros se tornariam cada vez mais comuns na Europa, disseminando-se como um fenômeno altamente contagioso, a tal ponto que, "em meados do século, a tentativa de revelar ou ocultar – pelo menos de compreender – a vida secreta do 'eu' havia se tornado o esporte favorito, levado muito a sério".[4] Sob o influxo do Romantismo, a introspecção torna-se uma obsessão e um objeto de culto na sociedade europeia. A primeira metade do século XIX assiste a uma produção extraordinária de confissões, autobiografias, diários íntimos, cartas e outras formas confessionais, as quais começavam a aparecer também na literatura. Um exemplo notável, nesse último caso, é o de Goethe, em cuja obra essas formas possuem considerável importância, das cartas de Werther ao diário de Ottilie, passando pelas "confissões de uma bela alma" pietista, no sexto livro do primeiro *Meister*.[5]

A multiplicação do diário íntimo e de outras formas confessionais na primeira metade do século XIX reflete, segundo Peter Gay, uma tentativa da burguesia de resolver dúvidas a

---

4 Peter Gay, *O coração desvelado*, p. 12.

5 *Os sofrimentos do jovem Werther* são de 1774; *Os anos de aprendizagem de Wilhelm Meister*, de 1795; e as *Afinidades eletivas*, onde se encontra o diário de Ottilie, de 1809. Lembre-se, ainda, da autobiografia do autor, *Dichtung und Wahrheit* ["Poesia e verdade"], publicada entre 1811 e 1822, onde Goethe fez uma célebre observação, bastante significativa para nós aqui: "todas as minhas obras são fragmentos de uma grande confissão". Por fim, nesse contexto, cabe mencionar também as conversas particulares de Goethe com o assistente e amigo Johann Peter Eckermann, publicadas por este entre 1836 e 1848, já depois da morte de Goethe, com o título *Gespräche mit Goethe in den letzten Jahren seines Leben, 1823-1832* ["Conversações com Goethe nos últimos anos de sua vida, 1823-1832"]. Para um movimento semelhante em direção à introspecção e à confissão nos campos da música e da pintura, ver Peter Gay, *O coração desvelado*, p. 21-47 e 302-336.

respeito de autodefinições fundamentais, perdidas com a derrubada da ordem tradicional:

> As premissas estabelecidas corriam perigo. Em suma, o "eu" da classe média vitoriana pagava o preço do progresso. Quando menos, era assaltado por hesitações e confusões. E a luta prevalecente contra a tradição não contribuía para firmar a identidade das pessoas tão seguramente como tinham imaginado os otimistas, o que tornava ainda mais pungentes as dores do coração desvelado da burguesia.[6]

Em outras palavras, o "desencantamento do mundo" (*Entzauberung der Welt*), processo característico da modernidade, encontra-se na origem da peregrinação em massa, realizada pela burguesia do Oitocentos, para o "mundo interior". Nesse sentido, diz Weber:

> Precisamente os valores últimos e mais sublimes retiraram-se da vida pública [...]. Não é por acaso que nossa maior arte é íntima, e não monumental, não é por acaso que hoje somente nos círculos menores e mais íntimos, em situações humanas pessoais, em *pianissimo*, é que pulsa alguma coisa correspondente ao pneuma profético, que nos tempos antigos varria as grandes comunidades como um incêndio, fundindo-as numa só unidade.[7]

Sob a influência do pensamento de Weber, o jovem Lukács vincularia a ideia do "desabrigo transcendental" no qual se encontra o indivíduo na modernidade ao aparecimento do

---

6   Peter Gay, *O coração desvelado*, p. 375.
7   Max Weber, "A ciência como vocação". In: *Ensaios de sociologia*. Rio de Janeiro: Jorge Zahar Editor, 1963, p. 182.

romance: "o romance é a epopeia do mundo abandonado por Deus".[8] Segundo Lukács, em uma época em que a imanência do sentido à vida se perde, a subjetividade tem de buscar a si mesma, pois seu lugar no mundo já não é mais dado de antemão por coordenadas transcendentais predeterminadas, sua identidade tornou-se problemática. No romance, o indivíduo vai ao mundo para, no embate com a sociedade, chegar a si mesmo:

> O romance é a forma da aventura do valor próprio da interioridade; seu conteúdo é a história da alma que sai a campo para conhecer a si mesma, que busca aventuras para por elas ser provada e, pondo-se à prova, encontrar a sua própria essência.[9]

Em suma, a perda de estruturas gerais – metafísicas e históricas – de determinação prévia de sentido à totalidade da vida, característica central da civilização moderna, encontra-se na base da preocupação, muitas vezes obsessiva, do indivíduo da sociedade burguesa com o próprio eu.

A alma que procura a si mesma, e que só pode fazê-lo por si mesma, além de lançar-se ao mundo na tentativa de chegar a si por meio de uma série de experiências (como no caso do herói do romance), pode também, em movimento inverso, reflexivo, voltar-se sobre si mesma e observar-se atentamente, buscar as experiências dentro de si, no isolamento do mundo interior. Nesse caso, estamos diante do intimista; se à reflexão

---

8   Georg Lukács, *A teoria do romance*, p. 89. No mesmo sentido, escreve Adorno: "O romance foi a forma literária específica da era burguesa. Em seu início encontra-se a experiência do mundo desencantado no *Dom Quixote*, e até hoje o seu problema está na assimilação artística da existência contingente". Theodor W. Adorno, "Posição do narrador no romance contemporâneo". In: *Notas de literatura I*. São Paulo: Duas Cidades, 2003. Ver Roberto Schwarz, *Ao vencedor as batatas*, p. 94.

9   Georg Lukács, *A teoria do romance*, p. 91.

se acrescenta o compromisso de registrar diariamente os movimentos da alma, estaremos diante da imagem tradicional do autor de um diário íntimo:

> O fim último de um diário íntimo, assim como sua razão de ser, seu ponto tanto de chegada quanto de partida, é a criação e o desdobramento dessa entidade a que os escritores, seguindo suas convicções filosóficas, chamam "eu", ou "alma", e que em todo caso é interior.[10]

O problema da identidade está portanto na origem do aparecimento histórico do diário íntimo enquanto gênero, sempre se colocando, de um modo ou de outro, no centro das preocupações dos intimistas. Nesse sentido, pode-se dizer que a "questão do eu" exerce sobre a forma diário, de resto tão solta, uma função unificadora: a procura diária do eu constituía a única lei de um gênero que, quanto ao mais, não tinha regras; sua ausência descaracterizaria, pois, um diário íntimo.[11]

O diarista da era burguesa está às voltas com o eu que escapa, escorregadio, mas que anseia pela determinação de si mesmo.[12] Delacroix, por exemplo, interrompe a sequência de certezas do silogismo clássico na primeira premissa, fragmentando-a em dúvidas angustiantes, decisivamente modernas: "Eu sou um homem. Mas o que é esse 'Eu'? O que é um homem?".[13] Vigny, também dialogando com a Antiguidade, escreve: "Um sábio disse: 'Conhece-te a ti mesmo'. Eu acrescento: 'Se se pode'.

---

10 Béatrice Didier, *Le journal intime*, p. 124.

11 "O diário íntimo repousa inteiramente sobre a crença num 'eu', sobre o desejo de conhecê-lo, de cultivá-lo, de conversar com ele, de registrá-lo no papel". *Idem*, p. 59.

12 "O diarista vai tentar se constituir como unidade, como um 'eu'. Ele quer sair do indeterminado, para ser verdadeiramente". *Idem*, p. 116.

13 Eugène Delacroix, *Journal*. Paris: José Corti, 2009.

Nossos espelhos estão turvos".[14] Stendhal, enfim, declara como um dever dos novos tempos: "É preciso conhecer a si mesmo".[15] Nessa linha, a emergência do diário íntimo vincula-se ao desenvolvimento da concepção moderna de indivíduo, à ideia de *subjetividade*, no sentido enfático do termo, ou seja, tal como essa ideia se consolidou na ideologia burguesa na passagem do século XVIII para o século XIX, significando a singularidade infinitamente particular, livre para desenvolver suas potencialidades e fazer valer suas pretensões.[16] Maine de Biran, um dos "fundadores" do diário íntimo moderno, definiu o diarista como um "Colombo metafísico" em busca de um "Novo Mundo interior", que então nascia.[17] Na filosofia e na estética mais avançadas do tempo, esse eu libertado dos modelos da tradição, às voltas com a autofundamentação de si mesmo, seria elevado à posição suprema de princípio do conhecimento e do agir, hipostasiado como Eu absoluto no idealismo de Fichte e na poesia do Romantismo alemão.[18] A perspectiva materialista, entretanto, permitiria a Marx fazer a crítica da natureza ilusória, portanto ideológica, da crença nas potencialidades da subjetividade no mundo moderno:

14　Alfred de Vigny, *Journal d'un poète*. Paris: Harmattan, 2000.

15　Stendhal, *Journal*. Paris: Gallimard, 2000.

16　Hegel resumiria a nova situação política do indivíduo nos tempos modernos nos seguintes termos: "o direito da particularidade do sujeito em ver-se satisfeita ou, o que é o mesmo, o direito da liberdade subjetiva [...] em sua infinitude". G. W. F. Hegel, *Princípios da Filosofia do Direito*, §124. Lisboa: Guimarães Editores, 1990, p. 123.

17　Ver Maine de Biran, *Journal*. Tome I. Neuchâtel: La Baconnière, 1954, p. 176.

18　Sobre as diferenças entre o sistema fichteano e a "teoria" dos românticos alemães, ver Walter Benjamin, *O conceito de crítica de arte no Romantismo alemão*, p. 27-46.

O Estado moderno faz ele mesmo abstração do homem real, ou não satisfaz todo o homem senão na imaginação.[19]

O direito humano da liberdade não se baseia na união entre os homens, mas pelo contrário em seu isolamento. É o direito desse isolamento, o direito do indivíduo restringido, circunscrito a si mesmo. [...] Aquilo que, dentro da sociedade burguesa, cada homem pode encontrar em outro homem não é a realização, mas a limitação de sua liberdade.[20]

Assim, apesar do poder que reconhecia em si mesmo, o eu único e insubstituível que nascia após a Revolução Francesa era um eu que sofria como nunca. O diário íntimo surge como uma tentativa deste "homem real", a que se refere Marx, de compreender e eventualmente superar a contradição de ser potencialmente infinito e efetivamente mutilado; insubstituível

---

19 Karl Marx, *Contribution à la critique de la philosophie du droit de Hegel*, "Introduction". Paris: Aubier Montaigne, 1971. O próprio Hegel havia percebido, desde a juventude, o paradoxo de que a emancipação proporcionada pela modernidade convertia-se em privação da liberdade; seu projeto filosófico tem sempre em vista a solução desse problema, que se exprime na cisão, em relação à unidade antiga, entre sujeito e objeto, entre finito e infinito, particular e universal, liberdade e necessidade. Entretanto, a solução dialética proposta por Hegel permanece, do princípio ao fim, presa ao campo do espírito, e seu fundamento não deixa de ser uma subjetividade abstrata e incondicional – de tal modo que, ainda que perceba a degradação ética da sociedade civil burguesa, Hegel não abandona em sua teoria política os modelos ideais do Estado moderno. Sobre isso, escreve Marx: "a Hegel não devemos criticar por haver descrito a essência do Estado moderno tal como é, mas por fazer passar o que é pela essência do Estado". Karl Marx, *Antología*. Barcelona: Península, 2002, p. 85. Para uma crítica marxiana ao pensamento de Hegel, ver Karl Marx, *Manuscritos econômico-filosóficos*. São Paulo: Boitempo, 2004, p. 115-137.
20 Karl Marx, *A questão judaica*, I. In: *Antología*, p. 74.

para si mesmo e entre os seus, mas permutável na sociedade; livre, em tese, para seguir seu próprio caminho, mas de fato guiado por forças que lhe são desconhecidas, e que o ultrapassam; específico em casa, anônimo nas ruas:

> Essa exasperação do "eu" teoricamente todo-poderoso, mas de fato bastante limitado, leva ao individualismo narcisista dos jovens escritores românticos. Confia-se ao diário esse excedente de potência que não encontra meios para expressar-se na sociedade.[21]

É significativo que tenha sido Poe, pioneiro na representação literária da experiência individual nas ruas da metrópole moderna,[22] quem anunciou glória certa a quem escrevesse "um livro bem pequeno: *Meu coração desvelado*", e que tenha sido justamente Baudelaire, o escritor que levou às últimas consequências a experiência da subjetividade em meio às multidões da cidade, que o tenha tentado escrever.[23] Por outro lado,

---

21 Béatrice Didier, *Le journal intime*, 60.
22 No famoso conto "O homem da multidão".
23 *Mon coeur mis à nu*, espécie de diário do poeta francês. Baudelaire, vale lembrar, era um admirador de Poe e traduziu para o francês contos e poemas do escritor norte-americano A citação de Poe encontra-se em Peter Gay, *O coração desvelado*, p. 11. Sobre Baudelaire e a experiência do indivíduo na multidão, ver os ensaios de Walter Benjamin, "A Paris do Segundo Império em Baudelaire", parte II, "O *flâneur*" (onde, inclusive, as perspectivas de Baudelaire e Poe são relacionadas e comparadas); e "Sobre alguns temas baudelairianos", In: Walter Benjamin, *Charles Baudelaire: un poète lyrique à l'apogée du capitalisme*. Paris: Payot, 1990, p. 55-98 e 155-208. Vale mencionar, ainda, a significativa aproximação que Amiel faz entre o intimista e o *flâneur*: "O diário íntimo é uma maneira de *flâner*". Sob esse ângulo, o diário íntimo aparece como um meio de escapar à mutilação do indivíduo provocada pela divisão social do trabalho: "O [diário] é uma ociosidade ocupada, uma recreação que simula o trabalho. Não há trabalho sem um fim útil, sem esforço e espírito conseqüente. Ora, eu escrevo aqui sem finalidade alguma, sem

"ao mesmo tempo em que o indivíduo era lançado à solidão, como uma unidade ínfima perdida em uma multidão de outras unidades, ele descobria em si uma identidade irredutível à de qualquer outro".[24] O diarista procura, por meio do diário, assegurar-se dessa identidade que o mundo hostil desmente, certificar-se de seus contornos, consolidá-la, defini-la, defendê-la contra a alienação que a ameaça todos os dias, fortificar o sentimento de sua singularidade.[25] Essa situação paradoxal do indivíduo nos inícios do Oitocentos – o sentimento da força incomensurável do eu, combinado à constatação decepcionante de sua fraqueza efetiva – insere-se por sua vez no contexto mais amplo das contradições internas da própria sociedade burguesa – que não cumpria as promessas da Revolução –, ou seja: "na contradição de uma realidade irracional que em todos os seus pontos é o contrário do que diz e diz o contrário do que é".[26] No

---

continuidade de idéias e sem direção obrigatória – Afinal, de que me serve esse interminável solilóquio?". Henri-Frédéric Amiel, *Journal*. In: Roland Jaccard (org.), *Du journal intime*. Bruxelas: Éditions Complexe, 1987, p. 47.

24 Alain Girard, *Le journal intime*, XIV. Nesse sentido, escreve Joseph Joubert, um dos primeiros intimistas: "A solidão cria um eu". *Journal*. In: Alain Girard, *Le journal intime*, p. 230.

25 Um processo semelhante, ligado à mesma situação histórica, foi estudado por Walter Benjamin: a tendência do burguês a compensar a ausência de traços da vida privada nas ruas da grande cidade imprimindo a marca da sua particularidade nos objetos do seu *intérieur*. Essa tentativa – assim como seu fracasso – se expressa com a clareza e o poder de síntese do olhar retrospectivo nas palavras de Nietzsche no *Zaratustra*, palavras que Benjamin, não por acaso, utiliza como epígrafe no ensaio citado: "Essa busca de um interior que fosse meu... foi a minha maldição... Onde está – o meu interior? Eis o que pergunto e procuro, o que procurei e não encontrei". Ver, de Benjamin, "Paris, capital do século XIX", especialmente a terceira parte, "Luís-Filipe ou o *intérieur*". In: Walter Benjamin, *Écrits français*, p. 385-88.

26 Karl Marx, *Antología*, p. 85.

momento em que se difundia o mito de Napoleão, modelo do *self-made man*, é como se Julien Sorel, em vez de dar um tiro em Mme de Rênal, se pusesse a escrever um diário íntimo.[27]

À origem burguesa, na gênese do diário íntimo moderno, junta-se uma origem cristã – particularmente, mas não exclusivamente, protestante:[28] o exame de consciência religioso, prática desenvolvida desde cedo pelo cristianismo a partir de certas tendências da Antiguidade tardia,[29] e que encontrou seu lugar mais apropriado na zona de influência do postulado luterano do contato direto e íntimo do indivíduo particular com Deus, sem a mediação do sacerdote.[30] De fato, "a prática escrita e solitária do exame de consciência parece ajustar-se perfeitamente às exigências do protestantismo, favorável à redução dos intermediários entre o crente e Deus, que convida o indivíduo a assumir ele mesmo a gestão de sua alma".[31] August Hermann Francke (1663-1727), um

---

27 Na literatura da época, a expressão mais dramática da experiência individual dos bloqueios sociais à realização das potencialidades do sujeito é mesmo provavelmente *O vermelho e o negro*, de Stendhal, o qual, parece que não por acaso, manteve diários íntimos durante um longo período de sua vida.

28 Uma associação que não deve surpreender, dadas as imbricações mútuas, demonstradas já há cem anos, entre capitalismo e protestantismo. Ver, de Max Weber, *A ética protestante e o "espírito" do capitalismo*. São Paulo: Companhia das Letras, 2004. Ver também os ensaios de Ernst Troeltsch sobre o tema, reunidos em *Protestantisme et modernité*. Paris: Gallimard, 1991.

29 Ver Michel Foucault, *Histoire de la sexualité*, vol. III, "Le souci de soi", capítulo II, "La culture de soi". Paris: Gallimard, 1984, p. 53-85.

30 "Com Lutero, a fé religiosa tornou-se reflexiva; na solidão da subjetividade, […] contra a fé na autoridade da predicação e da tradição, o protestantismo afirma a soberania do sujeito que faz valer seu discernimento". Jürgen Habermas, *O discurso filosófico da modernidade*. São Paulo: Martins Fontes, p. 26.

31 Françoise Simonet-Tenant, *Le journal intime*. Paris: Nathan, 2001, p. 32-33.

dos principais nomes do pietismo,[32] recomendava aos fiéis que mantivessem um diário íntimo, onde deveria ser feito um balanço cotidiano da situação espiritual do autor. John Wesley (1703-1791), fundador do metodismo britânico,[33] mantinha ele mesmo um diário; entre seus discípulos, o diário era tido como o espaço apropriado para a prática de um exercício espiritual íntimo e pessoal, pelo qual o indivíduo, a fim de observar o progresso moral de sua alma, registrava dia a dia suas impressões e sentimentos.

Weber não deixou de assinalar as afinidades eletivas existentes entre a ética protestante e o diário íntimo. Para o sociólogo alemão, um dos resultados do individualismo religioso característico do protestantismo foi a transferência das formas racionais de organização da vida monacal cristã para fora dos muros do mosteiro: "Agora cada cristão deveria ser um monge ao longo de toda sua vida".[34] Assim, por um lado, o deslocamento do problema da salvação para o interior da subjetividade libertava o indivíduo das autoridades eclesiásticas mundanas; por outro, gerava na alma a necessidade de verificar constantemente e por si mesma sua condição moral, levando o cristão, não raro, a realizar uma auto-inspeção diária e sistemática:

---

32 Movimento alemão surgido no século XVIII, buscava revivificar os fundamentos do luteranismo, especialmente o da fé pessoal, contra seu enrijecimento acadêmico e eclesiástico.

33 Nas palavras de Weber, o "último grande redespertar de idéias puritanas do século XVIII", que, assim como o pietismo alemão, pretendia renovar a Igreja reformada de seu país, conferindo para isso, do mesmo modo, um valor central à relação pessoal do sujeito com Deus. Max Weber, *A ética protestante e o "espírito" do capitalismo*, p. 107.

34 *Idem*, p. 103. No mesmo sentido, Benjamin Constant, um dos primeiros intimistas, escreve: "Todos nós somos padres". *Apud* Alain Girard, *Le journal intime*, p. 280.

> No diário íntimo religioso eram registrados por extenso ou mesmo em forma de tabelas os pecados, as tentações e os progressos feitos na graça. [...] Com a ajuda do diário, o cristão reformado "tomava o pulso" de si mesmo.[35]

Ao mesmo tempo, portanto, em que se conferia autonomia espiritual ao indivíduo – a bem-aventurança estava agora nas mãos do sujeito –, o fenômeno de individualização da consciência religiosa despertava na alma incerteza e angústia acerca da salvação. Assim, livre do confessionário, o protestante não deixava por isso de sentir a necessidade da confissão.

Confessava-se, então, a si mesmo, e o diário íntimo naturalmente aparecia como uma das formas mais apropriadas para receber as confidências de uma alma cuja relação com a divindade se dava agora em profundo isolamento interior.[36] A *unio mystica* do indivíduo com Deus, a experiência religiosa suprema a que aspirava a piedade luterana, tornava-se noturna e íntima, e assumia a forma de uma *poenitentia* quotidiana, único meio de obter o perdão pelos pecados cometidos. Nesse sentido, para o protestante, o exame de consciência aparecia como uma obrigação quase inelutável: "Somente uma vida regida pela reflexão constante podia ser considerada superação do *status naturalis*".[37]

Isso posto, ainda que o diário íntimo se tenha consolidado como forma e gênero em um período de questionamento radical do cristianismo – período que abrange o Iluminismo e a Revolução Francesa –, e ainda que em certa medida sua

---

35 Max Weber, *A ética protestante e o "espírito" do capitalismo*, p. 113.
36 "A religião alcançou sua interioridade absoluta no protestantismo". Jürgen Habermas, *O discurso filosófico da modernidade*, p. 52.
37 Max Weber, *A ética protestante e o "espírito" do capitalismo*, p. 107.

As formas da traição 227

consolidação dependa justamente desse questionamento, o diário íntimo guardará, pelo menos durante seus primeiros cem anos de existência, as marcas de sua origem religiosa:

> No fim do dia, à noite antes de se deitar, o escritor faz, por meio do diário íntimo, seu exame de consciência. Ensinaram-lhe na infância a não dormir sem ter sondado a alma e acusado seus pecados diante de Deus para obter o perdão. Tornado adulto, e mesmo que ele tenha renunciado a toda crença, essa disciplina permanece. [...] Os atos do dia não são apenas registrados, mas também julgados. O autor se repreende por ter feito isto ou aquilo; e sobretudo por não ter feito algo.[38]

Assim como seus precedentes de inspiração religiosa, o diário íntimo moderno se mostraria vinculado às noções de confissão e aperfeiçoamento moral. Sua escrita, além de uma busca do eu, aparecia como uma espécie de registro de um tribunal interior: "ele [o diarista] é seu próprio juiz e seu próprio censor, o mais severo que ele poderia encontrar, [...] sempre pronto a flagelar-se, sempre hábil para se torturar".[39] Maine de Biran, nesse sentido, exige de si mesmo: "É preciso colocar-se no ponto de vista íntimo da consciência e ter sempre presente essa unidade que julga todos os fenômenos".[40] Por sua vez, Amiel, o maior dos diaristas, define as suas mais de dezessete mil páginas de anotações íntimas como "a análise de seus defeitos ou

---

38 Béatrice Didier, *Le journal intime*, p. 56. Como a prática do exame de consciência religioso, a redação do diário íntimo se realiza predominantemente à noite. Ver Alain Girard, *Le journal intime*, p. 431.
39 Alain Girard, *Le journal intime*, p. 521.
40 *Apud* Alain Girard, *Le journal intime*, p. 211 [grifo original].

de suas faltas; [...] correção, interrogatório da consciência".[41] Ainda que se tivesse afastado, em grande medida, das motivações religiosas que inspiravam seus antecessores cristãos, o diário íntimo não deixava, em muitos casos não deixou até hoje, de inscrever-se no horizonte da culpa.[42] O reconhecimento da culpabilidade e a tentativa de quitação de uma dívida moral por meio da reflexão foram, durante todo o século XIX, dois elementos constitutivos decisivos para a caracterização do gênero. Sob esse aspecto, o diário íntimo se aproximava do livro de contas do comerciante, onde este, "tomando o pulso" de sua empresa, registra o movimento diário dos ativos e passivos: "O diário parece ter essa função geral de fazer um balanço".[43] A realização de uma contabilidade moral, conjugada a uma incessante busca da identidade individual, foi a tarefa em que mais se empenharam os intimistas do século XIX – no que manifestam, mais uma vez, pertencer ao mundo burguês.

Voltando ao *Memorial de Aires*, há diferenças decisivas entre o diário íntimo do conselheiro Aires e seu modelo europeu tradicional. Primeiramente, note-se que a escrita cotidiana do conselheiro não responde a uma necessidade interior, quase inelutável, do diarista. Amiel, que se questionava a todo momento sobre a razão de ser de seu diário íntimo, escreve a certa altura: "Anseio pelo momento em que não precisarei mais confessar-me. [...] Esse egoísmo aparente, mais que uma escolha de minha parte, é uma necessidade".[44] Maurice de

---

41 Henri-Frédéric Amiel, *Journal*. In: Roland Jaccard (org.), *Le journal intime*, p. 34 e 36.

42 Nesse sentido, não admira que um dos mais importantes diaristas do século XX tenha sido Kafka.

43 Béatrice Didier, *Jer journal intime*, p. 49.

44 Henri-Frédéric Amiel, *Journal*. In: Roland Jaccard (org.), *Du journal intime*, p. 35.

Guérin, cujo diário está fortemente vinculado a uma crise religiosa, registra no mesmo sentido: "No lugar de um trabalho exterior, [...] abandono-me com furor a um labor interno, cujo resultado é apenas o esgotamento".[45] Por fim, Vigny, intimista convicto, refere-se à natureza irresistível do impulso que leva à introspecção cotidiana nos seguintes termos: "Nada em mim pode suspender, parar, perturbar essa invencível atenção interior do meu espírito em sondar, interrogar, analisar, estudar tudo aquilo que faço".[46] Ora, observando-se o que diz o conselheiro Aires acerca das motivações que o levam a escrever seu diário íntimo, percebe-se que o contraste em relação aos diaristas clássicos que temos analisado é marcante:

> Não é mau este costume de escrever o que se pensa e o que se vê, e dizer isso mesmo quando se não vê nem pensa nada.[47]

> Estou cansado de ouvir que ela vem, mas ainda me não cansei de o escrever nestas páginas de vadiação. Chamo-lhes assim para divergir de mim mesmo. Já chamei a este Memorial um bom costume. Ao cabo, ambas as opiniões se podem defender, e, bem pensado, dão a mesma cousa. Vadiação é bom costume.[48]

Ao demonstrar total falta de compromisso em relação a seu diário, Aires está na contramão dos modelos "clássicos" do gênero:

---

45 *Apud* Alain Girard, *Le journal intime.*, p. 346.
46 Alfred de Vigny, *Journal. Apud* Alain Girard, *Le journal intime*, p. 381.
47 *Memorial de Aires*, §389.
48 *Memorial de Aires*, §414.

> O diário íntimo é tudo menos um jogo, ou o resultado de um deleite vão. Ao contrário, corresponde a uma necessidade profunda do indivíduo que, ameaçado em suas fundações, recusa perder-se no vazio.[49]

A necessidade do diário íntimo burguês funda-se na angústia existencial – não distante do *mal du siècle* – própria da subjetividade sensível do início do século XIX. A alma do intimista do Oitocentos não encontra repouso, sua inquietude parece não ter fim: "Seu egoísmo não se resolve em regozijo. Ele não é apaziguamento, mas aspiração. O diário não é um espelho que envaidece, mas uma voz que constrange".[50] Amiel, na entrada de 12 de abril de 1852 de seu *Journal*, escreve sobre esse caráter infindável da busca de si mesmo:

> Para terminar esse exame, é preciso antes conhecer a si mesmo a fundo, e depois fixar-se na vida. Ora, ainda não cheguei a nada disso. Eu ainda procuro. Minha natureza formada e meu coração dado, a tarefa do meu diário estará cumprida.[51]

Não se cumpriu nunca, e Amiel continuou escrevendo seu diário por mais trinta anos, até que a pluma lhe caiu das mãos, doze dias antes de sua morte. Em geral, a essa busca angustiosa e interminável do eu vem juntar-se no diário íntimo burguês, na medida em que ele avança, um sentimento de fracasso cada vez mais constante: "o diário se faz o arauto dessa derrota múltipla de si, da obra, da felicidade e da glória".[52]

---

49 Alain Girard, *Le journal intime*, p. 543.
50 Alain Girard, *Le journal intime*, p. 535.
51 Henri-Frédéric Amiel, *Journal*. In: Roland Jaccard (org.), *Du journal intime*, p. 35.
52 Alain Girard, *Le journal intime*, p. 509-10.

O leitor do *Memorial* já deve ter percebido que não é esse o caso do diário de Aires. Em todo o romance não há um sinal de angústia ligada à redação do diário, pelo contrário: "Dá certo gosto deitar ao papel cousas que querem sair da cabeça, por via da memória ou da reflexão".[53] Conforme visto, a necessidade imperiosa do diário íntimo burguês origina-se na necessidade que sente o indivíduo moderno de conhecer e determinar sua própria subjetividade, de fortalecer o sentimento de si mesmo, diariamente enfraquecido por uma realidade marcada pela alienação.[54] Na base do papel vital que o diário desempenha na vida do intimista está portanto o problema da crise e da construção da identidade individual – tal como este se configurou no início do século XIX: o eu como problema lancinante era a matéria indispensável a todo diário íntimo. Ora, no *Memorial de Aires,* o conselheiro não apenas não coloca esse problema em nenhum momento, como também o transforma em motivo de derrisão:

> [Dona Cesária] não disse mal de ninguém por falta de tempo, não de matéria, creio; tudo é matéria a línguas agudas. A maneira porque aprovava alguma cousa era quase sarcástica, e difícil de entender a quem não tivesse a prática e o gosto destas creaturas, como eu, velho maldizente que sou também. Ou serei o contrário, quem sabe? No primeiro dia de chuva implicante heide fazer a análise de mim mesmo.[55]

À crítica ingênua ou conservadora, o trecho poderia dar margem à ideia de que, ao sugerir a impossibilidade de

---

53 *Memorial de Aires,* §474.
54 Esse processo envolve angústia existencial (não por acaso, Kierkegaard, o primeiro filósofo da angústia moderna, escreveu diários durante três décadas).
55 *Memorial de Aires,* §753.

determinar a própria personalidade – "quem sabe?" –, Aires expressa, com base no saber experiente do ancião, a ideia de que o indivíduo, em sua essência, é inefável. Nesse caso, entretanto, se a ideia fosse séria, Aires não poderia afirmá-la *antes* de analisar a si mesmo, mas depois de muitas e infrutíferas tentativas de conhecer sua própria subjetividade. De maneira semelhante, a pergunta "ou serei o contrário?", não parece exprimir uma dúvida existencial verdadeira. Se assim fosse, o texto passaria a exprimir, a partir de então, alguma inquietude. Não é o caso, muito pelo contrário: Aires – com sofisticado, mas inegável, sarcasmo – condiciona a análise de si mesmo à possibilidade de chover. A "questão existencial" levantada pelo conselheiro não passa, portanto, de um negaceio provocador, por meio do qual o diarista aproveita para mostrar que escreve quando e o que quiser, assim como para sugerir que ele pode ser o mesmo e seu contrário, sem que a contradição constitua um problema. Na formulação derrisória da pergunta existencial, Aires dá expressão à comédia ideológica da classe dominante brasileira oitocentista, que sem cerimônia assumia, de maneira absolutamente descompromissada, as questões cruciais da modernidade. Ao troçar da regra fundamental do diário íntimo burguês do século XIX, condicionando-a a uma contingência meteorológica, Aires não apenas aparece como o contrário do intimista romântico – "cuja pessoa, esta, encontra-se sempre em estado de interrogação"[56]–, mas também deixa claro que não reconhece qualquer compromisso no âmbito de sua atividade "literária" nem qualquer exigência de coerência moral.

Não obstante, a certa altura do romance, Aires escreve: "A aposentação me restituiu a mim mesmo".[57] Ora, vale

---

56 Alain Girard, *Le journal intime*, p. 511.
57 *Memorial de Aires*, §801.

perguntar: quem é esse "eu mesmo" a que Aires se refere? Lendo o *Memorial*, as poucas pistas que temos a seu respeito quase sempre nos são dadas a despeito do diarista, que figura no romance como um ponto cego, inapreensível. Falta ao diário do conselheiro a componente reflexiva que era própria do gênero em sua versão tradicional – burguesa, europeia e oitocentista. É dos outros, não de si, que Aires fala em suas anotações. A ausência de reflexividade na forma reflexiva por excelência é surpreendente, e foi notada desde a publicação do livro. Conforme vimos anteriormente, Mário de Alencar, o primeiro leitor do *Memorial de Aires*, percebeu a falta, apontando-a não apenas como um dos traços distintivos da obra, mas como a sua maior qualidade, devido ao esforço e à engenhosidade exigidos para obtê-la. Vimos, também, que outro crítico, na expectativa legítima de encontrar no romance o retrato do diarista, considerou a ausência de reflexão a principal imperfeição do livro.[58]

Por mais que procure, o leitor não encontrará nas anotações do conselheiro traço algum da busca infatigável do eu que caracteriza o diário íntimo europeu do século XIX. Pelo contrário, assim como Brás Cubas e Bento Santiago, Aires procura nunca se dar por achado:[59] "Tudo é reticente nesse homem esquivo", escreve Lúcia Miguel Pereira a seu respeito. Mesmo quando se refere a si – o que é raríssimo –, como no caso de atração que sente por Fidélia, Aires dissimula.[60] Ao longo do livro, seu interesse pela viúva é sucessivamente descrito como mera curiosidade, como interesse científico e como contemplação desinteressada:

---

58 Ver *supra*, p. 179-181.
59 Lúcia Miguel Pereira, *Machado de Assis (estudo crítico e biográfico)*, p. 275.
60 Dissimulação que dificilmente se explica sem a hipótese da previsão, da parte do conselheiro Aires, de um leitor para seu diário.

> O que naquela dama Fidélia me atrai é principalmente certa feição de espírito, algo parecida com o sorriso fugitivo, que já lhe vi algumas vezes. Quero estudá-la se tiver ocasião.[61]
>
> Deste modo ela não iria daqui para a fazenda, e eu não perderia o meu objeto de estudo.[62]
>
> Se fosse nos primeiros dias deste ano, eu poderia dizer que era o pendor de um velho namorado gasto [...], mas não é isso; lá vão as últimas gabolices do temperamento. Agora, quando muito, só me ficaram as tendências estéticas, e deste ponto de vista, é certo que a viúva ainda me leva os olhos, mas só deante deles.[63]

No mesmo sentido, a justificativa de que Aires se vale para explicar a impossibilidade da realização de seu amor com Fidélia – uma suposta incapacidade sua de amar –, que ele expressa por meio do recorrente verso de Shelley,[64] não passa de um modo de escapar com orgulho à certeza de que a viúva nunca aceitaria a ele, um sexagenário, como marido. Com

---

61 *Memorial de Aires*, §220.
62 *Memorial de Aires*, §233.
63 *Memorial de Aires*, §374.
64 "I can give not what men call love", extraído do poema "To – –", publicado em 1824 pela mulher do escritor inglês em *Posthumous poems*. Vale transcrever a estrofe que contém o verso citado por Aires: "I can give not what men call love,/But wilt thou accept not/The worship the heart lifts above/And the Heavens reject not,–/The desire of the moth for the star,/Of the night for the morrow,/The devotion to something afar/From the sphere of our sorrow?" (Eu não posso dar o que os homens chamam de amor,/Mas não aceitarias/A adoração que o coração eleva acima/E os céus não rejeitam, – /O desejo da mariposa pela estrela,/Da noite pelo amanhã,/A devoção por algo distante/Da esfera da nossa tristeza?). Percy Bysshe Shelley, *Selected poetry*. Londres: Penguin Books, 1985, p. 281.

efeito, apenas no final do livro, por ocasião da despedida dos jovens, o próprio diarista acabará desmentindo Shelley.[65] De fato, para o conselheiro, a consumação de sua união com Fidélia depende apenas do consentimento desta: o sonho de Aires, no qual a viúva lhe pede a mão em casamento, não parece deixar espaço para dúvida. Não obstante, Aires procura narrar a revelação do inconsciente com soberana indiferença, por mais que lhe dê gosto a ideia. Quando se dá conta da ilusão, ou seja, quando, ao invés de Fidélia, vê à sua frente apenas o criado José, que o vinha chamar para tomar o café, Aires escreve, procurando mostrar-se acima da decepção: "Compreendi que era sonho e achei-lhe graça".[66] Nada mais distante da sinceridade que Stendhal demonstra em uma passagem de seu primeiro *Journal*: "Temo ser feio demais para ser amado por ela. Temo que esse medo me dê um aspecto esquisito".[67]

No exercício de sua profissão, Aires costumava usar os sofismas da linguagem diplomática para esconder do olhar exterior as misérias do Brasil.[68] No *Memorial*, o conselheiro utiliza a mesma arte retórica para ocultar a si mesmo e a seus próprios sentimentos e atos inconfessáveis. Os raros momentos de confissão do *Memorial* são como deslizes que devem ser prontamente corrigidos:

> Papel, amigo papel, não recolhas tudo o que escrever esta pena vadia. Querendo servir-me, acabarás desservindo-me, porque se acontecer que eu me vá desta vida, sem

---

65 "Sentou-se no canapé e ficamos a olhar um para o outro, ela desfeita em graça, eu desmentindo Shelley com todas as forças sexagenárias restantes". *Memorial de Aires*, § 1147.

66 *Memorial de Aires*, §285.

67 Stendhal, *Journal* [1801-1814]. *Apud* Alain Girard, *Le journal intime*, p. 305.

68 Ver *infra*, p. 239

> tempo de te reduzir a cinzas, os que me lerem depois da missa do sétimo dia, ou antes, ou ainda antes do enterro, podem cuidar que te confio cuidados de amor.[69]

O diário íntimo não tem para o conselheiro, portanto, a função "clássica" do gênero: substituir o confessor, o *directeur de l'âme*. Nenhum exame de consciência é feito no *Memorial de Aires* pelo diarista; ao contrário, a relação deste consigo mesmo é marcada por autocomplacência e cinismo, o que retira do horizonte da prática do diário íntimo qualquer perspectiva de aperfeiçoamento moral de si. Impossível imaginar o conselheiro Aires, por exemplo, escrevendo as palavras, não isentas de afetação romântica, que Benjamin Constant registra em seu diário: "Lanço-me aos pés da Providência para pedir perdão por meus crimes!".[70] Ao contrário, com espírito radicalmente oposto, o diário do conselheiro constitui-se como lugar de observação dos outros. Há algo de um *voyeur* em Aires:

> Estava com desejo de ir passar um mês em Petrópolis, mas o gosto de acompanhar aqueles dous namorados me fez hesitar um pouco, e acabará por me prender aqui.[71]

> Eu gosto de ver impressas as noticias particulares, é bom uso, faz da vida de cada um ocupação de todos. Já as tenho visto assim, e não só impressas, mas até gravadas. Tempo há de vir em que a fotografia entrará no quarto dos moribundos para lhes fixar os últimos instantes; e se ocorrer maior intimidade entrará também.[72]

---

69 *Memorial de Aires*, §218.
70 Benjamin Constant, *Journal*. Apud Alain Girard, *Le journal intime*, p. 275.
71 *Memorial de Aires*, §936.
72 *Memorial de Aires*, §974

> Eu deleitava-me em apreciá-la por dentro, e por fora, não a achando menos curiosa interna que externamente. Sem perder a discrição que lhe vai tão bem, Fidélia abre a alma sem biocos, cheia de confiança que lhe agradeço daqui.[73]

Ao invés de se constituir como exercício interior de aperfeiçoamento moral do próprio diarista, o diário de Aires, entre outras coisas, é o exercício do prazer corrosivo de análise do outro:

> A maledicência não é tão mau costume como parece. Um espírito vadio ou vazio, ou ambas estas cousas acha nela útil emprego. E depois, a intenção de mostrar que outros não prestam para nada, se nem sempre é fundada, muita vez o é, e basta que o seja alguma vez para justificar as outras.[74]

Conforme visto desde o início deste trabalho, se Aires, por um lado, a todo momento, trata de desculpar as personagens que observa, por outro não deixa de sugerir, ponto por ponto, ironicamente, todos os "defeitos" morais que procura ocultar, de modo que não deixa de acusar aquilo que trata de defender:

> Em suma, um bom rapaz, não me canso de o escrever, nem o calaria agora que ele [Tristão] vai casar; todos os noivos são bons rapazes.[75]

> Talvez ele [Tristão] tenha alguma dissimulação, além de outros defeitos de sociedade, mas neste mundo a imperfeição é cousa precisa.[76]

---

73 *Memorial de Aires*, §1003.
74 *Memorial de Aires*, §777.
75 *Memorial de Aires*, §1027.
76 *Memorial de Aires*, §744.

> Tem agradado muito o Tristão, e para crer que o merece basta dizer que a mim não me desagrada, ao contrário. [...] Ainda lhe não ouvi grandes cousas, nem estas são precisas a quem chega de fora e vive em família.[77]
>
> Só lhe ouvi [de Tristão] meia dúzia de palavras algo parecidas com louvor próprio, e ainda assim moderado. "Dizem que não escrevo inteiramente mal" encobrirá a convicção de que escreve bem, mas não o disse, e pode ser verdade.[78]
>
> Campos é homem interessante, posto que sem variedade de espírito; não importa, uma vez que sabe despender o que tem. Verdade é que tal regra levaria a gente a aceitar toda a casta de insípidos.[79]
>
> Não me soube grandemente essa aliança de gerente de banco e pai de cachorro.[80]

A maledicência refinada de Aires explica inclusive a simpatia dele por D. Cesária, velha futriqueira e de má-língua, espécie de *pendant* maligno da boa D. Carmo:

> Para conversar, Dona Cesária basta e sobra. Eu conheci na vida algumas dessas pessoas capazes de dar interesse a um tédio e movimento a um defunto; enchem tudo consigo.[81]
>
> Esta senhora se não tivesse fel talvez não prestasse; eu nunca a vejo sem ele, e é uma delícia. [...] Há

---

77 *Memorial de Aires*, §404.
78 *Memorial de Aires*, §445.
79 *Memorial de Aires*, §163.
80 *Memorial de Aires*, §445.
81 *Memorial de Aires*, §468.

ocasiões em que a graça de D. Cesária é tanta que a gente tem pena de que não seja verdade o que ela diz, e facilmente lho perdoa.[82]

Dada a falta de reflexividade no *Memorial*, não se sustenta a hipótese, prezada por boa parte da crítica tradicional do romance, da sabedoria do conselheiro Aires. A sabedoria, em princípio, relaciona-se ao acúmulo reflexivo de experiências múltiplas. Nesse sentido, ela pode ser considerada o momento mais alto do processo de formação da subjetividade. Ora, conforme visto ao longo deste trabalho, o *Memorial* configura em todos os seus níveis compositivos (no desenvolvimento da trama, na construção das personagens, na organização formal, na constituição do ponto de vista narrativo e na representação da história) uma formação incompleta, uma forma da não formação. A crítica tradicional costuma atribuir ao conselheiro Aires a sabedoria do cético maduro. Para isso, apoia-se no "tédio à controvérsia" do velho diplomata.[83] Todavia, não percebe – ou não quer perceber – que o suposto ceticismo de Aires não resulta da busca exaustiva, anterior, da verdade, do esforço sustentado para conhecer a realidade, de cujo fracasso emergiria, única saída possível, a ataraxia. Ao contrário, o ceticismo do conselheiro, escandalosamente superficial, é adotado por ele em função de fins menos elevados, dos quais o mais inocente é a satisfação momentânea do amor-próprio, perversamente obtida:

> Na escola não briguei com ninguém, ouvia o mestre, ouvia os companheiros, e se alguma vez estes eram extremados e discutiam, eu fazia da minha alma um

---

82 *Memorial de Aires*, §909-913.
83 Ver *Esaú e Jacó*, capítulo XII, "Esse Aires".

compasso, que abria as pontas aos dous extremos. Eles acabavam esmurrando-se e amando-me.
Não quero elogiar-me... Onde estava eu?[84]

Conforme visto anteriormente, a relativização de tudo, operada pelo narrador no *Memorial de Aires*, é socialmente interessada: ao sobrepor uma névoa às razões nada nobres dos atos de integrantes da classe dominante, ela serve à manutenção do sistema de opressão social de que as elites se beneficiam. Ao afirmar que fidelidade e traição se confundem, que amor e indiferença dão na mesma, que liberdade e escravidão não se distinguem, Aires protege a traição, a indiferença e a escravidão. Feita em contexto de injustiça social evidente, a afirmação de que a realidade é incognoscível revela-se comprometida com a manutenção do estado de coisas existente. Noutros termos, o ceticismo barato do conselheiro funciona como ideologia. A suspensão metódica de todo e qualquer juízo, sob a aparência de que se faz em nome de uma verdade filosófica maior, não apenas livra os ricos da crítica de suas ações inconfessáveis, como lhes avaliza a prática de outras tantas mais.

Tão enganoso quanto o ceticismo é o suposto estoicismo do narrador, também aventado com frequência pela crítica do *Memorial*.[85] Como vimos ao longo deste trabalho, os raros momentos de renúncia, por parte do conselheiro, aos prazeres da vida mundana são sempre breves, quando intencionais, ou forçados por condições exteriores (como no caso de sua paixão por Fidélia), quando não se configura propriamente renúncia. O projeto de isolar-se em casa com os livros e as lembranças, por exemplo, durou quase nada. Após poucos dias de reclusão, Aires

---

84 *Memorial de Aires*, §591.
85 Ver José Paulo Paes, "Um aprendiz de morto", p. 32-34; Márcia Lígia Guidin, *Armário de vidro*; Alfredo Bosi, "Uma figura machadiana", p. 148.

voltou a buscar a sociedade com suas distrações.⁸⁶ Quando, não obstante, os momentos de solidão, amiudados com a aposentadoria e a velhice, são inevitáveis, Aires trata de redigir seu diário íntimo, mistura peculiar de fofoca, análise sádica do outro e defesa dos interesses da própria classe. A própria abdicação do amor, conforme comentamos algumas páginas atrás, não passa de uma saída que preserva o orgulho, que evita a humilhação de uma recusa. No *Memorial de Aires*, portanto, a sabedoria do narrador é cheia de pose, mas destituída de substância – "não mais que um vazio princípio formal cuja arcaica dignidade ajuda a disfarçar conteúdos arbitrários".⁸⁷

Voltando à ausência de exame de consciência no diário íntimo do conselheiro, esta, mais o deboche em relação à possibilidade mesma de realização de um exame dessa ordem, faz de Aires um representante de sua classe. Como se sabe, depois de realizar a Abolição, a classe dominante brasileira deu por cumprida sua tarefa histórica. Não colocou para si mesma a questão das responsabilidades que lhe impunham, no presente como no futuro, além da libertação jurídica dos negros, os quatro séculos de trabalho forçado dos quais se beneficiou. Conforme vimos anteriormente, tão logo foi promulgada a Lei Áurea, a integração dos negros à sociedade deixou de ser matéria discutida nas instituições políticas e na sociedade. Todos os esforços – e recursos – do Estado concentraram-se em evitar os possíveis danos que a mudança do regime de trabalho poderia causar à grande lavoura cafeeira. Nada foi feito no sentido de preparar o liberto para a vida em uma ordem social competitiva, na qual ele ingressava com enorme desvantagem, sem condições técnicas, morais e psicológicas para concorrer com o imigrante

---

86 Ver *supra*, p. 107.
87 Theodor W. Adorno, "La actualidad de la filosofia". In: *Actualidad de la filosofia*. Barcelona: Paidós, 1991, p. 14.

no novo mercado de trabalho. O movimento abolicionista se extinguiu. Os fazendeiros, por sua vez, esqueciam-se dos negros tão logo os substituíam pelo imigrante estrangeiro. Na contramão de um comportamento historicamente responsável, os donos do poder eximiram-se de qualquer dever de assistência ou proteção aos ex-escravos.

Conforme visto, a grande maioria dos diaristas clássicos é formada por homens cujas perspectivas de vida viram-se frustradas, de uma forma ou de outra, pela Revolução Francesa. Pode-se dizer que "a escrita diária está freqüentemente ligada a períodos de profundos abalos históricos, crises coletivas que reverberam no plano individual".[88] Sob esse ângulo, o diário íntimo aparece como um "sismógrafo" de violentas perturbações sociais e históricas, do ponto de vista dos efeitos destas sobre a vida espiritual do intimista. A calmaria do diário do conselheiro Aires, escrito durante os anos 1888-89 no Brasil, não deixa de apontar, portanto, conforme notamos ao longo da segunda parte deste trabalho, para o teor não-revolucionário da Abolição, registrando a vida tranquila da elite imperial brasileira que, sem sofrer grandes abalos, realizava por si, e em certa medida para si, a transição do regime de trabalho escravo para o regime de trabalho livre.

Por ocasião da Abolição, nossas elites, como é de seu costume, não fizeram seu exame de consciência histórico – exame que continuam devendo, e que procuram eludir, hoje como há um século, com artifícios retóricos não muito distantes daqueles que Aires utiliza em seu diário para jamais se dar por achado. Desde a Independência, a dominação social, no Brasil, tem o hábito de não definir seus contornos, de não se nomear enquanto tal, evitando com isso o conflito. Depois da Abolição, ao invés de rememorar produtivamente o passado,

---

88 Fraçoise Simonet-Tenant, *Le journal intime*, p. 69.

a classe dirigente do país procurou difundir a ideia de que a escravidão fora redimida num traço de pena. Ao contrário de recordar a violência multissecular praticada contra os negros, no sentido de repará-la, propôs o esquecimento do passado, o que lhe permitia isentar-se de responsabilidade pelos efeitos do escravismo no presente, os quais eram dados, por ela mesma, como abolidos.

Em setembro de 1889 – portanto menos de um ano e meio depois da Abolição –, estreava no Theatro Imperial Dom Pedro II a ópera *Lo schiavo* ["O escravo"], de Carlos Gomes, o maior compositor brasileiro de então, curiosamente nascido no mesmo ano do nascimento de Machado de Assis. O momento central do drama é o da libertação de um casal de índios tamoios por uma jovem abolicionista, a Condessa de Boissy. Após a alforria, todos os cantores que estão em cena cantam, com máximo entusiasmo: "Brava Contessa! Viva il Brasil, terra civile di libertà!". Um detalhe: a ação se passa no Rio de Janeiro, mas... em 1567. Por meio do anacronismo, além de eliminar os negros da história, a obra transfere metaforicamente a Abolição para os primórdios da história do Brasil, anulando simbolicamente o passado escravista. Carlos Gomes idealiza um país sem escravos desde sua fundação. A ideia, contudo, não pertencia apenas à retórica monarquista, da qual o compositor se tornou o representante no âmbito da música erudita brasileira.[89] Um ano após a estreia de *Lo schiavo*, a letra do Hino à República, escrita por Medeiros e Albuquerque em 1890, não deixava de dar sua contribuição para o esforço de remover a escravidão da memória: "Nós nem cremos que escravos outrora/Tenha havido em tão nobre país...", dizem dois de seus versos.[90]

---

89 *Lo schiavo* foi dedicada à Princesa Isabel, a "Redentora".

90 Mais de trinta anos depois, Graça Aranha defenderia, em sentido análogo, o esquecimento do passado escravista: "A escravidão é uma infâmia,

Por meio do apagamento imaginário do passado escravista, nossas elites, ao mesmo tempo em que procuravam limpar a imagem do país – quer dizer, a imagem de si mesmas, por meio da imagem do país –, desobrigavam-se de eliminar da sociedade as sequelas reais e profundas deixadas pela ordem escravocrata. A celebração da Abolição transformava-se em ideologia.[91] O

> que nos envergonha. Recordá-la é para nós uma humilhação. [...] Jamais o gênio de Castro Alves foi maior do que no 'Navio negreiro' e nas 'Vozes da África'. Hoje o que resta desses poemas é a emoção puramente estética, que vem das imagens, das evocações e dos quadros. E quanta gente, que os relê, se limita às partes dos poemas, em que não aparecem a mancha da escravidão e a torpeza dos humanos. Seria impossível hoje representar, mesmo por simples curiosidade, seu drama *Escravos*. E no entanto em todos os colégios brasileiros para exaltar o sentimento das crianças faz-se decorar, recitar e mesmo dramatizar o poema heroico de 'Y-Juca-Pyrama'. Porque aí está vivo, eterno e maravilhoso o sentimento nacional do brasileiro, a glorificação de uma raça formadora da nação".
> Graça Aranha, *Correspondência entre M. de Assis e J. Nabuco*, p. 13-14.

91 Essa psicologia de classe e sua função ideológica aparecem concentradas em uma passagem importante do *Memorial*, na qual Aires descreve, no dia 9 de setembro de 1888, um sonho que acaba de ter: "Dormi pouco, uns vinte minutos, apenas o bastante para sonhar que todas as crianças deste mundo, com carga ou sem ela, faziam um grande círculo em volta de mim, e dançavam uma dança tão alegre que quase estourei de riso. Todas falavam 'deste moço que ria tanto'. Acordei com fome, lavei-me, vesti-me e vim primeiro escrever isto". O material do sonho advém de uma experiência que o conselheiro tivera pouco antes, a caminho de casa. Na rua, Aires encontrara dois grupos de crianças: o primeiro, composto por crianças que brincavam, "graciosas" e de mãos dadas, "saltando" com "viveza"; o segundo, por crianças que vinham "sós ou em grupos de duas", carregando "trouxas ou cestas" que lhes "pesavam à cabeça ou às costas", "começando a trabalhar, ao tempo em que as outras não acabavam ainda de rir". A distinção de classe entre os dois grupos é evidente e objetiva, uma vez que se fundamenta e se manifesta na exploração (isto é, de um lado na ausência; de outro, na prática) do trabalho. Mas essa diferença inicial se desdobra em outra, mais sutil, que parece intrigar o narrador. Uma criança do primeiro grupo (isto é, das crianças ricas) refere-se ao conselheiro: "— Olha aquele moço que está rindo para nós". Aires se surpreende ao ser chamado de "moço", e cogita a

As formas da traição

raciocínio é simples: se a escravidão nunca fez parte de nossa

hipótese de que esse nome, para as crianças em geral, se refere à estatura da pessoa, não propriamente à idade. A visão, no entanto, das crianças pobres (muito provavelmente filhos de ex-escravos), que ao contrário das primeiras "não diziam coisa nenhuma" ao conselheiro, leva-o a formular outra hipótese, primeiro passo na direção de uma interpretação social do episódio: "Dar-se-á que a não ter carregado nada na meninice devo eu o aspecto de 'moço' que as primeiras me acharam agora?". Como sempre no *Memorial*, todavia, Aires não deixa entrever a verdade senão para ocultá-la melhor, e a perspectiva social logo é abandonada por um ponto de vista "natural": "Não, não foi isso. A idade dá o mesmo aspecto às cousas". Ora, muito pelo contrário, poderia observar o leitor, o conselheiro acabara justamente de notar a diferença absoluta – de caráter social – entre o aspecto de crianças da mesma idade, ou seja, entre as crianças ricas do primeiro grupo e as crianças pobres do segundo... A despeito da contradição entre os pontos de vista social e natural esboçados, Aires conclui que "a infância vê naturalmente verde", de modo que "também estas [as crianças que trabalham], se eu risse, achariam que 'aquele moço ria para elas', mas eu ia sério, pensando, acaso doendo-me de as sentir cansadas". Ora, poderia notar uma vez mais o leitor, todo o episódio indica que as crianças do segundo grupo, as crianças que trabalham, não se encontram mais, por razões sociais, na infância, portanto não são mais "verdes", isto é, *não são crianças*, ao contrário das outras, que pertencem às elites... Aires todavia escamoteia o elemento social, que qualifica e modifica a natureza, e que ele deixara apenas entrever. Desse modo, a conclusão do conselheiro ao interpretar o sentido desse encontro com as crianças diversas permite-lhe ao mesmo tempo: 1) rifar o processo de autoconsciência do privilégio social que se esboçava; 2) concentrar o interesse da cena no "problema" da aparência da idade do narrador, deixando de lado a crítica da opressão social; 3) ocultar as diferenças reais entre as crianças ricas e as crianças pobres, completando uma operação ideológica de "abafa".

Além disso, o raciocínio do conselheiro retira do horizonte da prosa a consciência que as crianças do *segundo* grupo (isto é, os descendentes de ex-escravos, que continuam a fazer o trabalho de escravos; ou, as crianças que não são mais crianças), a consciência que essas crianças, enfim, possam ter da exploração social (uma vez que elas não sorriem para Aires, ao contrário das crianças ricas, que estão felizes). Afinal, Aires *supõe* que as crianças pobres, assim como as crianças ricas, sorririam para o conselheiro se este sorrisse para elas, ou seja, veriam o mundo "verde" como toda criança. Ora, é mais provável que as crianças não tenham sorrido para Aires *porque carregam cestos e trouxas sobre a cabeça e as costas*, e que história, não entra em questão a reparação de seus efeitos, os quais, naturalmente, não haviam sido anulados – longe disso – de uma hora para outra, por meio da Lei Áurea. Abolido o passado no plano das ideias, suas marcas persistiam na realidade presente.[92] O "sol sem mancha" da ideologia oficial, celebrado em verso e prosa durante os magníficos festejos realizados por ocasião da Abolição, ao invés de iluminar o passado negro do país, convenientemente ofuscava-o.[93]

vissem num hipotético sorriso do conselheiro não uma simpatia juvenil, mas uma gozação cruel, a expressão descarada da exploração de classe. Na ocasião, Aires não chega a esse ponto, mas não deixa de exercer, ao anotar o caso em seu diário, sua perversão sofisticada, ao sugerir, contra toda evidência, que as crianças pobres não sabem o que ele, Aires, sabe sobre elas: "elas [as crianças pobres], não vendo que os meus cabelos *brancos* deviam ter-lhes o aspecto de *pretos*, não diziam coisa nenhuma, foram andando e eu também". Nesse ponto, recuperando o ponto de vista social, na contramão da argumentação de Aires, pode-se imaginar que as crianças (muito provavelmente *negras*) viam claramente que o conselheiro era *branco*, ou seja, um membro da classe dominante que as explorava.

Em suma, por meio das armadilhas expositivas habituais, fingindo zelo pela verdade, o conselheiro abafa a estridência da cena que presencia, na qual se revela, escandalosamente, a violência social – isto é, a persistência real de formas de exploração análogas à escravidão após o Treze de Maio, apesar da abolição jurídica da escravatura. A desfaçatez com que realiza essa operação ideológica (a expressão "*acaso* doendo-me" não indicando senão o caráter duvidoso, insignificante na melhor das hipóteses, da culpa social) se desdobra no sonho de Aires, no qual nenhum recalque social se exprime; ao contrário, no sonho vem à tona apenas o desejo pessoal de voltar a ser jovem: a diferença entre as crianças ricas e pobres é abolida na celebração da mocidade do conselheiro. *Memorial de Aires*, "9 de novembro, à tarde".

92 Não custa lembrar que um dos índios de *Lo schiavo*, ao ser alforriado, em nome de uma dívida de gratidão, jura fidelidade eterna ao senhor, oferecendo ao final do drama sua própria vida, a fim de salvar a vida de seu benfeitor.

93 A expressão entre aspas é do poema "Ao sol", de Adelina Lopes Vieira, um dos muitos distribuídos nas ruas da corte durante os dias que se seguiram

Isso posto, voltemos ao *Memorial*. Quando começa a redigir seu diário íntimo, após voltar definitivamente para o Brasil, Aires tem farta experiência na arte de fazer desaparecer as misérias do Brasil:

> Regressou ao Rio de Janeiro, depois de um último olhar às cousas vistas, para aqui viver o resto dos seus dias. Podia fazê-lo em qualquer cidade, era homem de todos os climas, mas tinha particular amor à sua terra, e porventura estava cansado de outras. Não atribuía a estas tantas calamidades. A febre amarela, por exemplo, à força de a desmentir lá fora, perdeu-lhe a fé, e cá dentro, quando via publicados alguns casos, estava já corrompido por aquele credo que atribui todas as moléstias a uma variedade de nomes. Talvez porque era homem sadio.[94]

Sabe-se que o Império, na esfera das relações internacionais, realizou grandes esforços no sentido de criar na Europa uma imagem idealizada da escravidão no Brasil, pintando com cores suaves as relações entre os senhores e os escravos daqui. Em grande parte, o trabalho de tecer um "lindo véu" que escondesse as iniquidades do escravismo ficava a cargo da imprensa paga pelo governo, da literatura dos viajantes e dos representantes da Coroa no exterior. Diplomata, o conselheiro Aires pertencia à linha de frente dessa empreitada ideológica internacional. Nesse sentido, é significativo que Aires, na única passagem do *Memorial* em que se refere ao passado escravista brasileiro, lamente a impossibilidade de apagá-lo do registro da história:

---

ao 13 de Maio. Ver José Américo Miranda (ed.), *Maio de 1888*, p. 115. Sobre a presença maciça das imagens solares nesses poemas de ocasião, ver *Idem*, p. 25-27.

94 *Esaú e Jacob*, §386.

> Ainda bem que acabamos com isto. Era tempo. Embora queimemos todas as leis, decretos e avisos, não poderemos acabar com os atos particulares, escrituras e inventários, nem apagar a instituição da história, ou até da poesia. A Poesia falará dela, particularmente naqueles versos de Heine, em que o nosso nome está perpétuo. Neles conta o capitão do navio negreiro haver deixado trezentos negros no Rio de Janeiro, onde "a casa Gonçalves Pereira" lhe pagou cem ducados por peça.[95]

A passagem parece conter uma referência – por parte de Machado de Assis, mas não de Aires, pois que este é anterior ao evento – à famosa queima dos "arquivos da escravidão", realizada pelo governo republicano entre 1890 e 1892, por decisão de Rui Barbosa.[96] A eliminação dos vestígios do escravismo no Brasil aparece como um projeto cuja realização Aires lamenta ser impossível. Para que não reste dúvida sobre o teor da reflexão do conselheiro, observemos que ao deplorar a presença indelével do passado escravista na poesia, Aires pensa na poesia... estrangeira. A escravidão não é vista senão como uma mancha na imagem do país diante das nações "civilizadas".

Assim, mesmo quando o conselheiro demonstra simpatia pela Abolição, sua satisfação parece estar menos ligada à liberdade dos escravos do que à imagem do país – portanto da classe dirigente – diante das nações modernas:

---

95 *Memorial de Aires*, §243.

96 A medida é normalmente considerada como uma tentativa de apagar os vestígios do crime histórico. Recentemente, porém, defende-se também a tese de que a queima dos documentos relativos à escravidão foi na verdade a forma encontrada pelo governo para inviabilizar e eliminar definitivamente qualquer possibilidade de pagamento de indenizações aos antigos proprietários de escravos. O novo argumento baseia-se no passado abolicionista de Rui Barbosa, assim como no recrudescimento das demandas indenizatórias durante os primeiros anos da República Velha.

> Dizem que, abertas as câmaras, aparecerá um projeto de lei. Venha, que é tempo. Ainda me lembra do que lia lá fora, a nosso respeito, por ocasião da famosa proclamação de Lincoln: "Eu, Abraão Lincoln, Presidente dos Estados Unidos da América...". Mais de um jornal fez alusão nominal ao Brasil, dizendo que restava agora que um povo cristão e último imitasse aquele e acabasse também com os seus escravos. Espero que hoje nos louvem.[97]

Preocupação semelhante demonstrava a nossa Câmara dos Deputados, ao comentar a Abolição na resposta de junho de 1888 à "Fala do Trono" da princesa regente:

> Consagramos [o princípio] da uniformidade da condição civil e eliminamos assim da legislação a única exceção repugnante com a base moral do direito pátrio, e como espírito liberal das instituições modernas. Esse fato, que é testemunho do nosso adiantamento social e político, e que deve acrescentar a consideração que o Brasil merecia das nações civilizadas, foi ruidosamente aplaudido dentro e fora do Império.[98]

De sua parte, Aires compõe um diário no qual a escravidão não tem lugar: a Abolição é apenas ligeiramente mencionada, e somente na medida em que livra o Brasil da pecha de "país escravista"; já a integração dos negros à sociedade e a superação do legado da escravidão não despertam qualquer interesse:

> — Sabe o que Dona Fidélia me escreveu agora? perguntou-me Aguiar. Que o Banco tome a si vender Santa-Pia.

---

97 *Memorial de Aires*, §237.
98 *Apud* Clóvis Moura, *Dicionário da escravidão negra no Brasil*. São Paulo: Edusp, 2004, p. 15.

— Creio que já ouvi falar nisso...
— Sim, há tempos, mas era idéia que podia passar; vejo agora que não passou.
— Os libertos têm continuado no trabalho?
— Têm, mas dizem que é por ela. Não me lembra se fiz alguma reflexão acerca da liberdade e da escravidão, mas é possível, não me interessando em nada que Santa-Pia seja ou não vendida. O que me interessa particularmente é a fazendeira.[99]

No *Memorial de Aires*, a classe dominante do final do Segundo Reinado volta-se completamente sobre si mesma. Por sua vez, o diário íntimo, forma reflexiva por excelência, "encena" o mesmo movimento. Conteúdo e forma mantêm, no romance, uma relação de homologia estrutural. Talvez nada seja mais apropriado para representar uma classe que perdeu sua função histórica e que só tem olhos para si do que o isolamento e a autorreferencialidade do diário íntimo de um membro desta classe. Todavia, é importante observar que esse voltar-se para si não se realiza com ânimo crítico. Ao contrário, "reflexão" significa, no *Memorial*, idealização de si, estetização de si – portanto representação extra-histórica da própria existência. Nesse sentido, a forma diário apresenta, uma vez mais, especificidades que decorrem da posição de classe do diarista. Assim como este não tem qualquer intenção de analisar a si mesmo, sua classe não tem qualquer intenção de refletir sobre os crimes de que é autora. Há uma relação profunda, não evidente, entre a ironia com que Aires trata a possibilidade de analisar a si mesmo e o descaso que ele e seus pares dedicam aos libertos de Santa-Pia.

Pouco antes de cair nas mãos dos fascistas, Benjamin escrevia que a revolução é irmã da redenção, e que a redenção é

---

99 *Memorial de Aires*, §1043-1048.

filha da reminiscência, da recordação do sofrimento das vítimas de todos os tempos.[100] No *Memorial de Aires*, à ausência de exame de consciência de classe corresponde o desinteresse das personagens do romance pela situação dos libertos. Em outras palavras, a falta de qualquer indício de *mea culpa* nas páginas do diário de Aires aponta para o teor essencialmente conservador, portanto anti-revolucionário, da Abolição da escravatura no Brasil. A negação abstrata do passado no plano da ideologia serve à manutenção do passado no plano social.

Nada mais realista, portanto, do que a presença discreta, no romance, dos acontecimentos ligados ao fim da escravidão. Em função da peculiaridade da matéria histórica e da maestria do romancista, o apagamento da Abolição potencializa, surpreendentemente, sua presença. Com rara lucidez, na contramão da retórica abolicionista, que Raymundo Faoro considerava precursora do populismo brasileiro,[101] Machado de Assis denunciou, de maneira complexa, moderna, radical e negativa, a farsa da Abolição, cujo significado profundo ele compreendeu e dramatizou em seu último romance. Na indiferença de nossas elites em relação aos pobres reside, justamente, o cerne da atualidade do *Memorial de Aires*.

---

100 Nas teses sobre o conceito de história. Walter Benjamin, *Illuminations*, p. 253-264.
101 Raymundo Faoro, *Os donos do poder*, p. 453.

Bibliografia

Obras de Machado de Assis

Dom Casmurro. "Edições Críticas de Obras de Machado de Assis". Rio de Janeiro: Civilização Brasileira/MEC, 1975.

Esaú e Jacob. "Edições Críticas de Obras de Machado de Assis". Rio de Janeiro: Civilização Brasileira/MEC, 1975.

Helena. "Edições Críticas de Obras de Machado de Assis". Rio de Janeiro: Civilização Brasileira/MEC, 1977.

Iaiá Garcia. "Edições Críticas de Obras de Machado de Assis". Rio de Janeiro: Civilização Brasileira/MEC, 1975.

Memorial de Aires. "Edições Críticas de Obras de Machado de Assis". Rio de Janeiro: Civilização Brasileira/MEC, 1977.

Memórias póstumas de Brás Cubas. "Edições Críticas de Obras de Machado de Assis". Rio de Janeiro: Civilização Brasileira/MEC, 1977.

Quicas Borba. "Edições Críticas de Obras de Machado de Assis". Rio de Janeiro: Civilização Brasileira/MEC, 1975.

"Obra Completa", 3 vols. Rio de Janeiro: Aguilar, 1992.

"Obras Completas de Machado de Assis", 31 vols. Rio de Janeiro: W. M. Jackson, 1958.

Sobre Machado de Assis

ANDRADE, Mário de. "Machado de Assis". In: *Aspectos da literatura brasileira*. Belo Horizonte: Itatiaia, 2002.

ARANHA, Graça. *Correspondência entre Machado de Assis e Joaquim Nabuco*. Rio de Janeiro: F. Briguiet & Cia., 1942.

BASTIDE, Roger. "Machado de Assis, paisagista". *Revista da USP*, São Paulo, n° 56, dez. 2002-fev. 2003.

BOSI, Alfredo *et al*. *Machado de Assis*. São Paulo: Ática, 1982.

_____. *Machado de Assis: o enigma do olhar*. São Paulo: Ática, 1999.

BROCA, Brito. *Machado de Assis e a política e outros estudos*. Rio de Janeiro: Simões, 1957.

CALDWELL, Helen. *O Otelo brasileiro de Machado de Assis*. São Paulo: Ateliê Editorial, 2002.

CANDIDO, Antonio. "Esquema de Machado de Assis". In: *Vários escritos*. São Paulo: Duas Cidades, 1995.

CHALHOUB, Sidney. *Machado de Assis, historiador*. São Paulo: Companhia das Letras, 2003.

CHALHOUB, Sidney; PEREIRA, Leonardo Affonso de Miranda (org.). *A História contada: capítulos de história social da literatura no Brasil*. São Paulo: Nova Fronteira, 1998.

FAORO, Raymundo. *Machado de Assis: a pirâmide e o trapézio*. São Paulo: Globo, 2001.

GLEDSON, John. *Machado de Assis: ficção e história*. São Paulo: Paz e Terra, 1986.

_____. *Machado de Assis: impostura e realismo. Uma reinterpretação de Dom Casmurro*. São Paulo: Companhia das Letras, 1999.

GOMES, Eugênio. *Machado de Assis*. Rio de Janeiro: São José, 1958.

GUIDIN, Márcia Lígia. *Armário de vidro: velhice em Machado de Assis*. São Paulo: Nova Alexandria, 2000.

GUIMARÃES, Hélio de Seixas. *Os leitores de Machado de Assis: o romance machadiano e o público de literatura no século 19*. São Paulo: Nankin/Edusp, 2004.

MACHADO, Ubiratan (org.). *Machado de Assis: roteiro da consagração*. Rio de Janeiro: Editora da UERJ, 2003.

MAGALHÃES JÚNIOR, Raymundo. *Machado de Assis desconhecido*. Rio de Janeiro: Civilização Brasileira, 1955.

_____. *Vida e obra de Machado de Assis*, 4 vols. Rio de Janeiro: Civilização Brasileira, 1981.

_____ (ed.). *Diálogos e reflexões de um relojoeiro*. Rio de Janeiro: Civilização Brasileira, 1956.

MASSA, Jean-Michel. *A juventude de Machado de Assis*. Rio de Janeiro: Civilização Brasileira, 1971.

MEYER, Augusto. *Machado de Assis*. Rio de Janeiro: Presença, 1975.

MONTELLO, Josué. *Os inimigos de Machado de Assis*. Rio de Janeiro: Nova Fronteira, 1998.

PAES, José Paulo Paes. *Gregos & baianos*. São Paulo: Brasiliense, 1985.

PASTA JÚNIOR, José Antonio. "Changement et idée fixe (L'autre dans le roman brésilien)". In: *Au fil de la plume*. Cahiers du Crepal, n° 10. Paris: Presses Sorbonne Nouvelle.

PEREIRA, Astrojildo. *Machado de Assis: ensaios e apontamentos avulsos*. Rio de Janeiro: São José, 1959.

PEREIRA, Lúcia Miguel. *Prosa de ficção: de 1870 a 1920*. Belo Horizonte: Itatiaia, 1988.

_____. *Machado de Assis (estudo crítico e biográfico)*. Belo Horizonte: Itatiaia, 1988.

ROMERO, Sílvio. *Machado de Assis: estudo comparativo de literatura brasileira*. Campinas: Unicamp, 1992.

SCHWARZ, Roberto. *Que horas são?* São Paulo: Companhia das Letras, 1997.

_____. *Um mestre na periferia do capitalismo.* São Paulo: Duas Cidades, 2000.

_____. *Sequências brasileiras.* São Paulo: Companhia das Letras, 1999.

_____. *Duas meninas.* São Paulo: Companhia das Letras, 1997.

_____. *Ao vencedor as batatas.* São Paulo: Duas Cidades, 2000.

_____. "A viravolta machadiana". *Novos Estudos Cebrap*, São Paulo, n° 69, jul. 2004.

VERÍSSIMO, José. *História da literatura brasileira: de Bento Teixeira (1601) a Machado de Assis (1908).* São Paulo: Letras & Letras, 1998.

WEHRS, Carlos. *Machado de Assis e a magia da música.* Rio de Janeiro: Sete Letras, 1997.

Bibliografia Geral

ADORNO, Theodor W. Beethoven. *The Philosophy of Music*, Stanford: Stanford University Press, 1998.

_____. *Philosophie de la nouvelle musique.* Paris: Gallimard, 2000.

_____. *Quasi una fantasia.* Paris: Gallimard, 1982.

_____. *Essai sur Wagner.* Paris: Gallimard, 1993,

_____. *Notes sur la littérature.* Paris: Flammarion, 1984.

_____. *Actualidad de la filosofia.* Barcelona: Paidós, 1991.

_____. *Aesthetic Theory.* Minneapolis: University of Minnesota Press, 2002.

_____. *Teoria estética.* Lisboa: Edições 70, 2000.

_____. *Notas de literatura I.* São Paulo: Duas Cidades, 2003.

ALENCASTRO, Luiz Felipe de (org.). *História da vida privada no Brasil*, vol. II, São Paulo: Companhia das Letras, 2001.

AMIEL, Henri-Frédéric; JACCARD, Roland (org.). *Du journal intime*. Bruxelas: Éditions Complexe, 1987.

ARANTES, Paulo Eduardo. *Sentimento da dialética na experiência intelectual brasileira: dialética e dualidade segundo Antonio Candido e Roberto Schwarz*. São Paulo: Paz e Terra, 1992.

_____. *Hegel: a ordem do tempo*. São Paulo: Hucitec/Polis, 2000.

ARANTES, Otília Beatriz Fiori; ARANTES, Paulo Eduardo. *Sentido da formação*. São Paulo: Paz e Terra, 1997.

AUERBACH, Erich. *Mimesis: a representação da realidade na literatura ocidental*. São Paulo: Perspectiva, 2001.

BACHELARD, Gaston. *A água e os sonhos: ensaios sobre a imaginação da matéria*. São Paulo: Martins Fontes, 2002.

BARRETO, Lima. *Feiras e mafuás*. São Paulo: Brasiliense, 1961.

BARTHES, Roland. *S/Z*. Rio de Janeiro: Nova Fronteira, 1992.

_____. *O Neutro*. São Paulo: Martins Fontes, 2003.

BENJAMIN, Walter. *O conceito de crítica de arte no romantismo alemão*. São Paulo: Iluminuras, 2002.

_____. *Le livre des passages*. Paris: Éditions du Cerf, 2002.

_____. *Charles Baudelaire: un poète lyrique à l'apogée du capitalisme*. Paris: Payot, 1990.

_____. *Écrits français*. Paris: Gallimard, 2003.

_____. *Illuminations*. Nova York: Schocken Books, 1978.

_____. *Oeuvres* I. Paris: Gallimard, 2000.

_____. *Oeuvres* III. Paris: Gallimard, 2000.

BEIGUELMAN, Paula. *A crise do escravismo e a grande imigração*. São Paulo: Terceira Margem, 2001.

CANDIDO, Antonio. *Formação de literatura brasileira*, 2 vols. Belo Horizonte: Itatiaia, 1997.

_____. *Literatura e sociedade*. São Paulo: T. A. Queiroz, 2000.

_____. *O observador literário*. Rio de Janeiro: Ouro sobre Azul, 2004.

CARVALHO, José Murilo de. *A construção da ordem/Teatro de sombras*. Rio de Janeiro: Civilização Brasileira, 2003.

CAVALCANTI, Cláudia (org.). *Goethe e Schiller: companheiros de viagem*. São Paulo: Nova Alexandria, 1993.

CHALHOUB, Sidney. *Visões da liberdade: uma história das últimas décadas da escravidão na Corte*. São Paulo: Companhia das Letras, 2003.

COSTA, Emília Viotti da. *Da Senzala à Colônia*. São Paulo: Editora Unesp, 1998.

_____. *Da Monarquia à República*. São Paulo: Editora Unesp, 1999.

_____. *A Abolição*. São Paulo: Global, 2001.

DEAN, Warren. *A industrialização de São Paulo*. São Paulo: Difusão Européia do Livro, s/d.

DIDIER, Béatrice. *Le journal intime*. Paris: PUF, 2002.

FAORO, Raymundo. *Os donos do poder: formação do patronato político brasileiro*, 2 vols. Porto Alegre/São Paulo: Globo/Edusp, 1975.

FERNANDES, Florestan. *O negro no mundo dos brancos*. São Paulo: Difusão Européia do Livro, 1972.

_____. *A integração do negro à sociedade de classes*. São Paulo: Faculdade de Filosofia, Ciências e Letras da Universidade de São Paulo, 1964.

FOUCAULT, Michel. *Histoire de la sexualité*, 3 vols. Paris: Gallimard, 1984.

FRANCO, Maria Sylvia de Carvalho. *Homens livres na ordem escravocrata*. São Paulo: Editora Unesp, 1997.

FREUD, Sigmund. *Obras completas*, XIV. Buenos Aires: Amorrortu Editores, 1993.

FREYRE, Gilberto. *Casa-Grande e Senzala*. Rio de Janeiro: Record, 1989.

_____. *Sobrados e Mucambos*. Rio de Janeiro: Record, 1990.

GAGNEBIN, Jeanne Marie. *História e narração em Walter Benjamin*. São Paulo: Perspectiva, 2004.

GAY, Peter. *A experiência burguesa: da rainha Vitória a Freud*, vol. IV, "O coração desvelado". São Paulo: Companhia das Letras, 1999.

GENETTE, Gérard; TODOROV, Tzvetan (org.). *Poétique du récit*. Paris: Seuil, 1977.

GIRARD, Alain. *Le journal intime*. Paris: PUF, 1986.

GUIOMAR, Michel. *Principes d'une Esthétique de la Mort*. Paris: José Corti, 1988.

HABERMAS, Jürgen. *O discurso filosófico da modernidade*. São Paulo: Martins Fontes, 2002.

HEGEL, G. W. F. *Cursos de Estética*, 3 vols. São Paulo: Edusp, 2002.

_____. *Filosofia da História*. Brasília: Editora UnB, 1999.

HOLANDA, Sérgio Buarque de. *Raízes do Brasil*. São Paulo: Companhia das Letras, 2002.

_____. *História geral da civilização brasileira*, tomo II, vol. V. São Paulo: Difel, 1985.

HORKHEIMER, Max; ADORNO, Theodor W. *Dialética do Esclarecimento*. Rio de Janeiro: Jorge Zahar, 1985.

JACCARD, Roland (org.). *Du journal intime*. Bruxelas: Complexe, 1987.

JANKÉLÉVITCH, Vladimir. *La musique et l'ineffable*. Paris: Seuil, 1983.

JÚNIOR, Araripe. *Obra crítica*. Rio de Janeiro: MEC/Casa de Rui Barbosa, 1958-1970.

JÚNIOR, Caio Prado. *História econômica do Brasil*. São Paulo: Brasiliense, 2002.

_____. *Formação do Brasil contemporâneo*. São Paulo: Brasiliense, 1999.

LACOUE-LABARTHE, Philippe. *Musica ficta (figures de Wagner)*. Paris: C. Bourgois, 1991.

LÖWI, Michael. *Romantismo e messianismo*. São Paulo: Perspectiva, 1990.

_____. *Walter Benjamin: avertissement d'incendie*. Paris: PUF, 2001.

LUKÁCS, Georg. *Ensaios sobre literatura*. Rio de Janeiro: Civilização Brasileira, 1968.

_____. *A teoria do romance*. São Paulo: Duas Cidades, 2000.

_____. *Balzac et le réalisme français*. Paris: La Découverte, 1999.

LYRA, Heitor. *História de Dom Pedro II*, 3 vols. Belo Horizonte: Itataia, 1977.

MACEDO, Joaquim Manuel de. *Um passeio pela cidade do Rio de Janeiro*. São Paulo: Planeta, 2004,

MALLET, Marie-Louise. *La musique en respect*. Paris: Galilée, 2002.

MANN, Thomas. *Ensaios*. São Paulo: Perspectiva, 1988.

MARX, Karl. *O 18 Brumário de Luís Bonaparte/Cartas a Kugelmann*. São Paulo: Paz e Terra, 2002.

_____. *Contribution à la critique de la philosophie du droit de Hegel*. Paris: Aubier, 1971.

_____. *Antología*. Barcelona: Península, 2002.

_____. *Manuscritos econômico-filosóficos*. São Paulo: Boitempo, 2004.

MERQUIOR, José Guilherme. *De Anchieta a Euclides*. Rio de Janeiro: Topbooks, 2003.

MIRANDA, José Américo (ed.). *Maio de 1888*. Rio de Janeiro: Academia Brasileira de Letras, 1999.

MOURA, Clóvis. *Dicionário da escravidão negra no Brasil*. São Paulo: Edusp, 2004.

NABUCO, Joaquim. *O abolicionismo*. Petrópolis: Vozes, 2000.

_____. *A escravidão*. Rio de Janeiro: Nova Fronteira, 1999.

NIETZCHE, Friedrich. *O nascimento da tragédia*. São Paulo: Companhia das Letras, 1999.

_____. *O caso Wagner*. São Paulo: Companhia das Letras, 2002.

OEHLER, Dolf. *O velho mundo desce aos infernos*. São Paulo: Companhia das Letras, 1999.

PACHET, Pierre. *Les baromètres de l'âme: naissance du journal intime*. Paris: Hachette, 2001.

PASTA JÚNIOR, José Antonio. *Pompéia: a metafísica ruinosa d'O Ateneu*. Tese de doutorado em Literatura Brasileira apresentada à Faculdade de Filosofia, Letras e Ciências Humanas da USP, 1991.

_____. "O romance de Rosa: temas do *Grande sertão* e do Brasil". *Novos Estudos Cebrap*, São Paulo, n° 55, nov. 1999.

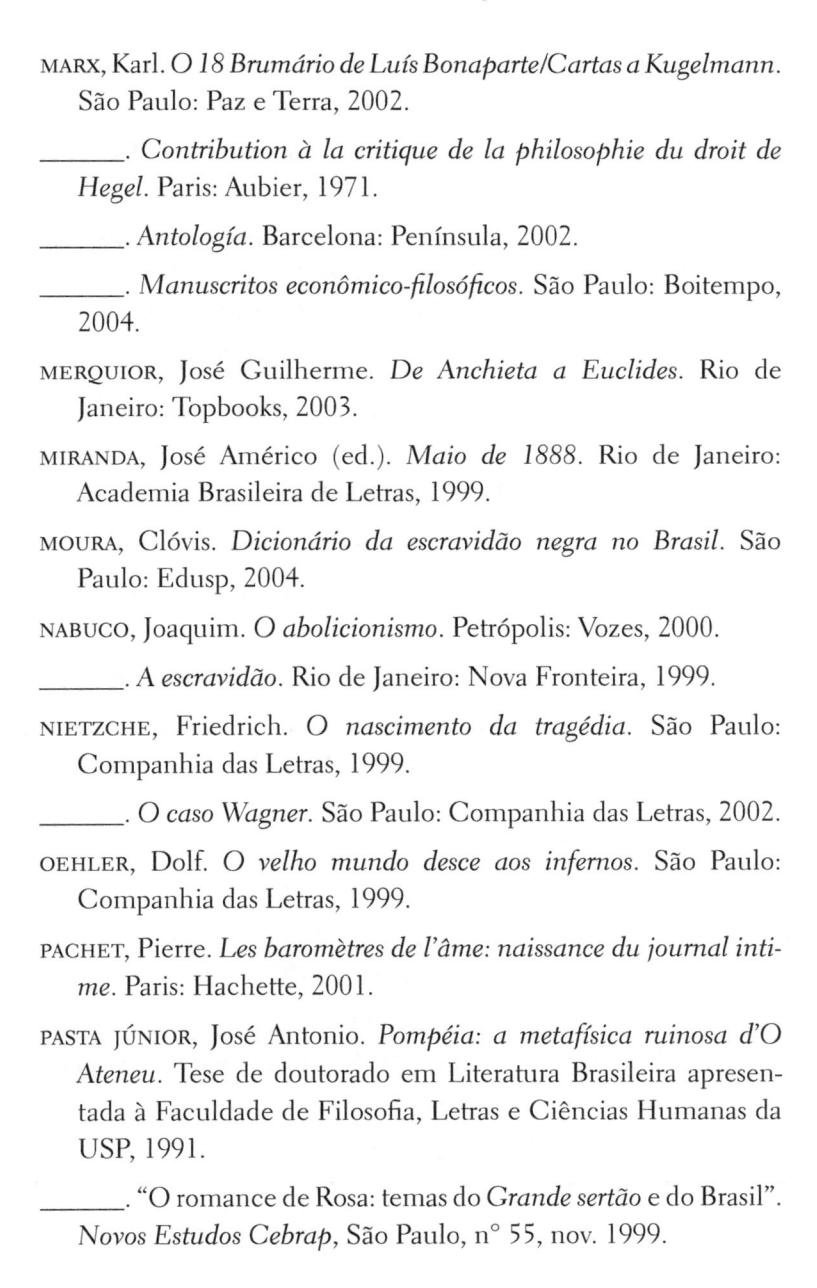

_____. "Prodígios de ambivalência: notas sobre Viva o povo brasileiro". *Novos Estudos Cebrap*, São Paulo, n° 64, nov. 2002.

PEREIRA, Lafayette Rodrigues. *Vindiciae*. Rio de Janeiro: Jacintho Ribeiro dos Santos, 1898.

PUJOL, Alfredo. *Machado de Assis: curso literário em sete conferências [1917]*. Rio de Janeiro/São Paulo: Academia Brasileira de Letras/Imprensa Oficial do Estado de São Paulo, 2007.

RANK, Otto. *Don Juan et Le Double*. Paris: Payot, 2001.

RAOUL, Valérie. *Le journal fictif dans le roman français*. Paris: PUF, 1999.

ROSENFELD, Anatol. *Texto/Contexto I*. São Paulo: Perspectiva, 1996

_____. *O teatro épico*. São Paulo: Perspectiva, 2002.

ROUSSET, Jean. *Le lecteur intime. De Balzac au journal*. Paris: José Corti, 1986.

SCHOPENHAUER, Arthur. *Metafísica do Belo*. São Paulo: Editora Unesp, 2001.

SHELLEY, Percy Bysshe. *Selected poetry*. Londres: Penguin Books, 1985.

SIMONET-TENANT, Françoise. *Le journal intime*. Paris: Nathan, 2001.

STEIN, Stanley. *Vassouras: a brazilian coffee county (1850-1900)*. Princeton: Princeton University Press, 1985.

STRAUMANN, Patrick (org.). *Rio de Janeiro, cidade mestiça: nascimento da imagem de uma nação*. São Paulo: Companhia das Letras, 2001.

SZONDI, Peter. *Teoria do drama moderno [1880-1950]*. São Paulo: Cosac Naify, 2001.

TROELTSCH, Ernst. *Protestantisme et modernité*. Paris: Gallimard, 1991.

VERNANT, Jean-Pierre. *Mito e pensamento entre os gregos: estudos de psicologia histórica*. São Paulo: Edusp/Difusão Européia do Livro, 1973.

WATT, Ian. *The Rise of the Novel*. Londres: Pimlico, 2000.

WEBER, Max. *A ética protestante e o "espírito" do capitalismo*. São Paulo: Companhia das Letras, 2004.

_____. *Ensaios de sociologia*. Rio de Janeiro: Jorge Zahar, 1963.

Agradecimentos

Este trabalho foi inicialmente apresentado como dissertação de mestrado à Faculdade de Filosofia, Letras e Ciências Humanas da Universidade de São Paulo. Sua defesa ocorreu em novembro de 2005, tendo sido a banca examinadora composta pelos professores José Antonio Pasta Júnior (orientador), Jorge Mattos Brito de Almeida e Roberto Schwarz, aos quais reitero meus agradecimentos pela atenção e generosidade com que leram estas páginas. Para publicação em livro, certas passagens do texto foram ampliadas e algumas modificações foram feitas, na maioria das vezes com base em sugestões propostas pelos arguidores.

Agradeço, ainda, ao professor Leopoldo Waizbort, que participou do exame de qualificação, e aos amigos que me ajudaram, de várias formas, ao longo da pesquisa.

Sou particularmente grato a meu pai, Paulo, a minha mãe, Maria Thereza, e a minha irmã, Isabel, cujo apoio inestimável espero poder sempre retribuir.

Por fim, dedico uma gratidão especial a meu professor, José Antonio Pasta Jr., e a minha mulher, Michelle, pelo carinho, paciência e confiança com que sempre discutiram este trabalho comigo.

Esta obra foi impressa em São Paulo na primavera de 2014. No texto foi utilizada a fonte Electra LH em corpo 11 e entrelinha de 14,5 pontos.